MBTI와 사주에 길을 묻다

진 로

진로
MBTI와 사주에 길을 묻다

초판 1쇄 발행 2025년 2월 23일

지은이 이강률
펴낸이 장길수
펴낸곳 지식과감성#
출판등록 제2012-000081호

교정 김지원
디자인 강샛별, 김희영
편집 강샛별
검수 주경민, 정윤솔
마케팅 김윤길

주소 서울시 금천구 벚꽃로298 대륭포스트타워6차 1212호
전화 070-4651-3730~4
팩스 070-4325-7006
이메일 ksbookup@naver.com
홈페이지 www.knsbookup.com

ISBN 979-11-392-2422-1(03180)
값 22,000원

- 이 책의 판권은 지은이에게 있습니다.
- 이 책 내용의 전부 또는 일부를 재사용하려면 반드시 지은이의 서면 동의를 받아야 합니다.
- 잘못된 책은 구입하신 곳에서 바꾸어 드립니다.

지식과감성#
홈페이지 바로가기

MBTI와 사주에 길을 묻다
진로

이강률 지음

지식감정

"If you fail to plan, you are planning to fail."
"계획을 세우는 데 실패하면, 실패할 계획을 세우는 것이다."

- Benjamin Franklin

미국 A. J. Drenth 박사가 보내온 이메일

✉ Dear Mr. Kang-Yull Lee,

Thank you for your kind email and for sharing your fascinating work. Your integration of MBTI with Saju to explore personality and career paths is truly unique, and I admire your dedication to bridging these systems.

I'm honored that my work has inspired you, and I appreciate your thoughtful acknowledgment of 'Personality Junkie' in your references. I hope 「my TRUE TYPE」 proves valuable in your research and writing.

Wishing you great success with your books and a bright and prosperous New Year!

Warm regards,

A. J.

✉ 친애하는 이강률 선생,

선생의 친절한 이메일과 선생의 매력적인 연구를 본인과 공유하신 점에 대해 감사드립니다. 선생이 성격유형과 진로를 탐색하기 위해 MBTI와 사주를 통합하는 연구는 진정으로 독창적이며, 이러한 두 체계의 가교 역할을 하기 위해 헌신하고 계신 데 대해 경의를 표합니다.

본인의 연구 결과가 선생의 저서에 영감을 주었다고 하시니 본인으로서는 영광이며, 선생 저서의 참고문헌란에 본인의 'Personality Junkie' 웹의 수록을 통해 본인의 견해에 대한 선생의 사려 깊은 인정에 대해서도 감사드립니다. 또한 본인의 저서 『my TRUE TYPE』이 선생의 연구와 저작에 있어 가치 있는 자료로 인정받기를 희망합니다.

선생의 저서가 크게 성공하시기를 기원하며, 밝고 번창하는 새해 되시길 바랍니다.

진심으로 감사함을 담아,

A. J.

시작하며

먼저 새내기인 저자가 2024년 6월에 출간한 『사주로 MBTI 엿보기』를 읽고, 격려해 주신 많은 독자분께 깊은 감사의 말씀을 드린다. 독자분들이 서평이나 후기를 통해 소중한 말씀을 주셨으며, 그중에는 사주와 MBTI의 연관성에 대해 이해도가 높아졌다는 말씀도, 너무 어려워 두고두고 여러 번 읽어 봐야 이해할 수 있겠다는 말씀도 있었다. 저자에게는 모두 그저 감사할 따름이다.

저자가 출간 후 제일 먼저 느낀 소감은, 무엇보다 새내기로서 여러 가지로 부족했던 점에 관한 아쉬움이 제일 컸다는 것이다. 하지만 이전 책에서 외향형과 내향형에 대한 합리적이고 객관적인 정의와 개념 정립을 통해, 명리학에서 일간이 木과 火는 외향형, 金, 水는 내향형과 같은 일반론의 근거가 부족하다는 점을 밝히는 작은 성과도 있었다. 또한 MBTI에서 판단형(J)과 인식형(P) 태도를 규정하면서, 판단형은 주로 판단기능들을 사용하며 인식형은 주로 인식기능들을 주로 사용한다는 기존의 통념에 대해, 새로운 개념 정립의 필요성을 제기하는 계기가 되었다고 생각한다. 그러나 매사가 그렇듯 하나의 일을 끝맺음한 후 완전한 만족감이란 있을 수 없듯이, 저자도 마찬가지로 기쁨이나 후련함보다는 늘 한구석이 빈 것 같은 허전함과 아쉬움이 지금까지 이어져 왔다. 그러나 이 허전함과 아쉬움이 저자를 여기로 이끈 것은 아닐지….

 이 책을 쓰기로 마음먹은 까닭은 물론 제1권에 대한 아쉬움도 있지만, 둘째 딸이 지나가는 말로 "다음에는 '진로'에 대해 써 보는 것이 어떻겠냐" 했던 한마디가 결정적으로 저자를 이끌었다. 둘째 딸이 세 살배기 손주를 두고 있는 공무원 워킹 맘이라 자식의 진로가 궁금해서 그런 권유를 한 것일 수도 있지만, 한 개인의 사주로 MBTI 성격유형을 결정하는 과정과 방법만으론, 독자분들의 요구나 흥미를 채우기에는 턱없이 부족하다는 저자의 목마름이 더 컸다고 당시를 회상한다.

 저자가 제1권에서 짧게 언급했듯이, 우연한 기회에 모 대학교 심리학과 4학년 학생들을 대상으로 진로상담에 대해 강의한 적이 있다. 당시 저자는 MBTI와 STRONG 진로상담 전문 교육을 이수하는 중이었고, 진로상담과 관련한 여러 주제를 대학 노트 두 권에 요약·정리하여 진로상담 강의에 활용하였는데, 지금도 노트를 보관하고 있다. 이 또한 저자의 짧은 경험이었지만, 이 책으로 이어 주는 기막힌 인연의 끈은 아닌지….

 불현듯 뇌리를 스치며 떠오른 생각들, 아니 아이디어들이 『사주로 MBTI 엿보기』와 연결하여, 이 책을 쓰게끔 얼개를 만들어 주었다. 저자는 진로 찾기와 결정을 위해 가장 핵심적인 요소인 성격, 흥미 그리고 적성을 파악하기 위한 도구가 제1권에 다 들어 있고, 이들을 잘 활용하면 진로 찾기를 위한 훌륭한 길잡이가 될 수 있겠다는 들뜬 마음과 함께, 막연하지만 믿음을 가지고 서양의 관련 이론들과 연결하는 작업을 시작했다. 즉 성격은 제1권에서 설명한 방법과 과정을 통해 개인의 성격유형을 파악하고, 흥미는 Holland의 직업 흥미 이론을 활용하여, 흥미 유형을 사주의 친밀도로 분석, 파악하며, 적성은 Gardner의 다중지능이론을 활용하여, 선천적인 경향의 적성 유형을 사주의 십성 강도를 분석하여 파악하는 것이다. 다시 말해, 선천적으로 주어지는 개인의 사주로 자신의 성격유형, 직업 흥미 유형 그리고 직업 적성 유형을 파악할 수 있으며, 이를 통해 개인의 진로를 찾는 데 이정표로 삼을 수 있다는 것이다.

그럼 지금부터 MBTI와 사주로 나의 진로 찾기 여정에 독자분들을 초대하고자 한다.

2024년 낙엽만 수북이 쌓이는 겨울의 길목, 그러나 창문 밖에는 탐스럽게 붉은 남천 열매들이 포도송이처럼 매달려 삭막한 겨울을 잠시나마 잊게 하는 즈음, 무사히 책이 출간되기를 간절히 바라며…

차례

시작하며   8

제1장
진로에 대하여

제1절 들어가기   16
제2절 자아(自我) 발견의 요인   20

제2장
성격, 직업 흥미 및 직업 적성과 진로에 대하여

제1절 여덟 가지 심리기능들(역할, 이미지 및 특징)   26

제2절 MBTI 성격유형과 유형별 직업군(職業群)   97
    1. 들어가기
    2. 심리적 태도와 기능별 특징 및 직업군
    3. MBTI 성격유형별 특징과 직업군

제3절 직업 흥미(興味) 유형과 유형별 직업군   153
    1. 들어가기
    2. Holland 코드 시스템
    3. Holland 코드의 2중 조합 코드별 직업군
    4. 직업 흥미 유형별 MBTI 심리기능 및 성격유형과 사주 십성 간의 상관관계

제4절 직업 적성(適性) 유형과 유형별 직업군 197
  1. 들어가기
  2. 다중지능이론(Theory of Multiple Intelligences)
  3. 커리어넷 적성 유형과 유형별 직업군
  4. 커리어넷 적성 유형별 MBTI 심리기능 및 성격유형과 사주 십성 간의 상관관계

제3장
사주로 진로 찾기

제1절 사주 십성으로 분류한 적성 사례 알아보기 256
  1. 십성의 적성 분석
  2. 진학 적성 분석

제2절 사주로 진로와 직업 찾기 295
  1. 직업 인연 보는 법
  2. 사주로 진로 찾기
    (1) 사주로 MBTI 성격유형 찾기
    (2) 사주로 직업 흥미 유형 찾기
    (3) 사주로 직업 적성 유형 찾기
    (4) 사주 희용신(喜用神)과 진로 찾기

제3절 사주로 진로와 직업 찾기 사례 326

끝내며 379
감사의 글 393
참고자료 395
부록 397

제1장
진로에 대하여

제1절 들어가기

1. 진로의 뜻

진로에 해당하는 Career의 어원은 "수레가 다니는 길을 따라간다(to roll on wheel)"라는 라틴어 'carro'에서 유래되었다. 사전적 의미로는 '한 개인의 생애(生涯)의 전 과정'으로, Mc Daniel(1978)은 진로를 '개인의 직업 또는 직무 이상의 개념으로, 자신의 인생 전반에서 수행하게 되는 연속되는 **일**이나 **여가**를 모두 포함하는 **생활방식**'이라고 정의하였다. 또한 Herr과 Cramer(1996)가 정의한 진로는 더 구체적인데, '진로는 사람들에게 어떤 한 가지를 선택하거나 선택하지 않도록 하는 독특성을 제공해 주는데, 사람들은 진로를 통해 일생을 역동적으로 펼쳐 가게 된다. 진로는 한 사람의 직업 생활뿐 아니라, 직업 생활의 준비 기간이나 은퇴 이후의 일과 관련된 자신의 역할 및 가족이나 사회와의 상호작용은 물론 여가 활동까지 포함하는 것'이라 했다. Super(1976)와 Sears(1982)도 진로를 비슷하게 정의하였는데, Super는 진로를 '직업뿐 아니라 직업을 구하기 이전과 이후의 여러 관심사를 모두 포함한다'고 하였고, Sears는 '한 사람이 일생을 통하여 일과 관련하여 총체적으로 경험하는 것'이라 정의하였다. 따라서 진로의 정의를 종합해 보면, '자아와 직업 세계에 대한 이해를 통해 개인의 일생을 체계적으로 선택하는 일'이라 할 수 있겠다. 이상의 진로에 대한 정의들을 살펴보면, 진로는 단순한 일이나 직업뿐 아니라 여가까지도 포함하는 광범위한 의미이며, 기간도 개인이 직업 활동 기간에 국한되는 것이 아니라 개인이 일생을 통해 진행하는 활동을 모두 포함한다는 것이다.

독자분들의 이해를 돕기 위해, 진로와 관련하여 많이 언급되는 진로 발달의 정의에 대해서 알아보자. Tolbert(1980)에 따르면, '진로 발달은 평생을 통해 지속되는 과정으로 일에 대한 가치가 발달하고, 직업적 정체 의식이 형성되며, 직업 기회를 배우고, 시간제 또는 전일제 직업과 여가 선용을 계획, 실천해 보는 과정'이라 정의하였다. 즉 진로 발달이란 신체적, 정신적 발달과 마찬가지로 직업에 대한 지식, 태도와 기능이 어려서부터 발달하기 시작하여 죽을 때까지 계속되는 과정을 말한다.

한편 진로 발달과 관련한 또 다른 용어로 '진로 의식 성숙도'는 한 개인이 속해 있는 나이 단계에서 이루어야 할 진로 발달과업에 대한 준비 정도를 말한다. 즉 진로 의식 성숙도는 특정 개인이 자아와 일의 세계를 기초로 하여 자신에게 알맞은 진로를 인식하고 선택하며 계획하는 과정에서, 같은 연령층이나 발달단계에 있는 집단의 과업 수행과 비교하여, 그 개인이 상대적으로 차지하는 위치를 말한다. 따라서 독자분들도 이 책을 통해 진로 의식 성숙도가 더욱 높아지기를 기대해 본다.

2. 진로 선택에 영향을 미치는 요인

Tolbert(1980)는 직업 적성, 직업적 흥미, 인성, 성취도, 가족과 가정, 경제적 요인 등의 요인들이 복합적으로 상호작용할 때 진로 선택에 미치는 영향이 더욱 커진다고 하였다. 또한 Herr과 Cramer(1996)는 진로 선택에 영향을 미치는 일반 요인으로는 사회계층, 인종, 문화, 나이, 성별 등이 있으며, 특수 요인으로는 적성, 지능, 흥미, 직업, 명성, 가치, 욕구, 자아개념 등이 있다고 주장하였다. 보다 구체적으로 진로 선택에 영향을 미치는 요인에 대해 알아보자.

(1) 신체적 요인

신체적 요인으로는 체구, 색맹, 성별, 적성 등을 들 수 있는데, 특히 Holland는 직업 선택의 안정성은 그 직업이 성별의 역할에 적합할 때 더욱 높다고 하였다. 그러나 신체적 요인 그 자체가 진로 선택에 많은 영향을 주는 것은 아니다.

(2) 심리 및 정서적 요인

심리 및 정서적 요인으로는 흥미, 적성, 욕구, 감정, 가치 등이 있는데, 특히 심리적 욕구는 언제나 신체적 요인 및 환경적 요인들과 함께 상호 관련이 있다.

(3) 환경적 요인

사람은 사회적 동물로서 혼자 존재할 수 없고, 개개인에게 일어나고 있는 모든 현상은 직간접적으로 복잡한 환경의 영향을 받으므로 환경은 진로 선택의 중요한 요인이 된다.

Roe(1957)는 환경적 요인과 관련하여, 부모의 사랑과 보호 아래에서 성장한 사람은 대인관계가 많은 봉사적인 직업을, 부모의 무관심과 배척 속에서 성장한 사람은 대인관계가 적은 직업을 선택한다고 하였다. 또한 Super(1957)는 가정환경과 관련하여, 전문적인 직업을 가진 가정의 자녀는 사업이나 전문직을, 반대의 가장의 자녀는 비전문직을 선택하기 쉽다고 하였다. Rosenberg(1957)도 이와 관련하여, 부유한 가정의 자녀는 사업, 의학, 법률 계통의 직업을 선택하는 경향이 있다고 주장하였다.

(4) 우연적(偶然的) 요인

우연적 요인으로는 인간의 힘으로 마음대로 조종할 수 없는 상태에서 일어나는 것으로, 천재지변, 전쟁, 동업자의 사망, 비상사태 등을 들 수 있다. 그러나 상담자는 일반적으로 우연적 요인을 중요시하지 않는다.

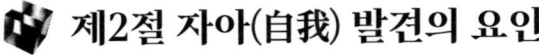 제2절 자아(自我) 발견의 요인

이상과 같이 개인이 직업을 선택할 때 다양한 요인들이 영향을 미칠 수 있음을 알 수 있다. 이 책의 줄기를 이루는 개인의 진로 찾기 과정에 합리성을 부여하기 위해서는, 진로 선택에 영향을 미치는 여러 가지 다양한 요인 중에 과연 어떤 핵심적인 요인들을 선정하여 과정에 적용할 것인가가 매우 중요한 과제이다. 따라서 우선 개인의 진로 찾기를 위해 가장 핵심이 되는 자신의 자아를 발견할 수 있는 여러 가지 요인에 대해 간략히 살펴보고자 한다.

(1) 자아의 탐색(探索)

나는 누구인가? 내가 생각하는 나는 과연 누구인가? 나의 미래는 과연 어떠할 것인가? 남이 생각하는 나는 과연 어떤 사람인가? 이런 질문들처럼, '가장 본질적인 자신 또는 자신의 모습', '자신만이 갖는 유일하고 독특한 것'을 자아(自我, self)라고 한다. 일반적으로 자아에 대한 의식은 스스로가 느끼는 자아의식과 함께, 타인에게 비추어지는 자신에 대한 의식 등 두 가지에 의해 이해될 수 있다.

한편 자아 탐색이란 바로 자신에 대한 정보를 얻는 것을 의미하는데 자신에 대한 정보의 원천(源泉)은 크게 자기 자신, 타인, 그리고 객관적인 검사의 세 가지를 들 수 있다. 또한 자아 탐색을 통한 자신에 대한 정확한 인식은 자신의 진로에 대한 현명한 결정을 내릴 수 있는 전제 조건이 된다.

(2) 가치(價値)와 가치관(價値觀)

'가치'란 사람들을 어떤 방식으로 행동하도록 하는 원리나 믿음 또는 신념을 말한다. 만약 자신의 가치와 상반되거나 잘 맞지 않은 진로를 선택할 경우, 그 삶은 행복감이나 만족감보다는 좌절과 불만감을 수반하게 되어 행복한 삶의 영위에 커다란 장애요인으로 작용하게 된다.

(3) 흥미(興味)

진로 선택과 결정에 있어 고려해야 할 중요한 요인인 흥미는 어떤 사람이나 활동 또는 사물에 대해 가지는 긍정적인 느낌이다. 따라서 개인이 평상시 하는 행동과 하고 싶은 행동은 자신의 흥미가 무엇인지를 가르쳐 주는 중요한 기준이 된다.

한편 실질적으로 자신의 직업을 선택하고 결정하는 데는, 능력, 보수(報酬), 직업 환경, 미래 전망, 승진 기회, 적성, 가치관, 흥미 등 실로 많은 요인을 고려해야 하는데, 이 중 흥미는 특히 중요하게 고려해야 할 요소이다. 또한 일과 직업이 생계 수단 외에도 자아실현의 수단이며, 행복한 삶의 실현을 위한 주요 수단임을 인식한다면, 자신에게 흥미 있는 일과 직업을 찾고자 하는 노력은 매우 중요하다고 생각한다.

(4) 적성(適性)

 적성은 '어떤 일을 쉽게 해낼 수 있는 능력'으로 정의되지만, 개인이 어떤 걸 잘 배울 수 있는가를 알려 주는 지표이기도 하다. 그러므로 자신의 적성 수준이 높은 일을 하게 되면 높은 성취를 이루기가 쉽다.

 한편 보통 어떤 것에 재주가 있다는 것은 그 일에 대해 적성이 높다는 것을 의미한다고 할 수 있다. 이러한 **적성**은 개인이 **선천적**으로 가지고 태어나므로 자연적으로 계발되지 않으며, 그것은 훈련과 계속되는 경험을 통해서만 현실적인 능력으로 발전된다.

 지금까지 진로의 의의(意義)와 진로 선택과 결정에 있어 매우 중요한 자아 발견의 요인들에 대해 간략히 살펴보았다.

 이 책은 이들 요인 중 자아 탐색에 해당하는 성격과 흥미 그리고 선천적인 적성을 3대 핵심 요소를 선정하여, 이들 각각에 대해 MBTI 심리기능과 성격유형 및 명리학(命理學)의 십성(十星)으로 대응시켜 규정함으로써 진로 찾기의 길잡이로 삼고자 하는 데 그 의의가 있다.

제2장

성격, 직업 흥미 및 직업 적성과 진로에 대하여

본 장에서는 이 책의 큰 줄기를 이루는 MBTI와 사주로 진로를 찾는 데 필요한 몇몇 핵심 근거를 제공하고자 한다. 일반적으로 진로상담에 있어서 검사의 활용은 필수적이며, 진로상담이 제대로 이루어지기 위해서는 먼저 내담자에 대한 정확한 이해가 중요한데, 이를 위해서 가장 큰 도움을 줄 수 있는 것은 바로 검사이다. 진로상담 시 시행하는 주요 심리검사로는 개인의 가치관 탐색, 직업 흥미 탐색, 직업 적성 탐색 및 성격 탐색 등이 있다.

이 책을 관통하는 큰 흐름은, 진로 찾기에 있어 개인을 이해하는 데 가장 핵심적인 개인의 성격유형, 직업 흥미 유형 및 직업 적성 유형을, MBTI의 성격유형은 물론, 여덟 가지 심리유형과 이에 1:1로 대응하는 명리학의 여덟 가지 십성으로 정의하고 표현하는 것이다. 나아가서 이 책은 독자분들이 이러한 내용의 이해와 습득을 통해, 선천적으로 주어지는 각자의 사주(四柱)로 개인의 성격유형, 직업 흥미 및 직업 적성을 파악함으로써 자신의 진로를 찾을 수 있는 길잡이 역할을 하는 데 큰 의의가 있다.

제1절 여덟 가지 심리기능들
(역할, 이미지 및 특징)

저자가 첫 번째로 출간한 『사주로 MBTI 엿보기』에서 Myers-Briggs의 여덟 가지 선호 지표들(E, I, S, N, T, F, J, P)을 간략하게 소개한 바가 있다. 물론 이러한 선호 지표들의 특징들이 개인의 성격유형을 결정하고 유형들의 기초적인 이해를 위해 도움이 될 수 있지만, 우리에게 전체적인 것을 알려 주지는 않는다. 따라서 여덟 가지 기능들을 제대로 이해하는 것이 무엇보다 중요하다.

여덟 가지 기능들, 즉 외향적 감각(Se), 내향적 감각(Si), 외향적 직관(Ne), 내향적 직관(Ni), 외향적 사고(Te), 내향적 사고(Ti), 외향적 감정(Fe), 내향적 감정(Fi)에 대해서는, 마찬가지로 『사주로 MBTI 엿보기』에서 칼 융의 심리학적 유형론을 소개하면서 간략히 언급하였다. 이러한 여덟 가지 심리기능들은 저자가 사주 심리학과 연결하기 위해 인용한, 대만 명리학자 반자단(潘子端) 선생의 팔격론(八格論)과 1:1로 대응하는 것으로, 이 책의 중심축이 되는 주제어라 해도 과언이 아니다.

저자는 여덟 가지 기능들에 대한 여러 각도에서의 세밀한 분석을 통해 사주 심리학의 팔격(八格)과 십성에 대한 다소 부족한 심리학적 이해를 보완하고자 하며, 이를 통해 이 책의 주제인 진로를 결정할 때 핵심적으로 탐색해야 할 성격, 직업에 대한 흥미와 적성을 분석하는 데 기초 자료로 활용하고자 한다.

아래에 칼 융의 심리학적 유형론에서 소개된 여덟 가지 기능과 반자단 선생의 팔격론에서 여덟 가지 기능과 대응시킨 팔격, 그리고 MBTI에서 심리적 기능의 위계(位階)(주기능(主機能), 부기능(副機能), 3차기능(三次機能) 및 열등기능(劣等機能))를 찾을 때 활용되는 여덟 가지 기능을 대비하여 표로 나타내었다.

分析 心理學	사상파 (思想派)		감각파 (感覺派)		직각파 (直覺派)		지각파 (知覺派)	
	外向	內向	外向	內向	外向	內向	外向	內向
命理學	관성(官星)		식상(食傷)		인성(印星)		재성(財星)	
	正官	偏官	傷官	食神	正印	偏印	正財	偏財

MBTI	사고(思考)		감정(感情)		직관(直觀)		감각(感覺)	
	外向	內向	外向	內向	外向	內向	外向	內向
心理機能	Te	Ti	Fe	Fi	Ne	Ni	Se	Si

지금부터 여덟 가지 심리기능에 대해 자세히 살펴보고, 각 심리기능의 특징이나 역할과 이러한 기능들에 대응하는 여덟 가지 십성을 철저히 대응시켜 적용하고자 한다. 이를 통해 개인의 성격, 직업 흥미, 직업 적성과 이들에 대응하는 MBTI 성격유형, 심리기능, 사주 십성 등을 분석함으로써, 독자분들이 진로를 찾고 결정하는 데 길잡이가 되고자 한다.

1. 여덟 가지 기능(십성)들의 일반적 특성[1]

저자가 쓴 『사주로 MBTI 엿보기』에서, 비교적 단순한 기준에 따라 사주의 일간(日干)과 음양이 같은 십성은 서로 밀치는 관계에 있고, 음양이 다른 십성은 일간과 끌어당기는 관계에 있다고 언급한 바가 있다. 또한 칼 융은 내향성과 외향성을 심리적 에너지의 방향으로 구분하였는데, 심리적 에너지가 내부 또는 주체로 향하면 내향성, 외부 또는 객체로 향하면 외향성이라 하였다.

여기에서는 내향적 기능(십성)과 외향적 기능(십성)들을 구분하는 다양한 방법과 시각을 통해, 여덟 가지 기능과 여덟 가지 십성(比肩과 劫財는 제외)에 대한 지금까지의 좁은 시각에서 벗어나, 더욱 폭넓은 이해를 제공하고자 한다. 또한 이러한 이해를 바탕으로 독자분들이 다양한 분야에서 심리적 기능과 사주 십성을 합리적이고 객관적으로 활용할 수 있기를 기대한다.

(1) 외부로의 표현 여부(與否)에 따른 구분

▶ 표현하지 않고 감춘다(내향적 기능들) : (Si:편재), (Ni:편인), (Ti:편관), (Fi:식신)
▶ 표현한다(외향적 기능들) : (Se:정재), (Ne:정인), (Te:정관), (Fe:상관)

일반적인 정의에 따르면 외향적(E) 기능은 에너지가 바깥을 향하고, 내향적(I) 기능은 에너지가 내부로 향한다. 따라서 외향적인 기능들은 더 명확하게 표현되므로 쉽게 관찰되지만, 내향적인 기능들은 대부분 숨겨져 있으므로 외부에서 인식하기 어렵다. 이는 본래 내향적인 주요 기능들이 쉽게 드러나거나 식별이 되지 않아 내향적인 사람들에 대한 오해로 이어질 수 있다.

(2) 판단(判斷)과 인식(認識)에 따른 구분

▶ 판단한다 : 판단기능들 : (Te:정관), (Ti:편관), (Fe:상관), (Fi:식신)
▶ 인식한다 : 인식기능들 : (Se:정재), (Si:편재), (Ne:정인), (Ni:편인)

판단기능은 우리가 결정하고 결론을 내리는 데 도움을 준다. 인식기능을 통해 입수된 정보를 바탕으로 사고적 또는 감정적 판단에 따라 결정하고 결론을 내린다는 개념은, 사주 십성의 관점에서 동의할 수 있다.

인식기능은 정보를 받아들이거나 검색하는 일을 담당한다. 예를 들면 새를 관찰하고, 꽃 냄새를 맡으며, 소설을 읽고, 기억에서 무언가를 회상하는 것 등이 인식 활동에 해당한다. 오감(五感)을 통한 지각 또는 육감(六感)에 해당하는 직관을 통해 정보를 입수한다는 개념은, 마찬가지로 사주 십성의 관점에서 동의할 수 있다.

그러나 MBTI에서 규정하는 판단적 태도(J)와 인식적 태도(P)의 개념은, 저자의 책 『사주로 MBTI 엿보기』에서 간략히 언급한 바와 같이 동의할 수 없는 부분이다. 따라서 저자는 외부 세계로의 지향 또는 생활양식에 해당하는 판단적 태도와 인식적 태도를 다음과 같이 정리한 바가 있다.

▶ 판단적 태도(J) : (Se:정재), (Si:편재), (Te:정관), (Ti:편관)
▶ 인식적 태도(P) : (Ne:정인), (Ni:편인), (Fe:상관), (Fi:식신)

  MBTI에서는 판단적 태도는 판단기능들을 즐겨 사용하고 인식적 태도는 인식기능들을 즐겨 사용한다고 전제하고, 그러나 반드시 그러하지는 않다는 단서를 둔다. 그러나 두 가지 태도가 외부로 드러내는 특성들을 고려하면 그러한 전제나 용어 선택에 있어 모순이 발견된다. 인식기능, 특히 감각기능(정재, 편재)을 감각(感覺/知覺)이란 테두리에 가둬 놓고 비합리적 기능이라 치부(置簿)한 결과라고 저자는 생각한다. 결론적으로 판단기능 중, 판단적 태도는 사고기능을 선호하고 인식적 태도는 감정기능을 선호한다. 한 예로, NJ에 F가 결합될 때, N과 J의 영향으로 F가 T의 성향을 띤다는 연구 결과는 의미하는 바가 크다.
  또한 판단하고 인식하는 기능들은 감춰지거나(I) 표현될 수 있다(E). 판단(J)을 선호하는 유형들은 Se 또는 Te를 통해 판단을 겉으로 표현하므로 더욱 확고하고 진지하며 솔직해 보일 수 있다. 인식(P)을 선호하는 유형들은 Ne 또는 Fe로 나타나는데, 좀 더 격식을 차리지 않고 개방적이며 유연해 보이는 경우가 많다.

사주의 십성적 관점에서 생각해 보면, 소위 인식적 태도는, 예를 들어 자기 자신이 타고난 직관(직관기능-정인, 편인)을 통해 예술이나 문학으로 표현(감정기능-상관, 식신)하는 것에 해당한다. 또한 판단적 태도는 자신이 직접 통제, 제어하거나(감각기능-정재, 편재), 자신이 통제, 제어를 받아(사고기능-정관, 편관) 자신을 비롯해 사람이나 사물을 관리하고 구조화(構造化/組織化)하는 것과 관련이 있다.

따라서 본 저자는 용어상의 혼선이 없도록 인식적 태도나 판단적 태도라는 용어 대신에 개방적 태도와 통제적 태도나 비구조화 태도와 구조화 태도 등으로 바꿔 부르는 것이 어떨지 하는 생각을 감히 한 적이 있다.

(3) 주체(主體/獨立) 또는 공유(共有/集團)에 따른 구분(판단기능)

▶ 자주적(自主的)이다 : (Ti:편관), (Fi:식신)
▶ 공유적(共有的)이다 : (Te:정관), (Fe:상관)

이 구분은 앞의 두 구분만큼 자주 논의되지는 않지만, 아주 오래된 개인과 집단의 구분과 관련이 있다. 세부적인 내용은, 우리가 사고에 대해 논의하는지 아니면 감정에 대해 논의하는지에 따라 달라지겠지만, 근본적인 구조는 같다.

TP와 FP가 주로 사용하는 Ti와 Fi는 추론(推論/Ti), 가치(價値/Fi), 방법들이 내부로부터 비롯되는 한에는 자주적인 기능들이다. 그러므로 그들의 판단이 때로는 Te나 Fe의 판단보다 더 특이하거나 비정통적으로 보일 수 있다.

TJ와 FJ가 주로 사용하는 외향적 기능들인 Te와 Fe는, 공유적 또는 집단적 규범을 지향한다. Fe는 사회적 관습, 태도, 몸짓 등과 같은 F 규범(規範)에 부합하는데, Fe의 판단은 Fi 판단보다 **대인관계 성향**이 더 강하다. Te의 판단은 사전에 설정된 **기술적, 과학적, 법적 또는 조직적 표준**에 좌우되고 영향을 받는다. Ti는 자체의 표준과 방법을 창안하는 경향이 있는 반면에, Te는 일반적으로 표준화된 절차는 그럴 만한 이유, 즉 그들은 기본적으로 타당하고 믿을 만한 것으로 입증되었다는 이유로 믿는다.

(4) 수렴(收斂) 또는 발산(發散)에 따른 구분(인식기능/인식의 범위와 기간)

▶ 수렴한다 : (Si:편재), (Ni:편인)
▶ 발산한다 : (Se:정재), (Ne:정인)

이 구분은 인식의 범위와 지속 기간에 초점을 맞추고 있다. 융은 내향적 접근 방식을 집중적 접근 방식으로, 외향적 접근 방식을 광범위한 접근 방식으로 설명한 바가 있다. 다시 말해서 내향적인 사람은 한 가지 일에 집중하는 데 더 많은 시간을 투자하는 반면, 외향적 집중점(集中點)은 더 오래가지 못하고 더 다양화된다.

Si와 Ni는 모두 일관되고 믿을 수 있는 세계관을 만들기 위해 경험을 바탕으로 끌어내는 데 뛰어나다. 그들은 일관성 있고 수렴하는 이해를 얻기 위해 그들의 인식을 걸러 낸다. 이러한 이해는 이후 삶의 지침 역할과 새로운 경험을 해석하고 판단하는 렌즈의 역할을 한다. 이러한 Si와 Ni의 수렴적 작용들은, 어떤 면에서는 두 기능을 판단기능처럼 느끼게 한다.

반면에 Se와 Ne가 발산 기능이라는 것은 금방 알아차릴 수 있다. 그들은 다양한 감각적 경험(Se)이나 추상적인 아이디어/가능성(Ne) 등 한꺼번에 많은 것을 하려고 한다. 그들은 Si나 Ni와 달리 자신의 인식을 걸러 내는 데 관심이 없거나 능숙하지도 않다. 대신에 그들은 새로운 일이나 경험(새로움과 참신함)에 이끌려, 경험의 버킷 리스트 또는 상상하는 가능성을 끊임없이 넓혀 나간다.

2. 여덟 가지 기능들의 특성과 역할

여기에서는 여덟 가지 기능과 대응 관계에 있는 여덟 가지 사주 십성의 특성(특히 직업과 관련하여)과 역할에 대해, 기존의 일반화되고 고정화된 개념들의 틀을 깨고 다양한 시각에서 개념들을 확장하고자 한다. 즉 예를 들어 십성 중 정재의 특성이 꼼꼼하고, 치밀하고, 현실적이고, 재물을 중시/집착한다든지, 편관이 패배에 불복(不服)하고 난폭하며 의지력이 있다는 등의 명리학 관련 문헌에서 언급되는 일반론을 벗어나, 심리학적 관점에서 개념을 확장하고 심화할 필요가 있다.

이러한 과정을 통해 정립한 심리적 기능과 사주 십성의 객관화된 특성들은, 진로와 직업 찾기에서 핵심 요소인 성격, 흥미, 적성을 평가하는 데 유용한 기초 자료로 활용될 것이다.

(1) 외향적 감각(Se:정재) ⇒ 경험(經驗)

감각적(S) 인식(P)은 외향적 감각(Se)을 주기능(ESTP/ESFP)이나 부기능(ISTP/ISFP)으로 사용한다.

Se는 S를 외부로 사용하는 사람들로, 오감을 사용하여 적의 지형지물을 파악하는 '**정찰자(偵察者)**'를 떠올리면 되는데, 다만 그들의 정찰 대상은 먹고 마시고 즐기는 것들이다. 또한 Se는 오감을 외부로 사용하여 현실적인 외부 정보를 인식하는 심리기능으로, 그들의 초점은 항상 '현재'에 있다. 예를 들면 맛집, 사고 싶은 옷, 패러글라이딩과 같이 실제 존재하고 경험할 수 있는 것들이 그들의 관심 대상이다. 이러한 특징으로 인해 활동적이고 충동적이며 산만해 보이는 경향이 있다.

SP는 감각적, 본능적 및 욕구 지향적이다. 그들은 새로운 감각적 경험, 물질적 즐거움, 활동의 스릴을 즐긴다. Se는 끊임없이 변화하는 환경적 상황과 도전에 자극을 받는다. 이것이 바로 많은 SP가 인식하고 대응할 수 있는, 새롭고, 예측 불가한 도전을 끊임없이 제공하는 **운동(활동)**을 즐기는 이유가 된다.

즉 이들은 보는 것보다 직접 경험하는 것을 추구하므로, 파도타기 하는 사람을 지켜보는 것보다, 자신이 직접 하는 것에서 더 강한 자극을 느낀다. 따라서 이들은 래프팅, 카누, 행글라이딩, 오토바이 타기 등 감각적인 경험을 통해 살아 있음을 느낀다.

또한 **SP는 손으로 하는 작업과 프로젝트**를 통해서뿐만 아니라, **새로운 일**(예를 들면 **요리법, 가구 배치, 패션**)과 **경험**(예를 들면 **여행**)을 통해 Se를 참여시킬 수도 있다.

Se의 **미학적(美學的)인 선호**는 종종 인기가 있거나 유행하는 것을 반영하는데, 일부 SP는 음식, 포도주, 옷, 자동차 및 숙박시설 등 값비싼 취향을 개발하여 이를 즐길 뿐만 아니라, 높은 사회적 신분의 상징 역할을 한다고 여긴다.

<u>SP는 즉각적인 환경의 변화를 관찰하고 신속하게 대응하는 능력으로 인해</u> **요리, 목공(木工), 자동차 수리, 수술, 비상 대응, 개인 훈련, 미용** 등과 같은 실무 작업을 즐기고 탁월한 능력을 발휘하는 경향이 있다.

1) 외향적 감각(Se:정재)과 내향적 감각(Si:편재) 비교하기

인식기능은 두 가지 감각기능과 두 가지 직관기능으로 구분한다. 그중 한 가지 감각기능인 외향적 감각(Se)은 심리적 에너지가 외부로 향하고, 다른 하나인 내향적 감각(Si)은 심리적 에너지가 내부로 향한다. Se는 ESTP와 ESFP의 주기능이며, Si는 ISTJ와 ISFJ의 주기능이다.

외향적 감각은 다섯 가지의 주요 감각(시각, 청각, 촉각, 후각, 미각)을 통해 발생하는데, 외부 환경의 중요한 세부 사항을 알아차리고 대응하는 능력이다.

Se는 우리 주변에서 일어나는 구체적 사건에 관심을 가지는 것으로 이해할 수 있다. 여기에는 광경, 냄새, 움직임과 같은 감각적 세부 사항을 알아차리는 것뿐만 아니라, **트렌드, 패션, 스타일** 등도 포함된다. 모든 성격유형은 일상적으로 시각에 의존하지만, Se는 특별히 **시각적 입력**에 초점이 맞춰져 있는 것 같다. 이것이 바로 이들(SP)이 Si(SJ)보다 자신의 외모는 물론, 전반적인 모습에 더 관심을 두는 경향이 있는 이유이다.

SP는 즐거움을 추구하고, Se는 육체적 아름다움과 감각적 색다름을 모두 인식하는 것에 즐거움을 느낀다. 그들의 감각적인 참신함에 대한 선호는, SP가 일반적으로 **스릴 추구자(追求者, Thrill Seeker)** 또는 **쾌락주의자**로 묘사되는 이유이다. 즉 이들은 늘 감각적 자극과 새로운 경험을 추구하며 현재를 즐기기를 원하는 사람들로, "먹고 마시고 즐기자"가 이들의 자연스러운 슬로건이 된다.

Se는 신체적 활동에도 참여한다. SP는 인식하는 것을 선호하고 환경적 암시나 신호에 **신체적**으로 **반응**한다. 이러한 성향이 그들이 **응급의료요원, 운동선수, 기계공, 요리사** 등으로 일하는 경우가 많은 이유이다.

대조적으로 **내향적 감각(Si)**은 **통증, 배고픔, 갈증, 신체 내부 온도, 무감각, 따끔거림, 근육 긴장** 등과 같은 **내부 신체 감각**, 즉 **내부 민감성(敏感性)**과 관련이 있다. Si는 졸릴 때, 배고플 때, 충분히 배가 부를 때, 피로를 느낄 때 등을 민감하게 알아차린다. 즉 Si는 "몸의 소리에 귀 기울이세요" 또는 "배가 부르면 알아차리세요"라고 말하는 듯하다. 이들이 적정량의 음식을 먹고 정해진 시간에 잠자리에 들고 일어나는 것이 이러한 심리적 특성 때문이다. 따라서 Se와 Si 모두 육체적 생존에 중요하며, 내부와 외부로부터 중요한 감각의 피드백을 전달한다.

내향적 감각은 즉각적인 내면의 감각에 맞추지만(그런데 그 역할은 통상적으로 간과된다), 또한 과거의 어떤 일 처리에 대한 방식을 기억하고 보존하는 것과 관련이 있다. 또한 Si를 한 **개인의 과거에 관한 개요(槪要)** 로 볼 수 있는데, 한 개인의 모든 과거의 경험이 과거에 대한 특정한 생각이나 태도로 요약되기 때문이다. 특히 Si(SJ)의 경우, 이러한 Si 관점에서 가장 두드러지고 소중한 것들은, 가장 일상적이며 친숙한 것들이다.

한편 과거 경험에 대한 애착이 없는 SP는 일반적으로 더 광범위한 기호(嗜好)를 가지고 있고, 처음으로 하는 뭔가를 더 좋아하는 경향이 있다. 이와 대조적으로 SJ는 외향적 감각들이 그들에게 친숙하고 적응 가능한 범위 내에 유지되는 것을 선호한다. 그들에게 새롭거나 극단적인 외부 감각은, 그들의 Si에서 선호하지 않는 Se로 전환되는 원인이 되어, SJ(특히 ISJ)에게 심지어 거슬리고 방해가 되는 것으로 보일 수 있다.

일반적으로 **내향적 기능**은 더 **보수적**이며, **외향적 기능**은 더 **진보적**이거나 **확장적(발전적)** 인 것으로 여겨질 수 있다. 이는 Se와 Si에도 해당이 된다. 내향적 감각형은 과거에 대해 보수적이다. 그들은 '유효성이 검증된' 신뢰할 수 있는 것을 선호한다. 그리고 그들은 환경으로부터 그들을 자극하기 위한 새로운 감각의 입력에 의존하지 않으므로, 외향적 센서(Sensor)보다 결코 소비주의적이거나 물질주의적이지 않다. 또한 Si들은 뭔가 새로운 것을 필요로 할 때, 그들은 이미 만들어진 기성품을 사러 가기보다는, 기존의 자원으로 영리하게 임시변통의 해결책을 찾기 위해 Ne를 즐겨 사용한다. 이런 의미에서 Si(또는 Ne)들은 종종 재치와 수완(手腕)이 비상한(센스가 있는) 사람들로 평가된다. 대조적으로 Se와 Ni들은 더 생각할 것도 없이 필요하다고 생각하는 것은 바로 나가서 무엇이든 구매하는 경향이 더 많다. 물질세계에 대한 그들의 첫 번째 본능은 보존하는 것이 아니고 소비하는 것이다. 이는 ESP의 경우 특히 그런 성향이 강하다.

2) 정리하기

▶ 감각적(S) 인식(P)은 외향적 감각(Se)을 주기능(ESTP/ESFP)이나 부기능(ISTP/ISFP)으로 사용한다.
▶ Se는 오감을 외부로 사용하여 현실적이고 실제적인 외부 정보를 인식하는 심리기능으로, 초점을 항상 '현재'에 있다.
▶ Se는 감각적, 본능적, 욕구 지향적으로 새로운 감각적 경험, 물질적 즐거움, 활동의 모험을 즐긴다 : 모험추구자, 쾌락주의자(파도타기, 래프팅, 행글라이딩, 오토바이 타기 등)
▶ Se는 손으로 하는 작업과 프로젝트를 포함하여 신체적 활동에 참여하는데, 환경적 암시나 변화에 신속하게 신체적으로 반응하고 대응한다 : 요리, 목공, 자동차 수리, 수술, 비상 대응, 개인 훈

련, 미용(응급의료요원, 운동선수, 기계공, 요리사 등)(신체-운동능력/손재능)
▶ Se는 시각적 입력과 미학적 선호로 인기가 있고 유행하는 트랜드, 패션, 스타일을 잘 알아차린다(예술시각능력).
▶ Se는 Si보다 더 진보적, 개방적, 확장적이며, 더 소비주의적이고 물질주의적이다.

3) 일반적인 정재의 개념과 비교하기

정재가 육체적인 성분이 강한 십성으로, 생명력, 즉 식욕과 성욕과 같은 육체적 쾌락에 민감하다고 본다. 또한 정재를 신체적인 것으로 보고, 신체의 건강을 위해 규칙적인 운동으로 몸을 단련하거나 흡연 등 몸에 해로운 행위는 하지 않으며 건강식품을 섭취한다. 이러한 특성들은 Se와 서로 일맥상통하는 개념이다.

또한 정재의 심리 상태가 현재, 여기를 중시하고, 현실감(실제적, 구체적)이 강하고, 쉽게 만족하지 않고, 적극적이라는 것도 Se와 비슷하다.

그런데 Se는 새로운 도전을 위해 운동이나 활동을 즐기고, 손으로 하는 프로젝트나 새로운 일과 경험을 위해 참여하며, 미학적 감각이 뛰어나고, 환경의 변화에 신속하게 대응하는 능력 등을 적극적으로 활용함으로써, 신체-운동능력, 손재능, 자연친화력, 예술시각능력 등 다양한 방면에서 능력을 발휘한다. 이것은 일반적인 명리학에서 논하는 정재의 개념이나 역할과는 색다른 시각으로, 역할이 매우 다양하고 광범위하므로 이를 수용하여 정재의 역할에 적용한다면 더욱 폭넓은 상담이 될 것으로 저자는 확신한다.

또한 정재가 재물에 집착하고 재물의 가치를 알기 때문에, 재물의 낭비를 혐오하고 알뜰한 생활이 몸에 배어 있어 수전노나 스크루지로 비유되기도 한다. 반면에 SP는 "먹고 마시고 즐기자"가 그들의 자연스러운 슬로건이 될 정도로 소비주의적이다. 여기에는 매우 상반되는 견해가 존재하는데, 전체적인 심리기능의 흐름과 맥락으로 미루어, Se(외향적 감각) 심리기능에 대한 설명이 더 합리적이므로, 정재의 심리 상태도 이를 따르는 것이 타당하다고 판단된다.

(2) 내향적 감각(Si:편재) ⇒ 안정(安定/保存)

감각적(S) 판단(J)은 내향적 감각(Si)을 주기능(ISTJ/ISFJ)이나 부기능(ESTJ/ESFJ)으로 사용한다. 미술품이나 문화재의 보존과 복원 분야의 전문가인 '**컨저베이터(Conservator)/보존처리전문가**'는 감각을 내부로 사용하는 Si의 별명이다. Se는 현재를 즐기고 감각적 경험을 추구하기 위해 감각기능을 사용하지만, Si는 과거 경험을 오감을 통해 저장하고 저장된 데이터를 기초로 하여 현실을 점검하고 평가하는 사람들이다. '컨저베이터'가 과거의 데이터를 통해 현재 상태를 파악하듯이, Si는 과거 경험을 중시하며 과거 경험을 기초로 현재 상황을 해석하고 분석한다. 따라서 Se는 매우 자유롭고 개방적인 느낌을 주지만, Si는 매우 보수적이고 전통을 중시하는 느낌을 준다.

Si는 알고 있는 것을 믿는데, 알고 있는 것은 **기억, 전통, 관계, 정해진 일상** 등과 같은 **과거 경험**에서 기억해 내는 것이다. 또한 Ne의 미래지향성과는 대조적으로, Si의 가치와 판단(결정)은 과거에 지배되고 좌우된다. 따라서 Si는 새로운 일을 시도하기보다 확립된 신념과 행동을 고수하면서 신중하게 대응하는(위험을 피하는) 것을 좋아하며, 특히 SJ는 이미 알려져 있고 친숙한 것에서 편안함과 즐거움을 찾는다.

Si가 일상과 익숙함과 예측 가능한 것에 의미와 가치를 둘수록, **반복(反復)**은 Si에 있어서 중요한 역할을 하는데, SJ는 특정 음식을 먹거나 특정 노래를 듣는 등 무언가를 반복하는 횟수가 많아질수록 점점 더 호감을 느끼게 된다. 또한 SJ는 자신의 신념과 세계관에 대해 보수적인 접근 방식을 취하며, 종종 종교적 신념, 지각에 따른 인식 결과나 어린 시절의 전통을 고수한다.

또한 SJ의 익숙함은 안전감(安全感)과 안정감(安定感)을 준다. 안정성과 예측 가능성에 대한 선호는 친구로서든, 배우자로서든, 직원으로서든 삶의 모든 측면에서 SJ의 충성심에 이바지한다. 직장에서 Si는 세부 사항에 대한 주의(注意), 확립된 규칙과 절차 준수, 품질관리 등에 도움을 준다. 따라서 이러한 성향은 법률, 사무, 행정 및 관련 분야에서 특히 유용하다.

한편 내향적 감각은 지각(정보수집) 기능이다. 주관적이고 내면적인 개인적 경험의 세계에 초점을 맞추고, 새로운 경험을 과거 경험, 기억과 비교하고 대조한다. Si를 쓰는 유형들은 반복되는 패턴을 알아차리는 경향이 있으며, 주변 환경에서 변화나 불일치를 빠르게 발견한다. 또한 그들은 개인적 경험을 신뢰하고 현재 사건, 선택과 결과의 영향을 주관적으로 탐구한다. 따라서 그들은 건물이나 방에 들어가면 무엇이 바뀌었는지, 개선과 업그레이드되었는지를 꽤 빨리 알아차린다.

 일반적으로 **시각-공간 지능**은 장소, 상황 또는 과제(일)를 고화질로 또렷하고 세밀하게 초점을 맞춰 시각화하는 능력이다. 이 능력은 매우 정확한 방식으로 정보를 기억하고 무언가가 움직였거나 평소와 다를 때 빠르게 알아차릴 수 있게 해 준다. 특히 이 재능은 이미지를 시각화하고 조작하는 능력이 중요한 **인테리어 디자인, 이벤트 조직, 예술, 공예, 교육**과 같은 분야에서 유용할 수 있다. 이러한 **시각-공간 지능**은 **내향적 감각**과 연결되어 있는데, 매우 내성적이고 전통적인 특성을 보이며 경험에 대한 개방성이 낮은 경향이 있다. 또한 새로운 정보나 다른 정보에 주의가 산만해지지 않고, 당면한 작업에 더 오랜 시간 집중한다. **내향적 감각 유형**은 종종 **인내심**이 강하고, 더 높은 수준의 **집중력, 초점** 특히 **세부 사항**에 대한 **집중력**을 보이는데, 이는 시각-공간 분야에서 일하는 사람들에게 필수적인 자질이다. 간단히 말해서, 시각-공간 지능은 이를 가지는 사람들에게 강력한 도구이며, 정확하고 정밀하게 고유한 비전을 실현할 수 있게 해 준다.

 Personality Hacker의 창립자인 Joel Mark-Witt와 Antonia Dodge는 **내향적 감각**을 '**기억(記憶)**'이라 부른다. 그들은 "기억 사

용자는 나중에 검토하기 위해 정보를 수집하는 것을 좋아한다. 상황을 경험하고, 신중하게 숙고하며, 개인적 의미를 위해 기억을 훑어보는 것보다 더 신뢰할 수 있는 것은 과연 무엇인가"라고 반문한다. 또한 심리학자 Linda Berens는 "직접적인 경험이나 단어는 이전 경험과 즉시 연결되고, 우리는 유사점이나 차이점을 인식한다. 예를 들어 어떤 음식의 맛이 같지 않거나 평소보다 더 짜다는 것을 알아차린다"라고 덧붙여 설명한다.

결국 **내향적 감각**은 과거의 경험을 통해 현실을 인식한다. 따라서 상황의 이력을 빠르게 파악하고 변화를 찾아내며 패턴을 알아차릴 수 있다. 또한 감각기능이기 때문에 추상적인 사색이나 묵상이 아닌 구체적인 현실에 초점을 맞추며, 현실적인 특징이 있고 실제 생활에서의 경험을 바탕으로 살아가는 경향이 있다.

1) 내향적 감각(Si:편재)

ISTJ와 ISFJ의 주기능인 내향적 감각(Si)은 여덟 가지 기능 중에서 가장 잘 이해되지 않는 기능 중의 하나이다. 따라서 SJ와 NP의 다양한 징후(徵候, 表明)를 포함하여 외향적 직관(Ne)과 내향적 직관(Ni)과의 비교 대조를 통해 Si의 기능과 역할을 명확히 할 필요가 있다.

① 내향적 감각(Si:편재)과 외향적 직관(Ne:정인) 비교하기

Ne는 새로운 연결(連結)을 만들어 내기 위해 종합적으로 사용될

수 있으며, 또한 강력한 발산적 요소를 가지고 있다. Ne는 우리에게 더 많은 선택과 가능성을 무한히 탐색하도록 이끈다. 다른 기능들에 의해 현실에 대한 점검이 이루어지지 않는다면, 통제되지 않은 Ne는 목적 없이 인생을 방황하는 결과를 초래할 수 있다. 따라서 내향적 감각의 역할 중 하나는 균형을 맞추고 Ne에 현실을 확인하게 하는 역할을 하는데, Si는 기억된 사실과 경험을 통해 이러한 역할을 한다. 우리는 **"경험을 통해 배운다"**라는 말을 들어 본 적이 있을 것이다. Si는 우리의 삶의 이력은 물론, 이와는 다른 형태의 얻어진 정보에 대해 접근할 수 있도록 하여 우리가 같은 실수를 두 번 저지르지 않기를 바란다.

Si가 주기능인 유형 또는 부기능인 유형들의 경우('**수호자(守護者)**'로 알려진 SJ), Si는 더 자유롭고 자유분방한 NP와는 다른 역할을 할 것이다. SJ에서의 Si는 종종 기존의 사실, 전통, 세계관 또는 방법론을 고수(固守)하는 것이라 해석한다. 이러한 유형들은 일반적으로, 더 강력한 Ne를 필요로 하는 자신의 아이디어나 이론을 만드는 데 충분한 준비가 되어 있지 않으며 큰 관심도 없으므로, 그들은 자신의 기준을 공식화(公式化)하는 것보다 자신의 신념과 행동이 기존의 기준과 일치하는지 확인하는 데 더 관심을 가진다. 그들은 여러 면에서 이미 시도되고 확립된 것, 즉 일관성과 안정감을 부여하는 사고 체계에 의존한다.

NP처럼 내향적 감각기능이 열등한 경우, 그들의 신념은 SJ에게서 볼 수 있는 것과 같은 수준의 즉각적이며 지속적인 확실성을 보여 주지 못하는데, 이는 적어도 부분적으로는 NP가 전통과 관습에 의존하기보다, 세계에 대한 자신의 이론들을 적극적으로 모아 정리하는 것을 좋아하기 때문이다. 따라서 NP가 Ne를 도와주고 가다듬는 데 활용하는 Si 정보는, 사실상 더 개인적인 경우가 많다. 따라서 NP는 자신의 개인적인 경험을 크게 신뢰하며, 이것이 모든 유형 중에서 가장 독특하고 개인주의적인 관점을 가지게 한다.

한편 내향적 감각에서 일반적으로 간과되는 기능 중의 하나는, **내부 신체 감각** 즉 신체가 내부에서 느끼고 경험하는 것들을 인식하는 역할이다. 다른 어떤 심리적 기능들보다도 Si는 생각이나 외부 자극과는 별개로 인간의 가장 기본적인 '**존재**' 감각에 대해 접근할 수 있게 한다. 역사적으로 동양의 철학적, 종교적 전통이, 인간 경험에 있어 이러한 측면을 서양보다 훨씬 더 깊이 있게 탐구해 왔다. Si의 이러한 차원은 **요가, 태극권, 명상**과 같이 **내부 신체 상태**에 세심한 주의가 필요한 활동과 연관성이 있다.

② 내향적 감각(Si:편재)과 내향적 직관(Ni:편인) 비교하기

내향적 감각(Si)은 인식기능이므로, 내향적 직관(Ni)과 마찬가지로 다소 수동적이고 의식적 통제를 벗어나 행동하는 것이라 이해될 수 있다. INJ와 마찬가지로 SJ도 강한 확신감, 즉 어떤 것이 사실이고 거짓인지, 옳고 그른지에 대한 직감을 경험하는 경우가 많은데, 이것은 그러한 결론에 도달하기 위해 의식적인 추론을 실제로 많이 하지 않기 때문이다. 이것이 융이 Si를 비합리적인 기능으로 간주한

이유이며, 이는 결론이 반드시 비합리적이어서가 아니라 무의식적 방법으로 정보를 받아들이고 결론을 도출하는 방식 때문이다.

한편 Si와 Ni가 모두 비합리적인 기능이지만, Si는 Ni보다 결코 종합적이거나 창의적이지 않다. Si는 정보를 원래 형식을 유지한 채 어느 정도 보존하여 전달한다. Ni는 더욱 종합적으로 행동하며 서로 전혀 다른 정보를 함께 엮어 새로운 이론, 비전 및 통찰력을 구축한다.

2) 정리하기

▶ 감각적(S) 판단(J)은 내향적 감각(Si)을 주기능(ISTJ/ISFJ)이나 부기능(ESTJ/ESFJ)으로 사용한다.
▶ Si는 통증, 배고픔, 갈증, 신체 내부 온도, 무감각, 따끔거림, 근육 긴장 등과 같은 내부 신체 감각, 즉 내부 민감성과 관련이 있다.
▶ Si는 과거 경험을 중시하며 과거 경험(기억, 전통, 관계, 정해진 일상 등)을 기초로 현재 상황을 분석한다. 따라서 Si는 매우 보수적이고 전통을 중시하는 느낌을 준다.
▶ Si를 쓰는 유형들은 반복되는 패턴을 알아차리는 경향이 있으며, 주변 환경에서 변화나 불일치를 빠르게 찾아낸다.
▶ 다른 유형들보다 이미 알려져 있고 예측 가능하며 친숙(익숙)한 것에서 편안함과 즐거움을 찾는다(안전감과 안정감을 준다). 따라서 반복은 Si에 있어서 중요한 역할을 한다.
▶ Si는 직장에서 세부 사항에 대한 주의, 확립된 규칙 및 절차 준

수, 품질관리 등에 도움을 주는데, 이러한 성향은 법률, 사무, 행정 및 관련 분야에서 특히 유용하다.
▶ Si는 신체가 내부에서 느끼고 경험하는 것을 인식하는데, 이를 통해 인간의 가장 기본적인 '존재' 감각에 대해 접근할 수 있다. Si의 이러한 차원은 요가, 태극권, 명상과 같이 내부 신체 상태에 세심한 주의가 필요한 활동과 연관성이 있다.
▶ 시각-공간 지능은 장소, 상황 또는 과제(일)를 고화질로 또렷하고 세밀하게 초점을 맞춰 시각화하는 능력이다. 이 재능은 이미지를 시각화하고 조작하는 능력이 중요한 인테리어 디자인, 이벤트 조직, 예술과 공예, 교육과 같은 분야에서 유용할 수 있다. 이러한 공간지각력은 내향적 감각과 연결되어 있다.

3) 일반적인 편재의 개념과 비교하기

Si가 통증, 배고픔, 갈증 등의 내부 신체 감각과 관련이 있다는 사실은, 기존의 편재 개념에서는 거론되지 않은 새로운 개념이다. Se 또는 정재가 손, 발을 포함한 신체 활동이나 오감을 사용하여 객체로부터 정보를 입수하는 것과는 달리, Si가 내부 신체 감각, 즉 내부 민감성과 관련이 있다는 개념은, 외향성과 내향성 감각의 상대성으로 판단할 때 합리적이다. 이러한 개념의 연장선상에서, Si는 생각이나 외부 자극과는 별개로 인간의 가장 기본적인 '존재' 감각에 접근할 수 있으며, 내부 신체 상태에 세심한 주의가 필요한 활동(요가, 태극권, 명상 등)과 연관성이 있다고 보는 것이 타당하다.

최근 한강 작가가 스웨덴에서 행한 강연에서, 작가는 글을 쓸 때 신체를 사용한다며, **"보고 듣고 냄새 맡고 맛보고, 부드러움과 온기와 차가움과 통증을 느끼는, 심장이 뛰고 갈증과 허기를 느끼고 걷고 달리고 바람과 눈비를 맞고 손을 맞잡는 모든 감각을 사용한다"** 라고 설명했다. 저자는 이 설명을 듣고, 과연 감각기능에 대한 노벨문학상 수상자다운 체감(體感)과 설명이라 감탄한 바가 있다. 위의 설명에서 전반부는 Se(정재)의 영역인 오감이며, 후반부의 통증, 갈증, 허기 등은 신체 내적인 민감성을 표현한 것으로 온전한 Si(편재)의 영역이다.

Si는 과거 경험을 중시하며 과거 경험을 기초로 현재 상황을 해석하고 분석하는 기능으로, 매우 보수적이고 전통을 중시하는 느낌을 준다. 또한 Si는 일상의 익숙함, 친숙함, 안전감, 안정감 등과 관련된 기능이다. 그러나 일반적인 편재의 심리 상태에 따르면, 편재는 현실적, 구체적, 실제적, 감정적, 적극적, 활동적, 미래를 중시하며, 또한 편재는 재물의 손실을 두려워하지 않아 씀씀이가 헤프고 유흥을 즐긴다. 한편 일반적으로 외향적 기능의 심리 상태가 개방적, 진보적, 확장적, 자유로움 등이고, 내향적 기능의 경우에는 보수적, 수렴적, 전통 중시 등으로 알려져 있다. 따라서 Si는 과거에 대해 보수적일 뿐만 아니라 소비보다는 보존에 방점을 두고 있어 소비주의적이거나 물질주의적이지 않다. 따라서 이러한 사실들로 미루어 볼 때, 편재도 미래를 중시한다기보다는 과거의 경험을 중시하는 보수적인 심리 상태로 간주하는 것이 합리적이며, 기존에 알려진 편재의 소비

성향은 오히려 정재에 해당하는 것으로 보는 것이 타당하다.

한편 편재는 십성의 관점에서 일간인 내가 다른 십성을 극하는 오행으로, 일간과 음양이 같은 것을 말하는데, "내가 극을 한다"라는 개념을 사물이나 사람을 제어하고 통제하는 것으로 해석하여, 관리자로서 능력이 뛰어난 것으로 간주한다. 그러나 우선 관리자는 객체(客體)를 관리하는 것으로 외향성에 더 부합한다. 또한 관리자, 특히 비교적 큰 규모의 집단을 관리하기 위해서는, 과거 경험을 기초로 현재 상황의 해석과 분석을 통해 안정성과 예측 가능성을 높이고 세부 사항에 대해서도 주의를 기울이는 세심함이 요구되지만(Si:편재), 특히 사람, 시간, 공간 등의 자원을 조직적으로 활용하는 데 능한 사고의 영역(특히 Te:정관)이 더 요구되는 분야로 보는 것이 합리적이다.

(3) 외향적 직관(Ne:정인) ⇒ 관념화(觀念化/상상하기)

직관적(N) 인식(P)은 외향적 직관(Ne)을 주기능(ENTP/ENFP) 또는 부기능(INTP/INFP)으로 사용한다.

Ne는 직관기능을 외부로 사용하는 사람들로, 항상 새로운 가능성과 아이디어에 열려 있는 '**브레인스토머(Brainstormer)**'라는 별명은 Ne의 속성을 잘 표현해 준다. 그들은 미래 가능성에 초점을 두고 비전을 그리는 사람들이며, 새로운 것을 창조하고 기존의 틀을 깨뜨리는 사람들이다.

Ne는 수많은 **아이디어, 연결** 및 **가능성**을 만들어 내는 데 전문화된 직관의 발산적(發散的) 형태이다. 사용 가능한 모든 옵션과 가능성을 검토해야만 하는 NP에게, 확고하고 최종적인 결정을 내리는 것은 특별한 도전이 될 수 있다.

위키피디아에 따르면 **확산적(擴散的/발산적) 사고**란 '가능한 한 많은 해법을 탐색함으로써 **창의적**인 아이디어를 만들어 내는 데 사용되는 사고 과정 또는 방법'이라 정의한다. 새롭고 전례가 없는 연결을 엄청나게 만들어 내는 Ne의 능력 때문에, NP는 **창의성**의 몇몇 수단 면에서 다른 유형들보다 뛰어난 능력을 발휘한다.

메리엄-웹스터 사전에서는 **관념화**를 '어떤 사안에 대한 아이디어를 내거나 개념화하는 것'으로 정의한다. 예술 분야에서의 관념화는 스케치, 프로토타이핑 또는 브레인스토밍 등을 통해 탐구하는 **창의적** 과정의 초기 단계와 관련이 있다. 이는 아이디어와 개념적 가능성을 만들어 내는 Ne의 역할을 완벽하게 담아낸 것으로 보인다.

Ne의 언어적 표현은 큰 소리로 브레인스토밍하는 것과 비슷하다. 연설조로 말을 할 때, NP는 한 아이디어에서 다음 아이디어로 두서없이 이야기하기 때문에, 반드시 그 아이디어가 옳거나 타당한 것으로 보이지 않을 수 있다. 따라서 Ne는 다른 유형의 사람들에게 정리가 안 되어 있고, 산만하며 별나고, 변덕이 심해 보일 수 있다.

또한 **Ne**는 무엇이 될 수 있을까에 대해 상상하고 사색하는 것을 즐기는데, **미래의 가능성**을 상상하는 것에 관한 관심이 NP에게 **예술, 디자인, 마케팅, 발명, 창업** 분야에 뛰어난 감각을 준다.

1) 외향적 직관(Ne:정인) 들여다보기

외향적 직관(Ne) 유형은 ENTP와 ENFP의 주기능일 뿐만 아니라 INTP와 INFP의 부기능으로 사용된다.

직관은 인식기능이고 Ne는 방향에 있어 외향적이므로, Ne의 가장 중요한 목적은 외부 세계로부터 정보를 얻는 것이다. Ne는 개방적인 방식으로 외향적 탐색을 촉진한다는 점에서 외향적 감각(Se)과 비슷하다. 이를 통해 인식유형들이 상황을 변경하거나 통제하려고 하기보다는, 상황에 쉽게 적응하고 조화를 이룰 수 있게 한다.

Se가 하나 이상의 본질적 감각을 통해 정보를 이해하는 반면에, 외향적 직관은 감각 데이터를 넘어서거나 그 뒤를 본다. 이를 통해 **NP**는 숨겨진 **패턴, 가능성** 및 **잠재력**을 식별할 수 있게 한다.

외향적 직관은 **아이디어, 사실** 또는 **경험들**에서 **관계**나 **패턴**을 찾기 위해 유심히 살핀다. NP가 Ti 또는 Fi를 함께 쓰면 아이디어를 정립하고 수정하는 데 도움이 된다. **NP는 보통 독서, 대화** 및 **자연** 또는 **예술**에 **참여**하거나 **관여**하는 등의 활동에 Ne를 쓴다.

NP의 판단기능인 Ti 또는 Fi가 종결을 계속 요구하는 반면, Ne는 더 많은 옵션과 대안들을 모아서 대항한다. 또한 NP는 영구적인 **개방 상태** 또는 결정을 못 내리고 망설이는 상태로 두기 위해, 새롭거나 모순되는 많은 정보를 불쑥 끼워 넣음으로써 많은 경우에서 Ne가 판단기능들을 이기게 된다. 때로는 이것이 NP에게 좌절감의 원인으로 작용하여, 그들이 결정하거나 확고한 결론을 끌어내기 어렵게 만든다. 하지만 Ne의 장점 중 하나는 NP가 **열린 마음**을 유지하는 데 도움이 된다는 것이다. 이를 통해 **NP는 조급한 결론을 내리지 않고도 어떤 사안에 관한 양측의 진의를 파악할 수 있다. 이는 그들을 좋은 경청자(傾聽者)**가 되게 하고 효과적인 **중재자(仲裁者) 역할을 담당하게 한다.**

① 외향적 직관(Ne:정인)과 개방성(開放性)

다양한 관점에 대한 개방성은 NP의 대표적인 강점이지만, 때로는 생산성과 계획의 마무리를 방해할 수 있다. 따라서 Ne에 너무 많이 기대게 되면, NP가 양적으로나 범위 면에서 한 번에 너무 많은 사안을 다루도록 부추겨 원래의 초점을 놓칠 수 있다. 예를 들어 옆길로 빠지고 싶은 유혹에 끌리는 NP 작가들은 문제가 될 수 있는데, 더 간결한 글의 전개를 원하는 독자에게는 실망스러울 수 있기 때문이다.

또한 **외향적 직관**은 NP에게 아주 흥미로운 **가능성**을 찾아내는 데 도움이 될 수 있는데, 이는 **NP 기업가들**이 추세를 읽고 유망한 기회를 찾는 데도 도움이 될 수 있다.

또한 **Ne**는 삶의 **신비**와 **우연성** 또는 **불확실성**에 대한 경이감을 주는데, 이것이 바로 NP가 종종 **방랑자** 또는 **구도자**의 역할을 즐기는 이유이다. NP가 자신이 찾는 것이 무엇인지를 정확히 아는 경우는 거의 없지만, Ne는 자신의 인생 여정에서, 다음에 누구 또는 무엇이 나타날지에 대한 맹목적인 기대감이나 흥분감을 갖는다. 이와 관련하여, Ne는 신이나 우주가 어느 순간에 어떻게 될지에 대한 개방성이나 호기심을 포함하여 **신비주의**적인 특징을 보일 수 있다.

<u>Ne</u>는 또한 **분위기**에 민감하다. 새로운 환경에 접하게 되었을 때, NP는 일반적으로 특정 대상이나 세부 사항(Se)에는 적응하지 못하지만, 풍기는 모호한 느낌이나 인상을 더 잘 알아차린다. NP는 주어진 환경의 분위기가 마음에 드는지는 거의 즉시 알아차릴 수 있다. 그들은 감각적 세부 사항에 적응하지 못해, 다른 유형의 사람들이 너무나 뻔하다고 생각하는 것들을 감지하지 못하므로, 그들이 순진하고 몽환적이거나 딴 데 정신이 팔린 것처럼 보이게 한다.

2) 정리하기

▶ 직관적(N) 인식(P)은 외향적 직관(Ne)을 주기능(ENTP/ENFP) 또는 부기능(INTP/INFP)으로 사용한다.
▶ Ne는 수많은 아이디어, 연결 및 가능성을 만들어 내는 데 전문화된 직관의 발산적 형태이다.
▶ Ne의 미래 가능성을 상상하는 것에 관한 관심이, NP에게 예술, 디자인, 마케팅, 발명 및 창업 등의 분야에 뛰어난 감각을 준다.
▶ Ne는 아이디어, 사실, 또는 경험들에서 관계나 패턴을 찾기 위해 유심히 살핀다. 따라서 NP는 독서, 대화 및 자연 또는 예술에 참여하거나 관여하는 등의 활동에 Ne를 사용한다(언어능력, 자연친화력, 예술시각능력).
▶ Ne는 NP가 열린 마음을 유지하는 데 도움을 줌으로써, 조급한 결론을 내리지 않고도 어떤 사안에 관한 양측의 진의를 파악할

수 있게 한다(좋은 경청자, 효과적인 중재자).
▶ Ne는 삶의 신비와 우연성 또는 불확실성에 대한 경이감을 준다 (NP는 방랑자, 구도자 역할을 즐김).

3) 일반적인 정인의 개념과 비교하기

 Ne나 정인의 직관적 감각에 관한 개념은 크게 다르지 않으므로, 수용하는 데 별다른 문제가 없을 것으로 판단한다. 그런데 명리학에서 인성이나 관성을 보수적인 십성으로 보고, 재성이나 식신, 상관을 미래지향적 십성으로 보는데, 실제로 Ne는 미래 가능성을 상상하는 데 능한 지극히 미래지향적인 성분이다.

 그리고 Ne는 아이디어, 사실, 경험 등의 입력 정보에서 관계나 패턴을 찾아내는 능력으로, NP는 독서, 대화, 자연 또는 예술에 참여하는 등의 활동에 Ne를 사용하는데, 이러한 능력은 언어능력, 자연친화력, 예술시각능력 등으로 나타난다. 또한 Ne는 미래의 가능성에 대해 상상하고 사색하는 것을 즐기는데, 이러한 성향이 NP에게 예술, 디자인, 마케팅, 발명, 창업 분야에 뛰어난 감각을 준다.

 한편 Ne는 조급한 결론을 내리지 않고, 열린 마음으로 **훌륭한 경청자와 효과적인 중재자가 되도록 하는 기능은 매우 중요하지만**, 일반적인 정인의 개념으로 잘 다루지 않는다. 따라서 앞에서 언급한 개념을 고려하여, 정인에 관한 해석의 폭을 넓히는 것이 필요해 보인다.

(4) 내향적 직관(Ni:편인) ⇒ 통찰력(洞察力)

직관적(N) 판단(J)은 내향적 직관(Ni)을 주기능(INTJ/INFJ) 또는 부기능(ENTJ/ENFJ)으로 사용한다.

Ni는 미래를 보는 사람, 즉 '**예언자(豫言者)**'이다. 이들은 영감(靈感)처럼 나타나는 **직관적 통찰력**으로 세상을 바라본다. 복잡하고 정밀한 내적 패턴이 있으며, 그러한 관점에서 상황을 해석한다. 이러한 특성으로 인해 정신세계가 복잡한 사람이라는 인상을 주며, 자신의 통찰에 대한 확고한 믿음이 있어서, 설득하기 쉽지 않은 사람이기도 하다.

인간은 다른 감각보다 시각에 더 많이 의존한다고 흔히 말하는데, 이는 INTJ와 INFJ가 특히 그렇다. 이들 중 다수는 자신의 인지(認知)에 강력한 **시각적 요소**를 부여하여, 단어 수만큼의 **이미지들**을 생각한다. 이는 **Ni**를 예술가 또는 '**선견자(先見者)**'로 묘사한 융의 설명과 일치한다. 이러한 견해에는 뚜렷한 **시각적 특징**이 있는데, 이것이 **INJ**가 비전 관련 용어인 **선견지명(先見之明), 통찰력, 비전** 등과 연관이 되는 이유이다.

Ni의 시각적 본질은 INJ의 열등한 기능인 외향적 감각(Se)과 관련이 있으며, 이 또한 시각적 기능이기도 하다. 차이점은 **Se**가 환경의 **구체적 사실과 세부 사항**에 시각적 기능을 맞추지만, **Ni는 전체적인 인상(印象)**을 형성하고 상황에 대한 **통찰력**을 얻는 데 더 관심이 있다.

문자 그대로 '**마음의 눈**'으로 상상하는 것들에 더해서, **Ni**가 '보는 것'은 이해하는 것도 의미한다. 이러한 이해는 조감(鳥瞰)(즉 '큰 그림'을 보기 위해 한 걸음 물러나는 것)하거나 사물의 표면 아래를 보는 것에서 비롯될 수 있다. **외향적 직관(Ne)은 광범위한 연결망을** 형성하는 반면, Ni는 일반적으로 기초적인 **통찰력**과 **설명이론**을 추구하면서 **폭보다 깊이**를 선택한다.

Ni의 '**통찰력**'은 사고 리더, **이론가, 경영진, 상담가, 고문(顧問), 컨설턴트** 등으로, NJ의 효율성에 기여한다.

※ 설명이론(Explanatory Theory)은 어떤 현상이나 사건의 원인과 결과를 이해하고 설명하려는 이론이다. 설명이론은 다양한 학문 분야에서 사용되며, 그 주된 목적은 복잡한 현상이나 사건을 보다 명확하고 논리적으로 풀어내는 데 있다.

1) 내향적 직관(Ni:편인) 들여다보기

모든 내향적인 사람들과 마찬가지로 INTJ와 INFJ의 첫 번째 업무 순서는 내적 업무이다. 그들은 **아이디어, 관점(觀點), 이론, 비전, 이야기, 상징, 은유(隱喩) 등**을 시험하고 사용해 보는 것을 즐긴다. 그들의 주기능인 내향적 직관(Ni)은 이러한 내면의 극장을 위한 진정한 기초의 역할을 한다. Ni는 인식기능이므로 INJ는 인식기능의 활동에 더 수월함을 느끼는 것으로 알려져 있다. INJ가 뭔가에 관해 생각할 필요성을 표현할 때, 이는 다른 유형들의 경우와는 매우 다른 무언가를 의미한다. 즉 INJ의 '사고' 또는 인지 과정 중 가장 큰 부분은, 그들의 의식적 자각의 바깥에서 일어난다. 일반적으로 그들에게 최선의 사고는 적어도 의식적으로 사고하지 않는 것이다. INJ의 경우 문제를 '하룻밤 자며 생각하는' 것이 아주 확실한 해결책이다.

Ni는 대부분 작업을 무의식적(잠재(潛在) 의식적)으로 수행하므로, 어떤 마법적인 특성이 있는 것처럼 보일 수 있다. 사실 INJ가 어느 정도 정신적 또는 예언적 능력이 있는 것으로 여겨지는 것은 드문 일이 아니다.

많은 INJ가 매우 민감한 열등기능인 외향적 감각(Se)을 가진 것으로 보이는데, 이 기능은 다른 성격유형들이 놓치기 쉬운 중요한 세부 요소들을 포함하여 외부 세계로부터 풍부한 양의 감각 정보를 수집한다. 그런 다음 Ni는 그것들을 이해하기 위해 퍼즐 조각들을 조립하듯이 무의식적으로 이 데이터를 처리한다. 일단 이러한 과정이 끝나면 Ni는 출처 없이 갑자기 나타난 듯한 인상을 주는데, 사실은 직관이 갑자기 나타난 것이 아니라, INJ가 인접한 환경에서 자신의 정신에서 나온 정보와 결합하여 수집한 감각 데이터의 통합에서 나온 것이다.

① 내향적 직관(Ni:편인), 비전과 아름다움

인간은 다른 어떤 감각보다 시각에 더 크게 의존한다고 흔히 말한다. 특히 **INJ는** 종종 단어나 말보다는 **이미지를** 통해 생각한다. 그들의 직관은 **상징, 이미지, 꿈, 패턴**의 형태로 나타나는데, 이는 Ni를 **몽상가(夢想家), 예술가, 예언자**라고 부른 융의 견해와 일치한다. 이러한 개념에는 뚜렷한 시각적 특성이 있으며, 이것이 바로 시각 관련 용어인 **선견지명, 통찰력, 선견자, 비전** 등이 INJ를 설명하는

데 항상 사용되는 이유이다.

Ni의 시각적 본질을 고려하면, 많은 **INJ가 아름다움**(시각적, 은유적 아니면 다른 것이든)에 매우 민감한 것은 놀라운 일이 아니다. 그러나 여기서 매우 아이러니한 점은, 적어도 표면적으로는 INJ가 유형학적으로 반대되는 ESTP/ESFP와 비슷한 방식으로 **미학**을 중요시하는 것 같다는 사실이다. 이에 대한 분명한 이유는 INJ와 ESP가 모두 Se를 네 가지 기능 중 하나로 사용하기 때문이다. 차이점은 ESP는 Se를 더 의식적으로 사용하는 반면 INJ는 무의식적으로 더 많이 사용한다는 것이다.

이것은 가장 초자연적이고 추상적인 유형인 INJ가, 아름다움을 창조하고 아름다운 환경에 자신이 안주하려는 욕구에 종종 당황하는 이유를 설명한다. 이는 INFJ와 INFP 간의 공통된 차이점을 보여 주는데, 즉 INFJ는 감각이 내향적인(Si) INFP와 비교해 훨씬 세련되고 정교하며, 절묘한 취향을 가지는 경향이 있다는 점이다.

② 조감도(鳥瞰圖)

모든 유형 중에서 INJ는, '**全體像 또는 大局觀(Big Picture)**'에 가장 관심이 있는 사람들이다. 이는 **Ni**가 모든 기능 중 가장 **추상적**이고 **미래지향적**이라는 측면에서 이해할 수 있다. Ni는 **포괄적**이고 **전체적**이다. Ni의 비전, 해답, 통찰력이 포괄적인 전체로 나타난다. 결과적으로 INJ는 자신이 독창적인 아이디어를 창안한 사람이라기보다는 수신자처럼 느끼는 경우가 많다.

Ni의 통찰력에 내재(內在)된 완성감 때문에, INJ는 미래에 대한 미리보기 또는 적어도 가능한 미래에 대한 비전을 부여받았다고 느낀다. 이러한 **강한 예지력(豫知力)**은 그들의 이상이 실현되는 것을 보고자 하는 욕구의 원동력이 될 수 있다.

③ 수렴, 확실성과 확신

Ni는 기술적으로 판단기능은 아니지만, 종종 수렴적인 방식으로 기능하여 복잡한 문제에 대해 우아한 해답과 해결책을 제시한다. 앞에서 논의한 것처럼, Ni는 Se가 수집한 단서를 잡아, 포괄적인 해결책을 위해 무의식적으로 그들을 결합한다. <u>INJ는 일반적으로 한 번의 번쩍이는 **통찰력(아하!)**을 통해 해결책에 도달한다</u>고 알려져 있다. 이는 꿈을 꾸거나 깨어 있는 동안에도 발생할 수 있지만, 예상치 못한 선물처럼 갑자기 한꺼번에 찾아오는 경향이 있다.

내향적 직관이 통찰력을 드러내는 강력한 수단은 직관에 따른 확신, 확실성과 관련이 있다. INJ는 깊은 직관 수준에서 자신의 직관이 사실이고 신뢰할 수 있다는 것을 경험한다. 따라서 직관을 얻은 후에는 이를 구체화하기 위해 노력해야 하며, 다른 사람들이 쉽게 접근하고 유용하게 사용할 수 있도록 분명하게 표현하고 보여 줘야 한다. 이것은 외향적 감정(Fe)이나 외향적 사고(Te) 같은 부기능이 등장하여, 그들이 일종의 압축된 컴퓨터 파일의 데이터를 풀듯이 자신의 비전을 풀어(털어) 놓도록 돕는다.

이 과정은 종종 어렵고 힘들 수 있으며, 때로는 비전 자체를 창조하는 것보다 더 오랜 시간이 걸린다. 하지만 INJ는 다른 사람들이 그들의 비전을 신뢰하고 지지하도록, 자신의 비전을 언어, 이미지 또는 수식으로 옮기기 위해 최선을 다해야 한다. INTJ의 경우, 체계의 각 구성 부(部)와 과정들을 포함하여 그들이 제안한 해법의 세부 체계를 제공할 필요가 있을 수 있다. 또한 **INFJ**는 자신의 통찰력을 보여 주기 위해 비유, 생동하는 문장 또는 이야기를 사용하여, 보다 **은유적**이거나 **서사적(敍事的)**인 접근 방식을 선택할 수 있다.

2) 정리하기

- ▶ 직관적(N) 판단(J)은 내향적 직관(Ni)을 주기능(INTJ/INFJ) 또는 부기능(ENTJ/ENFJ)으로 사용한다.
- ▶ Ni는 미래를 보는 예언자로, 그들은 영감처럼 나타나는 직관적 통찰력으로 세상을 본다.
- ▶ INJ는 자신의 인지에 강력한 시각적 요소를 부여하여 단어나 말보다는 이미지를 통해 생각하는데, 그들의 직관은 상징, 이미지, 꿈, 패턴의 형태로 나타난다. 이러한 개념에는 뚜렷한 시각적 특징이 있으며, 이것이 그들이 시각 관련 용어인 선견지명, 통찰력, 선견자, 비전 등과 연관이 되는 이유이다.
- ▶ Ni는 일반적으로 기초적인 통찰력과 설명이론을 추구하면서 폭보다 깊이를 선택하는데, Ni의 통찰력은 사고 리더, 이론가, 경영진, 상담가, 고문, 컨설턴트 등으로 NJ의 효율성에 이바지한다.
- ▶ INJ는 첫 번째 업무순서가 내적 업무인데, 그들은 아이디어, 관점,

이론, 이야기, 상징 및 은유를 시험하고 사용하는 것을 즐긴다.
▶ Ni의 시각적 본질로 인해 아름다움(미학)에 매우 민감하다. 따라서 INJ는 아름다움을 창조하고 아름다운 환경에 자신이 안주하려는 경향이 있다(예술시각능력).
▶ Ni는 모든 기능 중에서 가장 추상적이고 미래지향적이다. 또한 Ni는 포괄적이고 전체적이라, Ni의 비전, 해답, 통찰력이 포괄적인 전체로 나타난다.

3) 일반적인 편인의 개념과 비교하기

일반적으로 편인의 직관과 관련된 심리 상태를 추상적, 깊은 통찰력, 신비적 분야에 대한 흥미 등은 내향적 직관인 Ni의 개념과 크게 다르지 않다. 그런데 Ni가 모든 기능 중에서 가장 미래지향적이라는 사실은 명리학에서 다소 무기력하고 보수적이라는 개념과 상반된다.

그리고 INJ의 직관은 상징, 이미지, 꿈, 패턴의 형태로 나타나는데, 이러한 시각적 특징으로 인해 그들이 선견지명, 통찰력, 선견자, 비전 등의 시각 관련 용어와 연관이 된다거나, 그들의 시각적 본질로 인해 아름다움에 민감하고 따라서 아름다움을 창조하고자 한다는 것은 다소 생소한 개념이다. 이것은 그들의 뛰어난 창의력, 창조성뿐 아니라 예술시각능력을 보여 주는 것으로, 이러한 개념을 편인에 적용하는 것은 통변(通辯) 자료를 풍부하게 한다는 점에서 매우 유용하다. 또한 Ni의 통찰력은 사고 리더, 이론가, 경영진, 상담가,

고문, 컨설턴트 등, NJ의 효율성에 이바지한다는 점도 눈여겨볼 만하다.

마지막으로 두 직관기능인 Ne와 Ni의 심리적 특성에 대한 설명을 마무리하면서, 두 직관에 대한 이해를 돕기 위해 일본 경영의 신으로 추앙받는 이나모리 가즈오 회장의 강연 중 관련 발언 내용을 아래에 소개한다(『경영, 이나모리 가즈오 원점을 말하다』 중에서).

"모든 종교, 예술, 과학은 같은 나무에서 나온 가지입니다."
"철학, 과학, 종교는 접근 방법은 달라도 추구하는 것은 같습니다."
"발명이나 발견은 철학의 영역이겠지만, 그것이 증명되면 과학이 되겠죠."

※ Ne와 Ni가 섞여 있는 듯하지만, 그의 통찰력은 놀랍다.

(5) 외향적 사고(Te:정관) ⇒ 구조화(構造化)

사고적(T) 판단(J)은 외향적 사고(Te)를 주기능(ESTJ/ENTJ) 또는 부기능(ISTJ/INTJ)으로 사용한다.

Te는 논리를 외부로 사용하므로 그 과정에서 여러 사람과 관계를 맺는다. 사람과 자원을 조직하고 구조화한다는 것은 이미 여러 사람과의 관계가 전제되어 있다는 의미가 된다. 또한 Te는 논리를 사용해서 상황을 통제하려 하고, 주변 사람들에게 적극적으로 조언을 주려 한다.

Te는 논리적인 사고가 외부로 향하는 것으로, 상황을 객관적으로 분석하고, 구체적인 목표를 세운 다음 그 목표를 달성하기 위해 사람, 시간, 공간 등의 자원을 조직적으로 활용한다. 그들은 최소한의 시간과 노력으로 목표에 도달할 수 있는 효율적인 업무 프로세스를 설계하기 좋아한다. 그래서 이들의 별명을 '**행정가**'라 부르며, 이들은 여러 자원을 **조직**하고 **체계화**해서 추진력 있게 목표를 달성하는 사람들이다. 따라서 그들은 매우 **진취적**이고 **행동 지향적**이며 **목표 지향적**인 사람들로 결단성 있는 리더인 경우가 많은데, 문제해결을 위한 전략과 실행에 능하며 '비효율성'과 '무능함'을 싫어한다.

Te는 대인관계에서 합리적인 판단과 주장을 외적으로 표현하는 것이 포함된다. TJ는 말 그대로 생각나는 대로 말하는데, 확고하고 솔직하게 자신을 표현하는 이들은, 전형적인 '**정직한(견실(堅實)한) 사람들**'이다.

Te는 외적 시스템(구조)을 합리적으로 이해하고 그 단점을 진단하여, 이를 보다 효율적이고 효과적으로 만드는 것을 목표로 한다. 집에서의 Te는 계획, 분류하기, 정리 및 재정과 같은 활동을 감독할 수 있다. 직장에서의 Te는 프로세스를 합리화하고 최적화하거나, 심지어 전체 조직을 재구성하는 데 사용될 수도 있다. 이러한 일들을 효과적으로 수행하기 위해, Te는 **경험적 데이터**와 **확립된 방법**과 **절차**를 활용한다.

TP와 달리 TJ는 즉흥적으로 작업하는 것을 좋아하지 않고 입증된 작업 방식을 사용한다. 그렇긴 하지만, 특히 NTJ는 필요하면 기존의 표준을 폐기하고 수정하기 위해 노력하는데, 이는 일반적으로 Te

보다 직관의 산물이다.

계획하기, 조직하기(정리하기, 체계화하기), 매핑(Mapping-배치, 구조 등에 대한 정보를 보여 주기) 또는 **정량화/수량화**와 같은 Te의 능숙한 '**구조화**' 활동들은, 이들과 관련된 직업에서 TJ의 성공에 이바지한다. 여기에는 **법률, 비즈니스, 금융, 과학, 경영, 기술** 등과 같은 광범위한 분야의 경력들이 포함될 수 있다.

1) 외향적 사고(Te:정관) 자세히 살펴보기

외향적 사고(Te)는 융이 그의 고전인 『심리 유형』에서 처음 설명한 여덟 가지 기능 중 하나이다. 이는 INTJ, ENTJ, ISTJ, ESTJ(예 'TJ' 유형)의 주기능 또는 부기능 역할을 할 뿐만 아니라, FP 유형(예, ENFP, INFP, ESFP, ISFP)의 3차 또는 열등기능 역할을 한다.

외향적 기능인 Te는 TJ의 구두(口頭) 발표(설명)와 표현에서 쉽게 알아볼 수 있다. 그것은 특질상 인간미가 없으며, 사람이나 감정보다 **사물**과 **시스템**에 더 중점을 둔다. 또한 TJ는 합리적인 판단을 쉽게 표현하는데, 그들은 말 그대로 다른 사람이 들을 수 있도록 그들의 생각을 입 밖에 내어 말한다(즉, 논리적인 판단, 결론 및 결정을 내린다). 그들의 **단도직입적**이며 '**간단명료한(간결한)**' 스타일은 때때로 다른 사람들에게 거칠고, 무뚝뚝하고, 재치가 없는 것으로 인식이 된다.

Te는 정확한 **정의, 정책, 계획, 절차**를 적용하여 외부 세계와 그것의 운영을 합리적으로 하기 위해 노력한다. Te 관점에서 볼 때, 표준 운영 절차를 통해 객관적으로 이해하고 제어하지 않으면 아무것도 최적화될 수 없는데, 이러한 표준은 모호함과 해석상의 오류 가능성을 최소화하기 위해 항상 분명하게 해야 한다. 이를 위해 **TJ는 종종 사업체나 단체를 관리**하게 되는데, 특히 ENT는 **CEO들** 사이에서 높은 비중을 차지하며, ESTJ와 ISTJ는 **중간 관리직**의 비중이 높다. INTJ는 Ni가 주기능으로서 조직의 최상위에 오를 수도 있지만, 일반적으로 관리자나 의사 결정자보다는 **수석 고문**의 역할을 선호한다.

TJ는 또한 다양한 **교육과 훈련**의 역할에 관심을 가질 수 있다. 우리 주변에서 수많은 ISTJ인 **초등학교 교사**를 만날 수 있으며, 연구에 따르면, **대학 교수들** 사이에서 INTJ가 흔한 것으로 나타났다.

① (Te:정관)의 정의와 평가하기

Te는 명시적(明示的)이고 **합리적 방식**으로 사물에 접근하고 **구조화**하는데, **이해(예, 과학), 유용성(예, 기술)** 또는 **외부 질서 유지(예, 법률과 규칙 제정)**를 위해 그렇게 할 수 있다. 그들의 논리가 뇌의 양쪽을 전체적으로 고려하는 Ti와 달리 Te는 정확하게 좌반구로부터 왔는데, '**좌뇌(左腦)**'는 특징적으로 **논리적, 분석적, 체계적**이며 작동 방식이 **명시적**이다. 인지된 세계를 받아들여 여러 조각으로 쪼개고, 각 조각을 고유한 용어로 명명하고 분석한다.

TJ(특히 NTJ)는 세상은 무수한 시스템으로 구성되어 있다고 보는데, 각 시스템은 합리적인 계층 구조 면에서 분석되고 설명될 수 있으며, 각 시스템을 더 잘 이해하고 합리적으로 상세하게 설명할수록 예측, 제어, 조작이 쉬워진다. **현대 과학**은 이러한 Te의 이상에 기초하고 있으므로, 그 방법과 관행에 대해 TJ는 쉽게 수용하고 옹호한다.

Te의 작업은 매우 **체계적**이고 **조직적(방법론적)**이며 심지어 **완벽주의적**이다. TJ는 어떤 일들이 질서가 잡히고 정리되는 방식에 세심한 주의를 기울인다고 알려져 있는데, 적절한 선형적인 순서 또는 계층 구조에 부합하는지 확인한다. TJ는 또한 관련 사실, 경험적 데이터 및 기타 측정 결과물을 통합하기 위해 노력한다. Te의 대물렌즈를 통해 들여다보면, 세상은 사실상 거대한 기계, 즉 원인과 결과의 법칙에 따라 작동하는 상호 연계된 부분들의 시스템이다.

정량화/수량화는 Te 접근 방식의 또 다른 특징이다. 여기에는 객관적인 **측정, 벤치마크, 통계** 등을 활용하는 것을 포함할 수 있는데, 점점 대중화되고 있는 '**증거기반(證據基盤)**' 관행이라는 개념이 좋은 예이며, 많은 경우에 이는 **정량적 연구**와 동의어이다. TJ의 경우 다른 유형보다 **"숫자는 거짓말을 하지 않는다"**라는 말에 맞는 유형이다. 그들은 공식적인 정량적 연구가 인간의 지식과 의사결정에 기반이 되어야 한다고 믿는다.

② (Te:정관), (Fi:식신) 기능들의 쌍

Te와 Fi는 항상 TJ와 FP에서 Te-Fi의 쌍을 구성한다. TJ의 경우 Te는 더 의식적이며 Fi는 덜 의식적이지만, FP의 경우 그 반대이다. Te와 Fi는 어떤 면에서 기능적으로 반대이지만 보완적이기도 하다.

Fi는 개인의 **취향, 감정, 가치**를 평가하고 개선하며, 또한 **개성**을 옹호하고 개인의 **고유한 특성**을 강조하며 신뢰한다. 이는 **어린이, 동물, 노인, 소외 계층** 등 삶의 '**약자**'에 대한 특별한 관심을 나타낸다.

Te의 매우 합리적인 표현과 Fi의 내향적인 성격으로 인해 TJ에게는 감정이 없다고 가정하기 쉽다. 그러나 진실은 TJ는 Fi를 통해 깊은 감정을 경험하고 강한 애착을 발전시킬 수 있다는 것이다. IFP와 마찬가지로, 일부 TJ는 불의(不義), 불평등, 피해 사례에 민감하다. TJ와 FP 모두 인지된 불의나 **피해(Fi)**를 시정하기 위해 **입법(Te)**에 의지할 수 있다. 예를 들어 Fi 비극(예, 학교 총격 사건, 아동 유괴)으로 인해 사망이 발생하는 경우를 우리는 자주 목격하는데, 이러한 비극이 향후 재발을 방지하기 위한 새로운 법률을 통과시키거나 새로운 조직을 만들도록 자극한다. 이로부터 우리는 깊은 **개인적 감정(Fi)과 집단적 규칙 및 정책(Te)** 사이의 유형학적 연관성을 배우며, '**공정하고 정의로운**' 시스템이나 업무 현장이라는 개념이 Fi-Te 기능들의 연결을 적절하게 보여 준다.

③ 외향적 사고(Te:정관)와 내향적 사고(Ti:편관) 비교하기

내향적 사고(Ti)는 보다 **암시적**이고 **주관적**인 형태의 논리이다. 외부를 바라보고 객관적인 기준을 참조하기보다는 자신의 내적 기준에 따라 추론(推論)하고 작동한다. 그것은 근원적인 전제와 가정에 의문을 제기하고, 확고한 인식론적 기반을 찾기 위해 필사적으로 노력하면서 많은 시간을 보낸다. 따라서 작동 방식에 있어 더 **비판적**

이고 **환원적(還元的)**인 경향이 있다.

대조적으로 Te는 더 **자신감**이 있고 **전진**하는 성향이 있으며(특히 ETJ의 경우), 최신 데이터에 대응하여 신속하게 변경하고 개혁하는 경향이 있다. 실제로 우리는 모든 외향적 기능들에서 이런 종류의 낙천주의와 열정을 목격한다. **외향적 기능들**은 끊임없이 **추가**하고 **확장**하는 반면, **내향적인 기능들**은 **감소**하고 **심화(深化)**하는 경향이 있다. 따라서 Te가 T의 사실이나 정책의 수를 늘리는 반면, Ti는 이를 비판하거나 회피함으로써 이익을 얻는다.

한편 Te는 일반적으로 **과학적 방법**이나 **객관적인 방법**들과도 궤를 같이한다. 실제로 많은 TJ는 과학을 궁극적인 지식이나 구원에 대한 인류의 주된 희망으로 여기며 과학을 높이 평가한다. 물론 지식을 얻고 문제를 해결하는 것이 TP의 관심 사항이기는 하지만, 그들은 이러한 문제에 공식적으로 접근하지 않고, 개인 수준에서 접근하는 것을 좋아한다. 그들은 개인이 자신의 마음, 자신만의 방법, 자신의 경험을 통해(즉 주관적인 방법을 통해) 진실과 지혜를 발견할 수 있다는 생각에 더 공감한다. 물론 이것은 **과학자(Te)**와 **철학자(Ti)** 사이의 오래된 구분을 예로 보여 주는 것이다.

2) 정리하기

▶ 사고적(T) 판단(J)은 외향적 사고(Te)를 주기능(ESTJ/ENTJ) 또는 부기능(ISTJ/INTJ)으로 사용한다.
▶ Te는 경험적, 정량적 데이터와 확립된 방법, 표준, 절차를 활용하

여 외적 시스템/구조를 합리적으로 이해하고 그 단점을 진단하여, 이를 보다 효율적이고 효과적으로 만드는 것을 목표로 한다 (사업체나 단체를 관리).

▶ Te는 계획하기, 조직하기, 매핑 또는 정량화/수량화 등의 구조화 활동들을 통해, 법률, 비즈니스, 금융, 과학, 경영, 기술 등의 광범위한 직업 분야에서 TJ의 성공에 이바지한다.

▶ TJ는 그들의 합리적인 판단을 다른 사람들이 알아들을 수 있도록 쉽게 표현한다. 즉 그들은 단도직입적이며 간단명료한 스타일인데, 이로 인해 다른 사람들에게 거칠고, 무뚝뚝하고, 재치가 없는 것으로 인식된다.

▶ TJ는 다양한 교육과 훈련의 역할에 관심을 가지는데, 우리 주변에서 ITJ인 초등학교 교사나 대학교수를 많이 만날 수 있다.

▶ Te는 전형적인 좌뇌의 특징인 논리적, 분석적, 체계적이며 작동 방식이 명시적이다. 따라서 Te는 인지된 세계를 받아들여 여러 조각으로 쪼개고, 각 조각을 고유한 용어로 명명하고 분석한다.

▶ Te는 일반적으로 과학적 방법이나 객관적 방법과 궤를 같이하는데, 실제로 TJ는 과학을 궁극적인 지식이나 구원에 대한 인류의 주된 희망으로 여기며 과학을 높이 평가한다. 과학이 공식적인 실험, 측정, 정량화, 표준화된 방법에 대한 의존도가 높다는 점에서, 과학은 Te의 전형적인 구현(具現)이다.

3) 일반적인 정관의 개념과 비교하기

일반적인 정관의 심리 상태가 객관적, 이성적, 합리적, 보수적 등으로 알려져 있는데, 이는 Te의 기본적인 개념과 크게 다르지 않다. 그러나 Te가 논리적, 분석적, 체계적이라 인지된 정보를 여러 조각으로 쪼개고 각 조각을 고유한 용어로 명명하고 분석한다는 개념이나, TJ가 교육과 훈련에 관심이 있다거나 하는 개념은 정관에 대한 심리 상태의 범주에서는 생소하다.

특히 정관이 소위 극을 받는 십성이라 하여, 사주에 정관이 있으면 윗사람으로부터 명령을 받고 책임을 지는 충성스러운 부하 직원, 공무원 등과 연관을 짓는다. 이와는 대조적으로 Te는 상황을 객관적으로 분석하고, 구체적인 목표를 세운 다음 그 목표를 달성하기 위해 사람, 시간, 공간 등의 자원을 조직적으로 활용하는 관리의 전형을 보여 준다. 또한 Te의 계획하기, 조직하기, 정량화 등의 구조화 능력은 법률, 비즈니스, 금융, 과학, 경영, 기술 등 거의 모든 분야를 망라하여, TJ의 성공에 이바지한다. 또한 TJ는 기업이나 단체를 관리하는 데 뛰어난 능력을 보이며, 따라서 TJ에서 CEO나 중간 관리직의 비중이 높다는 점도 간과할 수 없는 부분이다. 또한 Te가 과학의 전형적인 구현이라 할 만큼 과학과 매우 밀접한 관계가 있다는 점도 정관의 일반적인 개념과 역할에서 놓치는 부분이다.

(6) 내향적 사고(Ti:편관) ⇒ 추론(推論)

사고적(T) 인식(P)은 내향적 사고(Ti)를 주기능(ISTP/INTP)이나 부기능(ESTP/ENTP)으로 사용한다.

사고기능을 내부로 쓰는 Ti는, 자신만의 논리체계로 상황을 관찰하고, 분석하며, 비평하는 사람들로, 그들의 별명은 '**분석가(Analyst)**'이다. 그러나 비평적 관점을 외부로 잘 드러내거나 표현하지 않는다. 심사숙고하고 있는 차분한 관찰자의 이미지를 떠올리면 된다. 또한 이들은 인생을 흥미로운 수수께끼로 여긴다. 또한 Ti는 인간관계에 무심하다. 홀로 자신의 관심사에 몰입해 있는 학자의 이미지와 비슷하다. 마치 어떤 것에도 얽매이지 않을 것 같은 초연한 이미지를 가진 사람들이다. 따라서 Ti는 굳이 상대방의 문제에 얽히고 싶어 하지 않으며, 그들이 말을 많이 할 때는 대화 중에 자신의 관심 분야가 나왔을 때이다.

Ti를 사용하는 사람들의 내면에는 **논리적인 모델**, 즉 **내적인 틀**이 있어 그러한 틀을 중심으로 자료, 아이디어 등의 입수된 **정보를 분류**하고 **체계화**한다. 예를 들어 책장에 꽂혀 있는 책들을 자신의 논리적 틀을 중심으로 시사, 교양, 상식, 역사 등으로 분류하여 정리한다. 또한 태양계의 행성들을 핵심 기준인 구성 성분이 무엇인가에 따라 지구형 행성과 목성형 행성으로 분류하는 것이 그 예이다. Ti는 굳이 노력하지 않아도 어떤 주제에 대해 자신만의 범주로 분류하는 것이 자연스러운 사람들인데, 특별히 자신의 관심 분야에 대해서는 훨씬 더 복잡하고 정교한 **논리적 분류체계**를 갖고 있다. 또한 그들은 논리적인 분류체계를 세우고 그 안에 데이터를 채워 보는 것을 반복하면서, 자신만의 분류체계를 지속해서 발달시키는 사람들이다.

Ti를 **공간적**이든 **수학적**이든 또는 다른 것이든 **논리적 추론**을 위해 타고난 성향으로 생각하는 것이 도움이 된다. 학교 교사인 독자들은 아마 '**숫자 감각**'이란 개념을 익히 알 것이며, 또한 어떤 학생들이 다른 학생들보다 어떤 이유에서 선천적으로 숫자 감각이 더 강한지에 대해서 잘 알 것이다. 마찬가지로 **논리적 사고**는 TP의 **제2의 천성**으로, 논리적 과제들을 처음부터 끝까지 **독립적**으로 추론할 수 있게 한다. TP(특히 ITP)는 전형적인 "Do-It-Yourself(DIY, **직접 하세요**)" 또는 "Go-It-Alone(**혼자 힘으로 하세요**)" 유형인데, 앞에서 언급하였듯이 Ti가 Te와 비교하여 왜 **자주적(자율적)**으로 분류되는지를 보여 준다.

옥스퍼드 사전에 따르면, **추론**은 **논리적 과정**을 통해 **생각**하고 **이해**하고 **판단**하는 것을 뜻한다. 더욱이 추론이란 용어는 오랫동안 철학의 학습법이나 훈련법과 연관되어 왔으며, 많은 **유명한 철학자**들이 **INTP**였을 가능성이 크다. 그리고 철학은 또한 가장 널리 받아들여지는 신념이나 패러다임조차, 가정들을 철저히 조사할 정도로 용감한 사람들, 즉 '자유사상가'들을 위한 안식처(피난처) 역할을 해 왔는데, 이는 Ti 사상(특히 Ne와 짝을 이룰 때)의 **비판적**이고 **철저**한 (면밀(綿密)하게 조사하는) 천성을 강조하는 것이다.

한편 Ti에 대한 우리의 견해가, NTP의 추상적 개념에만 마음이 쏠려 너무 극단적으로 편향되지 않도록 주의해야 한다는 것이다. 사실은 Ti가 추상적(N)인 문제들과 마찬가지로 실제적(S)인 문제들과도 맞물려서 여전히 관련이 있고 유용하다는 것이다. 즉 **STP**는 **실제적인 문제**에 더 집중하는 경향이 있고, **NTP**는 **추상적인 문제**에 더 집중하는 경향이 있다. 예를 들어 <u>STP</u>인 **운동선수, 외과의사, 기계공**은 Ti 추론을 사용하여 그들 앞에 놓인 **구체적**인 상황을 결정한다. 반면에 **NTP**는 **아이디어, 이론, 디자인** 등을 시험하고 사용함으로써, Ti를 보다 **추상적**으로 적용한다.

1) 내향적 사고(Ti:편관) 들여다보기

내향적 사고(Ti)는 ISTP와 INTP 모두에게 주기능일 뿐 아니라, ESTP와 ENTP의 부기능으로 사용된다. 따라서 TP를 완전히 이해하려면 이 기능의 본질적인 특성을 이해하는 것이 중요하다.

Ti를 이해하고자 할 때, Ti 사고기능과 대응 관계에 있는 외향적 사고(Te)와 비교하고 대조하는 것이 도움이 될 수 있다. **Te는 경험적, 정량적 데이터**뿐만 아니라 **집단적 표준과 절차**에 대한 추론을 <u>지향한다</u>. 가능한 한 데이터는 하나의 변수가 미치는 효과를 정확하게 측정하기 위해 엄격하게 통제된 상황(예, 통제된 실험)에서 수집된다. **과학**이 **공식적인(통제된) 실험**, **측정**, **정량화** 및 **표준화**된 방법에 대한 의존도가 높다는 점에서 알 수 있듯이, **과학**은 **Te의 전형적인 구현**이다.

Ti의 작업은 본질상 격식에 얽매이지 않고 **전체론적**이며 **정성적**이고 또한 **즉흥적**이다. 레노어 톰슨(Lenore Thomson)은, Ti가 못을 위치시켜 망치질하는 것과 같은, **상황 논리**가 필요한 일에 뛰어나다고 시사한 바가 있다. 못을 박을 위치와 방법을 결정할 때, Ti는 구어적으로 '눈대중하기(Eyeballing)'라 알려진 기법을 사용하는데, 즉 상태(예, 망치의 크기, 못의 길이, 판의 두께 등)를 신속하게 어림잡아 가늠하여, 매번 망치질마다 필요에 따라 달리 조절하는 것이다.

내향적 기능으로서 Ti는, 자신만의 내적 논리에 의지하여 일할 때, 각자 나름의 방식을 만들어 내는데, 이는 많은 점에서 Ti를 더 편리하고 다재다능한 기능으로 만든다. 따라서 외부 **프로토콜(Protocol)**을 참고하고 **규칙**이나 **규정**을 정확하게 지키는(Te) 대신, **Ti**는 **즉흥적**으로 그리고 **독립적**으로 문제를 해결하는 능력에 더 자신감이 있다. 또한 특성적으로 **기발**하고 **획기적**인 Ti는, 거의 어떤 상황에서든 **특별한 묘수(妙手)**, 비법 또는 **지름길**이나 **일시적인 해결책**을 만들어 낼 수 있다(**문제해결력**).

① 전체론적 본질

Ti는 구체적인 세계를 탐색하고 실질적인 과제를 해결하는 데 유용하지만, 또한 특히 외향적 직관(Ne)(INTP와 ENTP에서 각각 부기능과 주기능인)과 결합하면 개념적으로나 이론적으로 적용된다. 따라서 **NTP**에게 자신의 **본질적 자아**와 **목적** 그리고 **철학**을 포함하여, **사물의 본질**을 이해하도록 하는 것은 주로 Ti이다.

모든 판단기능(예, Ti, Fi, Te 및 Fe)은 확고한 신념, 방법, 또는 가치를 확립하는 데 사용되지만, 그중에서도 Ti는 내향적인 사고기능이므로 특별히 **본질적**이거나 **기본적**인 것들과 관계가 있다.

대조적으로 Te는 **사실 지향적**이므로 **복수(다수)**(단수나 본질과 반대되는)에 더 익숙하다. 이런 의미에서 Ti는 Te보다 더 **환원주의적**이다. 세부 사항을 제거하고 다수의 사안을 요약하여, 본질적이거나 기본적인 것만 남기려 한다. 즉 수학 용어로 Ti는 '**최소공통분모**'를 찾는다.

Ti는 기본적인 **지식**을 **추구**함에 있어서는 **환원적**으로 행동한다고 볼 수 있지만, 실제로는 Te보다 **접근 방식**에서는 더 **전체론적**이다. Te는, "이미 사실임이 분명하니 더 긴 설명이 필요 없다"라는 것을 받아들이기 위해, 조사자의 주관적인 의견 제시나 참여를 줄이거나 아예 없애려고 노력한다. 이러한 접근 방식은 우리가 좌뇌에 대해 알고 있는 특징이며, 이것이 바로 Te가 '**좌뇌**' 기능으로 여겨지는 이유이다.

반대로 Ti는 자신의 **주관성**을 진리, 특히 지혜를 분별하는 데 유용하고 필요한 도구로 여겨 신뢰하고 포용한다. 한편 Te와 달리 Ti는 **뇌 양쪽의 정보를 통합**하는데, **우뇌(右腦)형 요소**는 Te 접근 방식에서 부족한 **부드러움, 원만함, 개방성**을 준다.

② 자율성(自律性/독립성)과 일 지향성(指向性)

자기 뜻대로 하기를 고집하는 ISTP와 INTP는, 모든 유형 중에서 **가장 독립적인 유형**들이다. Ti를 주기능으로 하는 그들은 **자기주도적**이고 **독학**을 선호한다. 그들은 외부 도움이나 지시가 거의 필요

없이 자신의 주도를 따른다. 그들의 **자율성**은 그들에게 매우 중요하므로 그들의 시간이나 자유를 매우 보호하려고 하는데, 만약 다른 사람들이 자신에게 강요하려 들거나 그들에게 요구할 때 좌절하거나 분개할 수 있으며, 내적으로라도 자율성에 대한 실제적이거나 인지된 위협에 본능적으로 저항한다.

그 결과 INTP가 항상 최고의 팀 플레이어는 아니다. 그들은 잠시 흐름을 따라갈 수도 있지만, 결국 불안해지며 독립적으로 일하기를 원하는데, 그들이 혼자 있을 때와 충분한 자유가 주어졌을 때 자기 자신의 정체성을 가장 잘 느끼기 때문이다.

판단기능으로서 Ti는 삶을 다소 진지하게 받아들이는 경향이 있다. 일부 성격유형은 재미를 주요 삶의 목표로 여기지만, ITP는 삶에서 단지 재미와 게임 이상의 것을 원한다. 또한 그들은 특유의 성격대로 **일 중심적**인 삶의 접근 방식을 취하며, 자신의 시간, 생각, 에너지를 지속해서 투자할 수 있는 매우 중요한 목적을 찾는다.

③ 독립적인 판단과 필터링(Filtering)

내향적인 판단기능인 Ti는 자체적으로 **독립적인 평가**를 하고, **자체적인 평가 기준**을 활용하는 것을 선호하며, 그에 대한 타당성은 따로 설명할 필요가 없이 자명하다는 것을 경험적으로 인식한다. Ti의 **독립적**이고 **자기 지시적**인 본성은 **관념적 철학자**로서 ITP의 명성에 크게 이바지했다.

Ti는 자체적으로 판단할 때 완전한 편안함을 느낄 뿐만 아니라,

입력되는 정보에 대한 필터 역할도 한다. 어떤 일이 현재의 목적들과 상관이 없는 것으로 인식되면, Ti는 이를 무시하거나 일축한다. 이러한 필터링 성향으로 인해 ITP는 시야(視野/思考)가 좁아질 수 있다(Tunnel Vision).

어떤 면에서 ITP가 "**그들 자신의 주관적인 세계에 산다**"라는 것도 사실이지만, 그렇다고 그들이 순수한 고립주의자는 아니다. 왜냐하면 그들의 외향적 기능들이 Ti와 균형을 맞추는 역할을 하며, ITP가 간헐적으로 자신의 외부를 바라보고, 그들 주변에 있는 아이디어(Ne), 감각(Se), 사람(Fe)과 관계를 맺도록 하기 때문이다.

2) 정리하기

▶ 사고적(T) 인식(P)은 내향적 사고(Ti)를 주기능(ISTP/INTP)이나 부기능(ESTP/ENTP)으로 사용한다.
▶ Ti는 더 암시적이고 주관적인 형태의 논리(내적 논리)로, 자신의 내적 기준(자신의 마음, 자신의 방법, 자신의 경험)에 따라 추론하고 작동하는데, 작동 방식에 있어 더 비판적이고 환원적인 경향이 있다(철학자).
▶ Ti는 공간적이든 수학적이든 또는 다른 것이든 논리적 추론을 위해 타고난 성향이다. 그들의 성향은 개념적으로 공간지각력이나 수리-논리력과 연관이 있다.
▶ Ti는 추상적인 문제(N)와 실제적인 문제(S)에 모두 관련이 있고 유용한데, STP(운동선수, 외과의사, 기계공 등)는 구체적인 상황

을 결정하기 위해 Ti 추론을 사용하고, NTP는 아이디어, 이론, 디자인 등을 사용함으로써 Ti를 더 추상적으로 적용한다.
▶ Ti는 NTP에게 그들의 본질적 자아와 목적 및 철학을 포함하여 사물의 본질을 이해하도록 한다(환원주의).
▶ Ti를 주기능으로 사용하는 ISTP와 INTP는 모든 유형 중에서 가장 독립적인 유형들이며, 그들은 자기주도적이고 자율적이며 독학을 선호한다.
▶ Ti는 연관성과 유용성을 보장하기 위해 입력되는 정보를 평가하여 필터링하는데, 이로 인해 ITP는 시야가 좁아질 수 있다(tunnel vision).
▶ Ti의 잠재적 관심사 : 모든 종류의 독립적이거나 자기주도적인 프로젝트 - 분석, 전략 수립, 문제해결 또는 비판적 사고를 포함한 활동들
▶ ITP는 철학적/지적(INTP) 또는 손을 사용하는(직접 체험하는) 활동이나 취미에 더 관심이 있으며(ISTP)(손재능), 픽션(Fiction)보다 논픽션(Nonfiction) 작품을 선호한다.

3) 일반적인 편관의 개념과 비교하기

편관은 십성의 관점에서 일간인 나를 극하는 오행으로 일간과 음양이 같은 것을 말하는데, 일반적으로 전통적인 명리학에서는 편관을 흉신(凶神)으로 규정하여 부정적인 의미로 사용한다. 심지어, 사주가 강하고 편관을 극제(剋制)할 수 있는 십성이 없는 경우에는, 오

행 순서상 일곱 번째 살(殺)이라 하여 칠살(七殺)이라 부른다. 또한 일반적인 심리 상태가 공포심, 열등감, 자기 강박, 자기 자신의 주장이 없음 등으로 대부분이 부정적인 단어로 나열되어 있다.

그러나 지금까지의 Ti에 대한 설명에서 보듯이, Ti는 바로 철학자가 연상될 만큼 역할이 심오하며, 실제적(구체적)이든 추상적(개념적)이든 논리적 추론을 광범위하게 작용할 수 있는 매우 중요한 심리기능이다. 따라서 Ti는 공간개념이나 숫자 개념은 물론, 운동선수, 외과의사, 기계공을 비롯하여 아이디어, 이론, 디자인, 문제해결 등의 분야에서 능력을 발휘한다. 이러한 이유로, Ti는, 앞으로 직업적 적성에서 논의될, 신체-운동능력, 손재능, 공간지각력, 수리-논리력 등에 모두 관여하게 된다. 이처럼 독자분들은 핵심 심리기능으로서의 Ti에 대한 진정한 이해와 적용이 필요하며, 이번 기회에 Ti, 즉 편관에 대한 기존의 부정적 선입견을 버리고 사고의 지평을 넓히는 기회가 되었으면 한다.

결론적으로 일반적인 명리학에서 편관은, 일간인 나와 음양이 같아 나를 무정(無情)하게 극하는 십성이라는 개념을 중심으로 심리 상태를 규정하다 보니, 대부분 부정적 특성으로 나열되어 있다. 그러나 Ti는 내향적 사고기능으로, 내향성과 사고를 중심에 놓고 심리 특성을 해석하다 보니, 편관과 Ti의 심리 특성에 대한 해석상 괴리가 발생한다. 따라서 편관의 심리 특성과 MBTI의 심리기능인 Ti의 심리 특성을 어떻게 통합, 조화시키고 적용 영역을 오히려 확장할 것인가에 대한 고민이 필요해 보인다.

(7) 외향적 감정(Fe:상관) ⇒ 연결(連結/關係)

감정적(F) 판단(J)은 외향적 감정(Fe)을 주기능(ESFJ/ENFJ) 또는 부기능(ISFJ/INFJ)으로 사용한다. Fe는 외향적이고 **사교적**인 이미지의 사람들이며, 적극적으로 **대인관계**를 형성하는 사람들이다.

Fe는 감정기능을 외부로 사용하는 사람들로, 온정, 배려, 관심 등을 자연스럽게 외부로 표현하는 사람들이다. 그래서 이들의 별명은 '**친절한 가이드**'인데, 적극적으로 나서서 다른 사람들에게 친절을 베풀고 도움을 주려 하기 때문이다. 또한 이들은 누군가 낯선 곳에서 길을 잃고 헤매고 있을 때, 그 주변에 가 있다면 먼저 다가와 도움을 주려 할 것이다.

Fe는 상대방의 감정을 **공감**하고 **지지**하는 데 초점을 둔 사람들이다. 그들은 '아~ 응~ 그렇구나' 하는 식의 공감적 표현을 잘하며, 끄덕이며 상대방의 이야기를 적극적으로 **경청**하는 사람들을 떠올리면 된다. 누군가와 개인적인 **관계**를 맺고 **친밀감**을 유지하는 것이 그들에게 매우 중요한 일이다. 또한 가까운 사람과 갈등이 생기는 것을 아주 불편하게 여기기 때문에 가능한 한 갈등 상황을 만들지 않으려고 노력한다. 따라서 그들에게 갈등과 논쟁은 피하고 싶은 주제이다. Fe의 외향적 본질은, FJ가 모든 유형 중에서 가장 감정적으로 **표현력**이 있고 **말을 잘한다(속을 잘 털어놓는다)**는 것으로 분명히 보여 준다.

Fe는 Fi보다 감정적으로 자율적(독립적)이지 않다. 이는 두 가지 판단으로 미루어 사실인데, 첫째는 Fe가 정서적 지원을 위해 다른 사람에게 더 빨리 의지한다는 점이다. 여러 가지 점에서, 단순히 자신의 정서적인 관심/걱정에 관해 이야기하는 것만으로도, FJ는 치유 효과를 느끼는 것 같다. 둘째는 Fe가 상황에 맞는 '사회적으로/사교적으로 적합한' 언어나 감정을 파악하기 위해 항상 사회적 규범을 면밀하게 주시한다는 점이다. 한편 그들은 종종 사회적 환경/정황/배경과 조화를 이루기 위해 자신의 감정을 당분간 유보(留保)하는데, 이것이 Fi에게는 가식적이거나 솔직하지 못한 것이라 보일 수도 있지만, FJ가 관심을 가지는 사회적 결속과 연결을 확립하는 데 도움이 된다.

Fe는 사회적 환경/정황/배경에 맞게 조정하는 것 외에도, 다른 사람의 감정을 읽고 반영하는 데 탁월하다. 이는 Fe의 가장 중요한 관심사, 즉 다른 사람들과 **정서적인 관계**를 형성하기 위한 강력한 도구가 된다. 견고한 대인관계가 없으면, Fe의 나머지 의제들(다른 사람에게 조언, 사기(士氣) 향상, 합의 구축 등)이 효과적이지 못한 것으로 판명되는 경향이 있다.

한편 Fe는 FJ가 다른 사람의 요구를 알아차리고 충족하도록 영감을 준다. FJ는 모두가 사이좋게 지내고 있으며, 인간다운 대우와 환대를 받는다는 것에 대해 알고 싶어 한다. 또한 그들은 특별히 **정신적, 개인적** 또는 **대인관계 문제**에 관해 **상담과 조언**을 제공하는 것을 좋아한다.

1) 외향적 감정(Fe:상관) 자세히 살펴보기

감정유형들은 감정기능을 사용하여 세상의 정서적 반응을 심사숙고하고 평가하며 분석한다. 그들은 일반적으로 사고유형보다 훨씬 더 눈에 띄고 변동이 심하며 더 많은 감정의 다양성을 경험한다. 그러나 사고형에 있어 감정기능은 의식적이지도 분화되지도 않아, 감정적 변동이나 미묘함을 알아차리는 능력을 갖추고 있지 않다. 사고유형들의 숨겨져 있는 무기고에 있는 모든 감정에 대해, 감정형 사람은 서로 다른 수많은 느낌들 또는 느낌의 톤까지 구별해 낸다. **감정형 사람들(Feeler)은 매우 광범위한 감정적 변화와 미묘한 차이(뉘앙스)를 알아차리므로, 그들의 경험을 담아내고 전달하는 데 언어가 부적절하다고 느낄 수 있다. 이것이 바로 대부분의 감정형 사람들이, 자신의 정서적 삶을 이해하고 표현하는 다른 방법을 찾기 위해 시, 음악, 미술로 눈을 돌리는 이유이다.**

감정기능은 **다양한 취향(趣向)의 개발**과도 관련이 있다. 취향은 좋다, 싫다 같은 질적 선호이다. 이것이 감정유형들이 **예술과 문화**를 탐구하는 데 끌리는 또 다른 이유이며, 감정기능을 끌어들이도록 그들에게 풍부한 소재를 제공한다. 사람들이나 동물들과 함께 작업하는 것이 비슷한 이유로 자극이 될 수 있다.

① 외향적 감정(Fe:상관)과 외향적 사고(Te:정관) 비교

외향적 감정형(Fe)의 표현 내용이 정서적일 필요는 없지만, 외향적 사고형(Te)의 내용과 비교하여, 내용의 포장에 있어 눈에 띄는 차이가 있다. Te는 다소 건조하고 단조로운 느낌(인상)을 주며, 종종 느낌의 양이나 표현에 있어 큰 변동이 없다. 그들이 표현하는 목적은 사실적인 정보를 문자 그대로, 그리고 노골적인 방식으로 전달하는 것이기 때문에, 감정(느낌)의 차원에서 다른 사람들과 연결되는 데는 크게 관심이 없다. 또한 Te의 표현력 부족으로 인해, Te를 사용하는 유형(TJ)의 감정을 읽어 내는 것이 어려울 수 있다.

Te와 대조적으로 외향적 감정형의 사람(FJ)은 자신의 감정을 있는 그대로 표현하는 경향이 더 많다. 따라서 FJ가 무엇을 느끼는지 추측할 필요는 거의 없는데, 왜냐하면 당장 나서서 말하지는 않더라도 그들의 독특한 버릇(특징)과 표정을 통해 감정이 고스란히 드러나는 경우가 많기 때문이다.

FJ는 다른 사람들과 교류할 때 공유된 감정, 특히 '좋은' 감정의 유대감을 만들기를 기대한다. 이를 위해서는 자신의 감정을 표현하는 것뿐만 아니라, 다른 사람의 감정을 인식하고 해석하는 것이 필요하며, 모든 당사자가 정서적 공명(共鳴)과 조화를 즐길 수 있는 방식으로 감정을 이해하고 상호작용하기를 바란다. 한편 **FJ는 관계 형성과 정서적 조화**에 대한 만족감으로 인해, 정서적 또는 관계적으로 어려움을 겪고 있는 다른 사람들을 **지원**하고 **상담**하는 것을 즐겁게 여긴다. 비슷한 이유로 **우정**은 일반적으로 FJ에게 매우 중요하다.

② 외향적 감정(Fe:상관)과 내향적 감정(Fi:식신) 비교하기

Fe는 **광범위**하고 **대규모**로 작용하는 반면, **내향적 감정(Fi)**은 더

깊고 **집중적**으로 스며든다. Fe는 **집단적인 사기**에 더 관심이 있는 반면에, Fi는 **자신**이나 **선택된 소수 개인의 감정**에 더 중점을 둔다. FJ와 마찬가지로 FP(Fi를 주기능 또는 부기능으로 사용)도 외적인 조화를 선호하는 경향이 있지만, 이는 대인관계 조화에 대한 진정한 관심보다는 갈등에 대한 개인적 불편함(즉 자신의 불안한 감정)을 더 많이 반영한다.

FP는 자신을 감정의 책임자 겸 관리자로 여기는데, 다른 사람들도 똑같이 그렇게 하기를 원할 것이라고 자연스럽게 기대한다. 그러나 FJ는 정서적 지지를 구하기 위해 다른 사람들에게 의지할 뿐만 아니라, 다른 사람들이 그들 자신의 감정을 관리하도록 돕는 데 더 관심을 기울인다. 따라서 FJ의 관점에서는 모든 사람이 서로 마음이 통할 수 있도록 하는 것이 중요해 보인다.

한편 Fe와 Fi는 감정의 표현 측면에서도 서로 다르다. FP는 감정적으로 더 독립적이라 자신의 감정을 억제하고 감추려는 경향이 있다. 따라서 그들은 자신들의 몸짓과 표현에 있어서 외관상으로 더 신중하고 침착하게 그리고 생기와 활기는 덜하게 표현한다. 그러나 FJ의 표현은 더 직접적이고 감정이 풍부하여, 그들이 말하는 것에 더 큰 긴박감이나 확신을 준다.

2) 정리하기

▶ 감정적(F) 판단(J)은 외향적 감정(Fe)을 주기능(ESFJ/ENFJ) 또는 부기능(ISFJ/INFJ)으로 사용한다.

▶ Fe는 외향적 본질은, FJ가 모든 유형 중에서 가장 감정적으로 표현력이 있고 말을 잘한다(속을 잘 털어놓는다)는 것으로 분명히 보여 준다(언어능력).
▶ Fe는 사회적 환경에 맞게 조정하는 것 외에, 다른 사람의 감정을 읽고 반영하는 데 탁월한데, 이는 Fe의 중요한 관심사인 다른 사람들과의 정서적인 관계를 형성하는 강력한 도구가 된다.
▶ Fe는 FJ가 다른 사람의 요구를 알아차리고 충족하도록 영감을 주며, 또한 그들은 관계 형성과 정서적 조화에 대한 만족감으로 인해, 정서적, 개인적 또는 대인관계 문제에 관한 상담과 조언을 제공하는 것을 좋아한다(대인관계능력).
▶ 감정형 사람들은 자신의 경험을 오롯이 담아내고 전달하는 데 언어가 부적절하다고 느끼므로, 자신의 정서적 삶을 이해하고 표현하는 방법으로 시, 음악, 미술로 눈을 돌린다(언어능력, 음악능력).
▶ FJ는 정서적 지지를 구하기 위해 다른 사람들에게 의지할 뿐만 아니라, 다른 사람들이 그들 자신의 감정을 관리하도록 돕는 데 관심을 기울인다.

3) 일반적인 상관의 개념과 비교하기

일반적인 상관의 심리 상태는 사교적, 말이 많음, 과장된 말을 함, 변론을 좋아함, 표현하기를 좋아함, 교제에 능숙함 등으로 대부분이 상관의 뛰어난 표현력(언어능력)과 상관의 대인관계능력에 비중을 둔 어휘들이다. 이들 심리 특성들은 Fe의 심리 특성과 매우 유사하므로 1:1로 대응시켜 적용하는 데 전혀 문제가 없어 보인다.

그러나 감정형 사람들이 언어로 자신의 경험을 오롯이 전달할 수 없어 시, 음악, 미술 등에 관심을 가지고 능력을 발휘하는 것이나, 관계 형성과 정서적 조화에 대한 만족감으로 정서적 또는 관계적으로 어려움을 겪는 사람들을 지원하고 상담하기를 즐긴다는 내용은, 상관의 개념을 더 폭넓게 한다는 점에서 의미가 있다.

(8) 내향적 감정(Fi:식신) ⇒ 가치화(價値化/가치를 인정하기, 가치를 높이 평가하기)

감정적(F) 인식(P)은 내향적 감정(Fi)을 주기능(ISFP/INFP)이나 부기능(ESFP/ENFP)으로 사용한다.

Fi는 매우 부드럽고 차분한 이미지를 가지고 있는 사람들로, 그들은 말수가 적고 자신의 감정을 쉽게 표현하지 않는다. 또한 마음이 맞는 몇몇 사람들과 함께하는 것을 좋아하며, 조용하고 세심하게 감정적 배려를 잘하는 사람들이다.

Fi는 감정을 내부로 사용하는 사람들이다. Fi의 별명은 '**양심적인 사람**'인데, 이들은 **친화(親和), 온정, 동정, 자비, 존중**과 같은 **인간적인 가치**에 따라 인생을 살기 원하며, 그것을 통해 진실성을 유지하고 싶기 때문이다. Fi는 인간적인 가치를 논리적으로 설명하고 조언하기보다는, 말없이 가슴으로 느끼고 함께 울어 주는 사람들이다. 이들은 자신의 인간적인 가치를 충실히 지키고 내적인 조화를 유지하는 데 초점을 두기 때문에, 자신이 중시하는 인간적인 가치가 침

범당하거나 지켜지지 않았을 때 상처를 받는다.

Fi는 내부를 지향하며 대체로 독립적으로 개인적인 감정과 가치를 탐색하고 관리한다. Fe는 정서적 지원과 친밀감을 위해 **다른 사람에게 의존**하는 반면, Fi는 정서적 문제를 관리하는 데 더 **자율적(독립적)**이다. FP가 자신의 감정과 가치를 표현하고자 할 때, **적극적(S), 창의적(N) 또는 합리적(T)** 채널을 통해 **간접적으로 표현**하는 경우가 많다.

Fi를 '**가치화**'라 말하는 이유는 첫째로 다른 어떤 기능보다 Fi는 특별히 **자연, 어린이, 동물** 같은 생명 자체에 대해 타고난 천성의 감사함과 존중심을 가지고 있다. FP에게 생명의 가치와 신성함에 대해 가르칠 필요가 없다. 왜냐하면 그들은 이미 깊고 타고난 수준에서 그것을 느끼고 있기 때문이다. 실제로 **아동복지, 환경 보호주의, 채식주의, 동물 권리** 등과 같이 흔하게 접하는 FP의 대의명분들은, 단지 그들의 Fi가 가지고 있는 **핵심 가치**의 확장일 뿐이다.

또한 FP는 자신의 **개인적인 가치**를, 삶의 방향을 찾는 나침반으로 사용한다. Fi의 가치는 Fe의 집합적 가치와 겹칠 수 있지만, FP는 그들에게 무언가 잘 맞지(용납되지) 않는다면, 문화적인(교양적인) 순리에 벗어나 받아들이기 어렵다. 자신의 가치를 따를 자유의 중요성을 인식하는 FP는, 대체로 같은 자유를 다른 사람에게도 기꺼이 제공한다. 또한 그들은 개인들(과 문화/사고방식)이 자기 뜻과 개성대로 행동할 때 드러내는, 다양한 표현과 삶의 방식을 높이 평가하는 경향이 있다.

1) 내향적 감정(Fi:식신)과 (Ti:편관), (Ni:편인), (Fe:상관) 비교하기

내향적 감정(Fi)은 여덟 가지 성격 중 가장 잘 이해되지 않는 기능 중 하나이다. 이는 ISFP와 INFP의 주기능일 뿐 아니라, ESFP와 ENFP의 부기능으로 사용된다.

① 내향적 감정(Fi:식신)이란 무엇인가?

내향적인 감정은 내향적인 판단기능이다. 다른 내향적인 기능과 마찬가지로 Fi는 광범위하기보다 **집중적**이고 **집약적**이다. 보다 구체적으로는, **FP는 개인적인 감정, 취향, 가치관**을 탐색하고 관리하는 데 중점을 둔다. Fi는 Fe처럼 감정과 에너지를 다양한 개인에게 나눠 주기보다(Fe가 하듯이) 자아 또는 '**주체**'에 시선을 집중한다. 이것이 Fi가 종종 '**주관적**'이라 불리는 이유이다.

Fi가 느낌의 내면적 강도나 감정에 관한 관심과 주의를 포함한다면, 어떤 종류의 것들이 Fi를 자극하는지, 즉 FP의 정서적 반응은 무엇이고, 반응을 유발하는 것은 무엇인지를 묻는 것은 합리적이다. Fi 감정에 영향을 미칠 수 있는 요소는 무수히 많지만, <u>**FP는 특히 어린아이(특히 자신의), 동물, 음악, 소설, 불의, 아프고 궁핍한 사람들**의 영향을 받는 것 같다. 또한 그들은 스스로 자신을 도울 수 없는 사람들, 즉 특별한 도움이 필요한 사람, **장애인, 빈곤층, 어린이와 동물** 등에 특별히 감동을 받는 것 같다.</u> 이 모든 것은 좋든 나쁘든 Fi의 활기를 북돋우며, 결과적으로 FP에게는 의미 있고 중요한 것으로 인식된다.

FP는 대체로 독립적으로 자신의 감정과 가치를 관리한다. Fe는 정서적 지원과 친밀감을 위해 다른 사람에게 의지하는 반면, Fi는 정서적 문제를 독립적으로 처리한다. IFP가 자신의 감정, 취향 또는 가치를 외부로 표현하고자 할 때, 그들의 조합 가능한 기능 중, 하나의 기능을 통해 표현하는데, 즉 **행동(Se), 힌트나 제안(Ne), 사실에 관한 진술(Te)** 등을 통해 자신을 표현할 수 있다.

Fi는 방향이 내향적이기 때문에, IFP는 외부에서 볼 때 감정형의 사람처럼 보이지 않을 수도 있다. 따라서 외향성인 Se 또는 Ne 기능을 사용하지 않는 한, IFP는 차갑고 냉담하며 다른 사람들의 마음을 끌지 못하는 매력 없는 사람들로 보일 수 있다. 그렇긴 하지만 그들의 감정은 표정과 몸짓 언어를 통해 어느 정도는 읽을 수 있다.

또한 내향적인 감정은 **자신만의 세계관**, 즉 **개인화된 가치 체계**를 형성하는 데에도 작용하는데, 이는 자기 이해와 의사결정을 위한 플랫폼 역할을 할 수 있다. 이런 의미에서, 내부 구조를 구축하고 수정하는 과정을 포함하는 Ti와 비슷하다.

TP의 경우와 마찬가지로, 이러한 **내적 구조화(즉 내적 판단)**는 FP에게 강한 **내적 통제감**과 자부심을 준다. FP(특히 IFP)는 자신이 다른 사람을 거의 통제할 수 없다고 느낄 수 있지만, <u>자신이 통제하고 조절할 수 있는 유일한 것은 **자신의 내적 세계**, 즉 그들 **자신의 감정, 가치, 결정**</u>이라고 느낀다(자기성찰능력).

② 내향적인 감정(Fi:식신)과 외향적인 감정(Fe:상관) 비교하기

Fi의 판단은 집단적 기반이 아닌 독립적인 기반으로 형성되므로, FP는 외향적 감정(Fe)의 판단과 표현에 대해 경계하는 경향이 있다. FP에게 Fe의 표현은 포괄적이거나, 예측이 가능하거나, 얄팍하거나 (피상적이거나), 가짜이거나, 인위적으로 보일 수 있다. 특히 IFP는 Fe의 표현을 가짜이거나, 과시하거나, 솔직하지 못한 것으로 보고 개탄한다. Fe에 대한 상대적인 혐오감으로 인해, 일부 IFP는 긍정적인 감정 표현을 보류할 수 있다. 그들은 진실하고 진정한 느낌에 관한 그들의 인상을 강화하기 위해 자신도 모르게 긍정적인 감정마저 억누를 수도 있다. 이러한 개인들(일반적으로 INF)은 자신을 만성적으로 오해받는 사람으로 여기고, **미술, 시 또는 음악**을 통해 자신의 우울함과 불만을 표현한다.

이러한 Fi-Fe 간의 차이는, Fi와 Fe 간의 의사소통을 불편하게 만들 수 있다. IFP는 Fe의 진실성에 의문을 제기하는데 사로잡히고, 반면에 Fe 유형은 IFP가 더 큰 대인관계의 친밀감과 정서적 공명감을 만들기 위해 더 많은 감정 표현을 바란다.

Fe와 달리 Fi는 사회적 환경에서 긍정적인 감정이나 훌륭한 사기를 기르는 것에는 크게 신경 쓰지 않는다(IFP는 조화를 정말 좋아하지만, 이는 Fe의 친밀감을 기르려고 하기보다는 갈등을 불편하게 여기는 것과 더 관련이 있다). Fi는 일반적인 사기나 대인관계의 조화에 초점을 맞추기보다는, 그들을 개인적으로 감동시켰거나, 그렇지 않으면 그들에게 영향을 미쳤던 특정 개인들을 돕는 데 관심이 있다.

흥미롭게도 Fi는 감정기능임에도 불구하고 실제로는 사회적(또는 사회화) 기능이 아니다. 그러나 Fe(특히 EFJ)는 일반적으로 사람들과 함께 있고 교류함으로써 자극을 받는다. **Fe는 특징적으로 대인관계 지향(대인관계능력과 연관됨)**인 것과 달리, **Fi는 자기이해/자기성찰 지향(자기이해능력/자기성찰능력과 연관됨)**이다. 이는 그들 자신의 감정, 취향, 가치를 지닌 그들 자신과의 관계를 포함한다. 결과적으로, IFP에게 피상적인 사회화는 그들의 Fi를 자극하는 데 거의 도움이 되지 않으므로, 그들이 누구와 같이 시간을 보내는가에 대해 더 까다로운 경향이 있다.

③ 내향적인 감정(Fi:식신)과 내향적인 사고(Ti:편관) 비교하기

Fi와 내향적 사고(Ti)는 모두 내향적 판단기능이므로 몇 가지 유사점을 보인다. 둘 다 내적 질서와 구조에 대한 감각이 있고, 둘 다 철저하고 집중적이며, 둘 다 보다 개별화되거나 주관적인 판단 과정을 포함한다. Ti가 Te의 표준화된 방법에 반대되는 것처럼, Fi는 Fe의 광범위하고 집단적인 초점에서 벗어나 있다. 다시 말해서 Fi와 Ti는 모두 어떤 관습적이거나 '평범한' 일 처리 방식에 회의적이다.

그러나 Fi와 Ti는 몇 가지 중요한 면에서 다른데, 우선 그들은 판단을 내릴 때 서로 다른 기준을 사용한다. 판단이나 결정을 내릴 때, Fi는 감정과 가치(예, 좋은 것, 나쁜 것, 옳은 것, 그른 것, 맛있는 것, 불쾌한 것)를 참고하는 반면, Ti는 참-거짓, 논리적-비논리적 같은 종류의 기준을 사용하므로 좀 더 논리에 기반한다고 할 수 있다. 그

러나 모든 유형은 F와 T를 모두 가지고 있으므로, 이러한 기준은 현실적으로 상당히 혼란스러워 보일 수 있다.

Fi와 Ti를 구별하는 또 다른 방법은 관심 영역이다. 앞서 살펴보았듯이, Fi는 환자, 궁핍한 사람, 어린이, 동물 등을 돕는 데서 영감을 받는 경우가 많다. 이와 대조적으로 Ti는 일반적으로 도움이 필요한 개인을 돌보는 데는 관심이 없다. 왜냐하면 그들은 Fi 대신 Fe를 사용하므로 제한된 수의 궁핍한 개인에게 시간과 에너지를 투자하는 것보다, 일반적으로 사회 전반에 이바지하거나 널리 알려지는 데 더 관심이 있다.

ISFP와 INFP는 또한 미술, 시, 이야기/소설(Fiction)에 더 관심을 가지는 경향이 있다. 대조적으로 **ITP는 철학적/지적(INTP) 또는 손을 사용하는(직접 체험하는) 활동이나 취미**에 더 관심이 있으며**(ISTP)**, 픽션보다 **논픽션 작품**을 선호한다.

④ INFP의 (Fi:식신), INFJ의 (Ni:편인) 비교하기

INFJ와 INFP의 차이점은 다양하다. INFJ와 INFP는 실제로 공유하는 기능들은 없다. 그러나 INFP의 내적 과정과 INFJ의 내적 과정을, 특히 외부에서 구별하는 것은 다소 어려울 수 있다. 그러나 기능에 대한 지식을 활용하면 차이점을 더 잘 이해할 수 있다.

Ni가 주기능인 INFJ는 일반적으로 미리 정해진 내적 구조에 의존하지 않는다. INFJ는 신선한 눈으로 각 상황에 접근하는데, 그들의 Se를 사용하여 잠재 의식적으로 상황별 퍼즐 조각들을 모으고,

그들의 내향적 직관인 Ni를 사용하여 조각들을 조립한다. **Ni는 주로 합성하는 기능**이다. 주어진 사람이나 상황에 대한 전반적인 인상이나 이해(해석)를 만들어 내기 위해, 가능한 한 많은 즉각적인 정보(Se)를 사용한다.

대조적으로, Fi는 내적 가치의 기존 구조에 따라 결정을 내린다. 따라서 IFP는 상황에 대한 모든 정보를 수집하기 전에 (내적으로/마음속으로) 판단을 더 빨리 내린다. 그러나 IFP가 성숙하고 발전함에 따라, 그들은 Ne 또는 Se를 이용하여 그들의 Fi 판단을 외부로 터놓는 데 능숙하게 됨으로써, 성급하거나 잘못된 판단을 내리지 않도록 보장한다.

2) 정리하기

▶ 감정적(F) 인식(P)은 내향적 감정(Fi)을 주기능(ISFP/INFP)이나 부기능(ESFP/ENFP)으로 사용한다.
▶ Fi는 내부를 지향하며 대체로 독립적으로 개인적인 감정, 취향, 가치를 탐색하고 정서적 문제를 더 자율적으로 관리한다. 따라서 Fi는 자아 또는 '주체'에 시선을 집중하는데, Fi가 '주관적'이라 불리는 이유이다.
▶ (I)FP가 자신의 감정과 가치를 외부로 표현하고자 할 때, 적극적(S), 창의적(N) 또는 합리적(T) 채널을 통해 간접적으로 표현하거나, 행동(Se), 힌트나 제안(Ne), 사실에 관한 진술(Te) 등을 통해 자신을 표현할 수 있다.

▶ Fi를 '가치화'라 일컫는데, Fi는 특별히 자연, 어린이, 동물 같은 생명 자체에 감사함과 존중심을 가지고 있다. 실제로 FP는 아동복지, 환경 보호주의, 채식주의, 동물 권리 등과 같은 대의명분을 보이는데, 이는 단지 Fi가 가지고 있는 핵심 가치의 확장일 뿐이다(자연친화력). 또한 FP는 자신의 개인적인 가치를, 삶의 방향을 찾는 나침반으로 사용한다.

▶ 내향적인 감정은 자신만의 세계관, 즉 개인화된 가치 체계를 형성하는 데에도 작용하는데, 이는 자기 이해와 의사결정을 위한 플랫폼 역할을 한다(내부 구조를 구축하고 수정하는 과정을 포함하는 Ti와 비슷하다)(자기성찰능력).

▶ FP(특히 IFP)는 자신이 다른 사람을 통제할 수 없지만, 자신이 유일하게 통제하고 조절할 수 있는 것은 자신의 내적 세계, 즉 자신의 감정, 가치, 결정이라고 느낀다(내적 통제/자기성찰능력).

▶ Fe는 특징적으로 대인관계 지향인 것과 달리, Fi는 자기 이해 지향이다.

▶ IFP는 긍정적인 감정 표현마저 억누르고 보류함으로써 자신이 오해를 받는다고 느끼고, 그 우울함과 불만을 미술, 시 또는 음악을 통해 표현한다(언어능력/음악능력).

▶ ISFP와 INFP는 미술, 시, 이야기/소설(픽션)에 더 관심을 가지는 경향이 있다(언어능력).

3) 일반적인 식신의 개념과 비교하기

일반적으로 명리학에서는 식신의 특성을 궁리와 연구, 호기심, 표현력이 있으나 언변보다 글로써 표현, 독창적, 창조적이라 하여, 식신은 연구원으로 적당하고 전문 분야에서 탁월한 능력을 발휘하는 십성으로 해석한다. 또한 식신은 감정적, 자신감, 자부심, 개혁적, 자기 과시욕이 있음, 미래지향적, 승리하는 것을 좋아함, 두려움 없이 일을 시도함 등으로 설명한다.

한편 실험과학이나 이론과학 또는 발명과 같은 분야는, 직관과 사고력이 결합한, 즉 창의성과 논리적 분석, 계량화, 논리적 추론이 필요하다고 인식하는 것이 합리적이다. 물론 NJ에 F가 결합하였을 때 F가 T의 성향을 보인다는 연구 결과가 있지만, 이러한 성향 변화는 Fe(상관)에 의한 것이 아니라 직관(N)의 영향을 받았기 때문이다. 또한 INFP의 직업 적성에 과학이 포함되는데, 이는 감정이 불러일으키는 열정(Fi:식신)이 현상의 진실을 찾으려는 직관에 박차를 가했을 것이고, 점진적으로 사고에 의한 분석을 하는 것이라 설명한다. 즉 Fe(상관)나 Fi(식신)의 영향이 아니라 순전히 직관의 영향으로 사고의 성향을 띠는 것이다.

또한 명리학의 관점에서 보는 식신의 심리 상태는 Fi의 심리 특성과는 상당한 괴리가 있다. 즉 식신은 자부심과 자신감으로 자신만만하게 두려움 없이 무슨 일이든 시도하며, 또한 식신은 감정적이고 권위와 간섭을 싫어하며, 규칙을 준수하고 서로를 배려하기보다 자신의 방식대로 살아가는 성분이다. 그러나 Fi는 개인의 가치와 외부 생명체의 가치에 대한 배려와 존중심을 가지고 있으며, 자신의 내적 통제를 통해 자기 이해와 성찰에 접근하며, 자신의 우울한 감정을 미술, 시, 음악을 통해 표현하는 등 박애주의와 예술적 감성이 풍부한 심리기능으로 인식된다. 따라서 Fi는 이상에서 언급한 바와 같이, 음악능력, 언어능력, 자기성찰능력, 대인관계능력, 자연친화력, 예술 시각능력 등 거의 모든 직업 적성 유형에 관여하는 기능으로, 식신과 대응시켜 판단할 때, 식신의 비중에 대한 평가는 새롭게 정립되어야 할 것이다. 한강 작가가 문학은 생명을 해치는 모든 행위에 반대한다고 한 것은 시사하는 바가 크다.

이상의 비교를 통해 알 수 있듯이, 일간과 십성 오행 간의 생극제화(生剋制化)와 음양을 중심으로 연구한 사주 십성의 심리 특성과 감각, 직관의 인식 심리기능과 사고, 감정의 판단 심리기능을 중심으로 연구한 MBTI 심리 특성의 차이가 그대로 드러나 있다. 즉 일간인 내가 생하고 나를 극하는 관성을 도리어 극하는 관계에 있는 식신의 심리 특성과, 내향적 감정 기능으로서 Fi의 심리적 특성은 기능적 측면이나 감정적 측면에서 큰 차이를 보이는데, 이들을 어떻게 통합, 확장하고 조화를 이루게 할 것인가가 새로운 과제라 판단된다.

이 책에서는 진로와 직업 찾기에 핵심 고려 요소인 직업 흥미와 직업 적성을, 사주 십성과 MBTI의 심리기능, 성격유형으로 어떻게 대응시키는가가 과제이므로, 성격 특성에 있어서 통합과 조화에 대한 문제는 다음 연구과제로 남겨 두고자 한다.

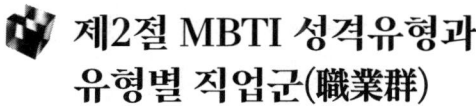
제2절 MBTI 성격유형과 유형별 직업군(職業群)

1. 들어가기

성격을 정의하는 관점은 학자에 따라 다소 차이가 있다. 성격을 '환경에 대한 한 개인의 독특한 적응 방식을 결정하는 정신, 물리적 제조직(諸組織)의 역동적 체계(Allport)', '인간 상호 간에서 나타나, 그의 행동을 특정 짓는 비교적 지속적인 유형(Sullivan)' 또는 '환경에 독자적으로 적응하도록 하게 하는 개인의 특성이나 행동양식의 전체적 통합체(Hilgard)' 등으로 정의하였다.

성격에는 개인의 요구, 자아 개념, 성취 동기, 포부 수준, 대인관계 등의 여러 가지 요인들이 포함되어 작용한다. 이러한 성격은 **선천적**으로 부모의 유전적 요인을 닮아 갈 수 있으나, 후천적으로 자녀 양육 방식에 따라 다르게 나타날 수 있다.

한편 성격을 알아보는 가장 일반적인 방법은 성격검사이며, 우리나라에서는 이미 오래전부터 비교적 다양한 성격검사가 개발되어 활용되고 있다. 성격검사는 검사 대상의 특성과 검사의 목적에 따라 적합한 것을 선택하는 것이 매우 중요하다. 성격검사의 종류로는 중고등학생을 대상으로 한 KPTI 일반 인성 검사, KPI 성격검사, KIPA 인성 검사가 있고, 8~13세를 대상으로 한 MMTIC, 고등학교부터 일반인을 대상으로 한 MBTI 등이 있고 그 외에도 다양한 검사가 있다.

여기에서는 요즈음 많은 젊은이로부터 관심을 끌고 있는 MBTI를 중심으로, 여덟 가지 심리 특성과 성격유형별 특징은 물론, 이들에 해당하는 직업군 등에 대해 자세히 알아보고자 한다. 한편 MBTI를 중심으로 한 성격유형은 직업 흥미, 직업 적성과 함께 개인의 진로 찾기를 위한 핵심적인 요소 중 하나로, 사주로 진로 찾기를 할 때, MBTI의 심리기능이나 성격유형별 직업군에 대한 자료를 유용하게 활용하고자 한다. 다음은 개인의 성격 및 직업의 성격 적합성과 관련한 사항에 대해 간략히 알아보고자 한다.

올바른 직업을 선택하는 것은 단순히 급여가 높거나 전망이 좋은 직업을 찾는 것이 아니며, 자신의 정체성, 강점, 가치관에 부합하는 직업을 찾는 것이다. 즉 당신의 성격과 직업 선택이 일치할 때, 비로소 성공과 직업 만족의 기반이 된다.

연구에 따르면, 성격과 직무의 호환성이 향상되면 문화 적합성, 직무성과, 전반적인 직무만족도가 향상되는 것으로 나타났다. 따라서 개인의 성격 특성은 자신의 강점과 약점을 결정하는 데 중요한 역할을 하므로, 진로 결정을 내릴 때 이를 고려하는 것이 필수적이다. 다음에 개인의 성격 특성이 자신의 업무 성과에 어떤 영향을 미칠 수 있는가에 대해 살펴보자.

(1) 성격과 직무(職務)성과

개인의 성격 특성은 자신이 선택한 직업에서, 고객 또는 환자와 상호작용하는 방식을 결정하는 데 중요한 역할을 한다. 자신의 성격을 이해하고 그것이 잠재적 직업에 필요한 사회적 상호작용과 어떻게 조화를 이루는지는, 개인의 업무 성과와 전반적인 성공에 큰 영향을 미칠 수 있다.

예를 들어 선천적으로 배려와 공감을 지향하는 개인에게는 다른 사람을 돕는 데 초점을 맞춘 직업이 적합한데, 이러한 개인은 상담, 간호 또는 사회사업과 같은 역할에서 탁월한 경향이 있으며, 이들의 연민과 이해는 사람들의 삶에 중요한 변화를 가져올 수 있다. 반면에, 외향적이고 자기주장이 강한 성격을 가진 개인은 관리직이나 기업가적 역할에서 성공하는 경우가 많다. 이들의 자신감과 다른 사람과의 자연스러운 연결 능력은 강력한 의사소통과 의사결정 기술이 필요한 리더십 위치에 매우 적합하다.

또한 직업 선택을 고려할 때, 개인의 성격 특성이 특정 역할과 관련된 사회적 상호작용과 책임이 일치하는지 고려하는 것이 중요한데, 이를 통해 업무 성과를 극대화하고 최적의 결과를 얻을 수 있다. 예를 들어 어떤 개인이 내향적인 성격을 강하게 선호하고, 팀보다는 독립적으로 일하는 것을 좋아한다고 가정해 보자. 주로 팀워크와 지속적인 협업이 필요한 직업을 선택하면, 스트레스 수준이 높아지고 직업 만족도가 낮아질 수 있다. 반대로 자율적으로 일하고 개별 프로젝트에 집중할 수 있는 직업을 선택하면, 업무 성과가 향상되고 전반적인 성취도가 높아질 가능성이 크다.

(2) 성격 적합성(適合性)의 이점과 직무 만족도

진로에 있어서는 자신의 성격에 꼭 맞는 직업을 찾는 것이, 더 높은 수준의 직업 만족도를 달성하는 데 중요하다. 성격 적합성은 직장에서의 전반적인 행복과 성공에 중요한 역할을 한다. 이는 개인이 자신의 강점과 자연스럽게 일치하는 환경에 있으므로, 자신의 역할을 더욱 발전시키고 뛰어나게 직무를 수행할 수 있기 때문이다.

개인의 성격 특성이 자신의 직업 요구 사항과 일치할 때, 자신의 역할에서 탁월한 성과를 낼 가능성이 크다. 또한 개인의 기술과 성격에 맞는 과제와 평가는 자신감을 높일 뿐 아니라, 경력에 대한 긍정적인 태도에도 이바지한다.

개인의 성격과 직업 사이의 이러한 조화는 직장에서 더 큰 편안함을 만들어 낸다. 또한 개인은 자신의 업무 환경에 더 많이 연결되어 있다고 느끼며, 이는 자신의 역할에 대한 더 높은 수준의 헌신과 함께 직업 생활에서 더 깊은 성취감과 목적의식을 경험할 가능성이 크다. 개인은 동기 부여와 참여를 느끼며, 이는 더 높은 수준의 생산성과 업무 성과에 이바지한다. 이를 통해 조직 내에서 더 큰 인정(認定)과 발전 기회를 얻을 수 있다.

또한 성격에 맞는 직업은 개인의 성장과 발전을 촉진하는데, 자신의 타고난 성향과 선호도에 맞는 역할을 맡음으로써, 개인은 끊임없이 도전을 받고 잠재력을 최대한 발휘할 수 있게 된다.

(3) 자신의 강점과 약점의 식별(識別)

개인의 성격 특성을 이해하는 것이, 자신의 강점과 약점을 확립하는 데 중요한 역할을 할 수 있다. 개인의 강점을 인식함으로써, 선택한 분야에서 탁월한 능력을 발휘할 수 있는 진로를 결정할 수 있다. 마찬가지로 개인의 약점을 식별하는 것이 자신의 직업을 찾을 때 성장과 개선의 기회를 제공한다.

성격과 진로 계획에 있어서는 자기 인식이 핵심이다. 개인이 자신의 성격 특성을 더 깊이 이해하게 되면, 자신의 한계를 정의하고 능력의 격차를 해소하기 위한 전략을 개발할 수 있다. 이러한 자기성찰을 통해, 진로에 대해 정보에 입각한 결정을 내리고, 목표를 자신의 타고난 강점에 맞출 수 있다.

한편 개인의 강점과 약점은 고정되어 있지 않으며, 시간과 경험에 따라 발전할 수 있으므로, 개인이 자신의 능력에 대한 이해를 지속해서 재평가하고 개선하면, 진로의 다양한 단계에 적응하고 성공할 수 있다.

1) 자신의 강점 인식하기

개인이 자신의 강점을 파악하면 재능을 활용하고 선택한 직업에서 성취감을 찾을 수 있다. 예를 들어 개인이 자신의 문제해결 능력, 강력한 리더십 능력, 창의적 사고 능력 등 이러한 특성을 인식하면, 성공할 수 있는 진로를 향해 나아갈 수 있다. 따라서 개인은 자신의 강점을 활용하여, 해당 분야에서 가장 큰 영향력을 발휘할 기회를 찾는 것이 중요하다.

2) 성장을 위한 약점 해결하기

개인이 자신의 약점을 식별하는 것은 한계가 아니라 성장을 위한 기회인데, 개선이 필요한 영역을 인식함으로써, 기술을 향상하고 지식을 확장하기 위한 적극적인 조치를 할 수 있다. 예를 들어 훈련 프로그램, 멘토십 또는 추가 교육의 기회를 찾는 것은 자신의 약점을 해결하고 다재다능한 전문가가 되는 데 도움이 될 수 있다. 따라서 개인은 도전 과제를 받아들이고, 이를 새로운 역량을 개발할 기회로 삼을 필요가 있다.

2. 심리적 태도와 기능별 특징 및 직업군[2) 3)]

(1) 외향(E)과 내향(I) : 에너지의 방향

1) 외향

▶ 주변에서 갑자기 무슨 일이 일어나고 있거나, 어떤 목표를 세우고 일을 하거나, 사람들과 함께 적극적으로 일할 때, 보다 흥미를 느끼고 효과를 내는 편이다.

▶ 에너지가 대부분 '외부의' 사람과 사건 쪽으로 향한다.
▶ 다양한 대외 활동을 선호하지만, 장시간의 집중을 요구하는 활동은 어려워할 수 있다.
▶ 대외 활동을 통한 문제해결을 우선하며, 또한 그것을 지향하는 집단을 선호한다.
▶ 사무실 밖에서 수행하는 다양한 업무와 사람들과의 직접적인 접촉을 통한 업무를 선호한다.

① **흥미와 적성**

사업, 판매, 공공기관 업무, 홍보, 판촉 등 사람들과의 상호작용과 활동을 요구하는 직업을 선호한다.

② **적합한 직업군**

가정경제학자, 보험대리인, 시장 상인, 식당 관리자, 요식업자, 자문위원, 접수계원, 치과보조사, 판매 관리자, 판매점원, 그리고 외향성의 에너지를 활발하게 사용할 수 있는 다른 여러 직업

2) 내향

▶ 하는 일이 생각해야 하는 일이며, 조용히 생각하기 위해 대단한 노력이 필요한 때, 보다 흥미를 느끼고 효과를 내는 편이다.
▶ 에너지가 내면의 생각, 개념 및 아이디어 쪽으로 향한다.

▶ 장시간 집중할 수 있으며, 한 가지 일에 초점을 맞추고 깊게 파고 드는 업무를 선호한다. 동시에 다양한 활동을 하는 것을 선호하지 않는다.
▶ 개념의 틀을 구축하는 문제해결 과정을 선호한다.
▶ 집중력과 지속성을 요구하는 업무를 선호하며, 한 사람 또는 극소수의 사람들과 접촉을 요구하는 직종을 선호한다.

① 흥미와 적성

교직, 교수, 과학, 연구, 도서, 컴퓨터, 엔지니어링, 전기·전자 등 아이디어가 요구되는 직업을 선호한다.

② 적합한 직업군

기계공, 기술자, 사서, 법률가, 법률관계 서비스, 수학 교사, 전기 기술자, 조사관, 컴퓨터프로그래머, 화학자, 그리고 내향성의 에너지를 사실, 개념 및 아이디어 등 내적으로 집중할 수 있는 다른 여러 직업

(2) 감각(S)과 직관(N) : 인식기능

1) 감각

▶ 뛰어난 관찰력으로 사실적이고 세부적인 것을 잘 살펴보고 찾아

내며, 현실감이 있고 실제적이다.
- ▶ 미래보다 현재에 초점을 둔다.
- ▶ 일상적으로 정확성을 요구하는 업무 수행을 잘 참아 내고, 조심성이 있으며, 숙련된 기술을 선호한다.
- ▶ 실제로 적용이 가능한 교육과 직접적인 훈련을 선호한다.
- ▶ 끊임없이 사실들에 접할 수 있는 직업을 선호한다.
- ▶ 가능한 해결책을 생각하기에 앞서, 제기된 문제에 대한 정확한 설명을 요구한다.
- ▶ 일의 성격에 관심을 쏟기보다, 그 일이 안정적이냐와 자신들의 자질을 발견하고 그것들을 개발할 수 있는 기대가 채워질 수 있느냐에 관심을 쏟는다.
- ▶ 확실한 결과를 내는 일에 만족을 느끼며, 그러한 일을 함에 있어 걸림돌이 될 만한 환경을 극복하는 것에도 만족을 느낀다.

① 흥미와 적성

생산, 관리, 비즈니스, 건축, 사무, 회계, 간호, 경찰, 군인, 등 현실 문제를 다루며 직접적인 활동을 요구하는 직업을 선호한다.

② 적합한 직업군

농부, 법률시행관, 비서, 세탁소 직원, 은행장, 음식봉사요원, 중급 경영자(간부), 철공소 노동자, 치과의사, 회계사, 그리고 구체적인 경험을 할 수 있는 다른 여러 직업

2) 직관

▶ 전체를 조망하며 통찰력과 상상력을 발휘한다.
▶ 현재보다 미래에 초점을 맞춘다.
▶ 사실을 살펴보기 앞서서, 관심을 자아내는 가능성에 대한 전망을 기대한다.
▶ 당장은 현실성이 없더라도 미래의 가능성을 추구하는 프로젝트 수행을 잘 참아 내며, 새로운 방식의 업무 처리를 선호한다.
▶ 특별한 능력을 발휘할 수 있거나, 독창적이고 창의적으로 일할 수 있는 업무를 선호한다.
▶ 직업 그 자체에서 성취감을 느끼고, 무엇인가 창의적인 일을 함으로써 성취감을 느낄 수 있는 직업을 선호한다.
▶ 가능성을 내다볼 수 있는 환경에서 일하는 것을 선호한다.

① 흥미와 적성

의사소통, 상담, 저널리스트, 교직, 작가, 법률, 연구, 종교, 예술, 과학 등 장기간의 계획과 발달을 요구하는 직업을 선호한다.

② 적합한 직업군

목사, 변호사, 비평가, 사회과학자, 연구하는 과학자, 수학자, 상담가, 심리학자, 연회 담당자, 건축가, 예술가, 자문가, 작가, 그리고 일반화를 활용하는 다른 여러 직업

(3) 사고(T)와 감정(F) : 판단기능

1) 사고

▶ 논리적 사고를 통해 경험을 이해하고자 한다.
▶ 결과가 미치는 영향보다 객관성과 공평성이 우선한다. 따라서 타인에게 강건하고 솔직하게 보일 수 있다.
▶ 숫자, 아이디어 혹은 사람을 대상으로, 논리적 분석과 객관적 접근을 요구하는 교육 분야에 관심이 있지만, 모든 교육 분야에서 활동한다.
▶ 사안을 설명할 때 관점의 줄거리를 간추려서 논리정연하게 설명해 주기를 요구하며, 어떤 결정(특히 결론)을 내려 주기를 요구한다.
▶ 일관성이 없거나 비합리적인 상황을 쉽게 간파하고 논평한다.
▶ 생명이 없는 물체들(힘을 가해서 변경시킬 수 있는 물체들), 기계류, 원리, 이론들과 같이 논리적으로 대처할 수 있는 성질의 문제들을 처리하는 데 능하다.

① 흥미와 적성

범죄학, 경찰, 법률, 관리, 컴퓨터, 생산, 기술, 과학, 상업 분야의 직업을 선호한다.

② 적합한 직업군

경영인, 경찰, 농부, 변호사, 시스템 연구자, 엔지니어(기계공), 은

행직원, 컴퓨터시스템분석가, 화학자, 회계감사관, 그리고 논리적으로 사고할 수 있는 다른 직업들

2) 감정

▶ 인간관계를 통해 경험을 이해하고자 한다.
▶ 타인에게 직접적으로 영향을 끼치는 문제에 대해서 주로 관심을 쏟는다.
▶ 결과에 따른 대가를 치러야 하는 것과 무관하게 조화와 협동을 추구하므로, 따뜻하고 이해심이 많은 것처럼 보일 수 있다.
▶ 자연스럽게 타인이 베푸는 혜택에 감사한다.
▶ 사람들과 함께 직접 참여하여 아이디어를 교환하며, 의사소통을 요구하는 교육 분야에 관심을 가지지만, 모든 교육 분야에서 활동한다.
▶ 사람들이 무엇에 관심을 쏟는지, 어떤 방식으로 사람들을 설득하거나 도울 수 있는지 등의 문제들을 처리하는 데 능하다.

① 흥미와 적성

목회, 인력 봉사, 상담, 비서, 의료, 교직, 통신, 연예 분야의 직업을 선호한다.

② 적합한 직업군

간호사, 구강위생학자, 목사, 물리치료사, 비서, 간부사무원, 사서, 상담자, 아이를 돌보는 사람(보모), 교사, 그리고 자신의 가치를 발휘할 수 있는 다른 직업들

(4) 판단(J)과 인식(P) : 외부 세계로 향한 태도

1) 판단(J)

▶ 일의 마무리, 예측성, 구조화와 함께 위계와 질서에 가치를 부여한다.
▶ 정해진 일정과 마감일을 중시하고, 일을 결정짓고 안정시키는 것을 선호한다.
▶ 반복적인 일상을 잘 견디며, 때로는 안정성이 주는 편안함과 여유를 즐긴다.

① 흥미와 적성

관리하는 직업을 선호한다. 또한 계획성, 체계, 질서, 마감일 등을 중요시하는 분야의 직업을 선호하며, 책임이 주어지는 업무를 맡고 싶어 한다.

② 적합한 직업군

간호사, 경영자, 경찰간부, 경호원, 관리자, 초등교사, 은행직원, 치과의사, 판사, 회계사, 그리고 마감을 할 수 있는 다른 직업들

2) 인식(P)

▶ 마무리하기 위해 서두는 것을 싫어하며, 기대하지 않거나 예기치 않은 상황이 주는 도전과 자발성에 가치를 둔다.
▶ 마감일을 지키지 못할 수도 있으며, 작업이 개방된 상태에서 일어날 수 있는 또 다른 작업 전개의 가능성을 선호한다.
▶ 반복되는 일상성을 참기 어려워하며 재미없어한다.

① 흥미와 적성

문제해결이 요구되는 분야의 일을 선호한다. 또한 변화, 유연성, 창의성이 요구되는 분야의 직업을 선호하며, 스스로 독립적으로 일할 수 있는 업무를 좋아한다.

② 적합한 직업군

교육자, 노동자, 목수, 비평가, 상담가, 식당 점원, 연구가, 연회 담당자, 예술가, 조사원, 그리고 융통성을 발휘할 수 있는 다른 직업들

(5) 네 가지 선호 유형별 직업군

1) ST형 : 실용적이고 실제적인 사람

▶ 주된 관심은 사실에 집중되어 있는데, 왜냐하면 사실은 수집할 수 있고 수집한 사실들을 감각으로 보고, 듣고, 만져 보고, 계산해 보고, 달아 보고, 측정해 봄으로써 직접 확인할 수 있기 때문이다.
▶ 사실과 그러한 사실을 객관적으로 분석하여 처리하는 데 능하다.
▶ 실용주의적이고 사무적인 편이다.
▶ 사실, 물체, 금전 등을 다루는 데 능하고, 이러한 능력을 성공적으로 발휘한다.

- **적합한 학과와 직업군**

  재정과 상업을 전공하는 학생, 경제, 외과의사, 사업, 회계사, 은행원, 생산, 건설, 기계나 물질을 다루는 분야, 응용과학, 법률 등

2) SF형 : 온정이 넘치고 친절한 사람

▶ 사실에 주의력을 집중하지만, 개인적인 열정으로 그러한 사실에 대처한다.
▶ 인정이 넘치고 친절하다.
▶ 사물들에 관련된 사실보다는 사람들과 관련된 사실들에 더욱 관

심을 쏟으며, 따라서 그들은 사교적이고 사람들을 친절하게 대하는 편이다.
▶ 타인에게 실제로 도움을 주고 그들에게 봉사할 수 있는 직업을 선호한다.
▶ 당면한 상황에서 사사로운 온정을 효과적으로 활용할 수 있는 직업을 가지면, 성공하고 만족을 느낄 수 있는 사람들이다.

• **적합한 학과와 직업군**

간호와 교육을 전공하는 학생, 소아과의사, 간호사, 고객을 상대하는 판매업, 부동산 매매업, 1차 진료와 관련되는 의료 전문 분야, 건강 관련 전문직, 사회사업, 사회봉사, 교육(특히 초등교육), 물리교육, 서비스 업무 분야 등

3) NF형 : 열정과 통찰력이 뛰어난 사람

▶ 구체적인 사실이나 상황에는 관심을 집중하지 않으며, 새로운 프로젝트(지금까지 일어나지 않았던 일들이지만 이루어질 수도 있는 일들)나 새로운 사실(지금까지 알려지지 않았던 일들이지만 발견될 수 있는 사실들)과 같은 가능성에 관심을 쏟는다. 새로운 프로젝트나 사실들이 무의식적인 과정을 통해 하나의 영감처럼 느껴지는 어떤 착상으로 떠오르며, 이를 직관적으로 인식하게 된다.
▶ 인간적인 정이 깊고 헌신적인 기질로, 가능성을 추구하며 가능성

을 좇는 대단히 인상적인 사람들이다.
▶ 열정과 통찰력으로 타인을 이해하고 소통하는 데 능하다.
▶ 열정적이며 사려가 깊고 언어에 대한 재능이 뛰어나다.
▶ 인간의 욕구에 부응하기 위해 창의성이 요구되는 분야에서 일함으로써, 성취감과 만족을 찾는 경향이 가장 강한 이들이다.

• **적합한 학과와 직업군**

상담을 전공하는 학생, 신학을 전공하는 학생, 건강 관련 전문직을 전공하는 학생, 저널리즘을 전공하는 학생, 교육(특히 대학교와 고등학교에서), 설교, 광고, 무형의 재화들을 판매하는 일, 상담, 정신과 치료, 정신과의사, 창의적인 작가, 연구, 문화와 예술 분야

4) NT형 : 논리적이며 창의적인 사람

▶ 가능성에 초점을 맞추고 있지만, 객관적으로 분석함으로써 그러한 가능성에 접근한다.
▶ 이론적이면서도 실행의 가능성을 좇으며, 인간적인 요소에 승복한다.
▶ 이론적이며 기술적인 분야에서 가능성을 활용한다.
▶ 논리적이고 창의적이며 독창적이다.

• 적합한 학과와 직업군

과학과 법률을 전공하는 학생, 연구하는 과학자, 전산 처리, 수학, 매우 복잡한 재정 업무, 기술적인 영역, 발명, 관리, 기상예보, 안정성 분석 등의 분야

3. MBTI 성격유형별 특징과 직업군[4)5)]

ISTJ	ISFJ	INFJ	INTJ
1) 감각(주기능)	1) 감각(주기능)	1) 직관(주기능)	1) 직관(주기능)
2) 사고(부기능)	2) 감정(부기능)	2) 감정(부기능)	2) 사고(부기능)
3) 감정(3차기능)	3) 사고(3차기능)	3) 사고(3차기능)	3) 감정(3차기능)
4) 직관(열등기능)	4) 직관(열등기능)	4) 감각(열등기능)	4) 감각(열등기능)
ISTP	**ISFP**	**INFP**	**INTP**
1) 사고(주기능)	1) 감정(주기능)	1) 감정(주기능)	1) 사고(주기능)
2) 감각(부기능)	2) 감각(부기능)	2) 직관(부기능)	2) 직관(부기능)
3) 직관(3차기능)	3) 직관(3차기능)	3) 감각(3차기능)	3) 감각(3차기능)
4) 감정(열등기능)	4) 사고(열등기능)	4) 사고(열등기능)	4) 감정(열등기능)
ESTP	**ESFP**	**ENFP**	**ENTP**
1) 감각(주기능)	1) 감각(주기능)	1) 직관(주기능)	1) 직관(주기능)
2) 사고(부기능)	2) 감정(부기능)	2) 감정(부기능)	2) 사고(부기능)
3) 감정(3차기능)	3) 사고(3차기능)	3) 사고(3차기능)	3) 감정(3차기능)
4) 직관(열등기능)	4) 직관(열등기능)	4) 감각(열등기능)	4) 감각(열등기능)
ESTJ	**ESFJ**	**ENFJ**	**ENTJ**
1) 사고(주기능)	1) 감정(주기능)	1) 감정(주기능)	1) 사고(주기능)
2) 감각(부기능)	2) 감각(부기능)	2) 직관(부기능)	2) 직관(부기능)
3) 직관(3차기능)	3) 직관(3차기능)	3) 감각(3차기능)	3) 감각(3차기능)
4) 감정(열등기능)	4) 사고(열등기능)	4) 사고(열등기능)	4) 감정(열등기능)

(1) ISTJ (내향적 감각/외향적 사고/내향적 감정/외향적 직관)

※ 주기능/부기능/3차기능/열등기능 순임

1) 유형별 상징

조사관(검사관), 현실주의자(실용주의자), 주최자, 청렴결백한 논리주의자

2) 직업 관련 특징

▶ 논리, 분석, 결단력을 강조하며, 모든 계약은 명쾌해야 한다.
▶ **회계사들**은 ISTJ가 가장 빼어난 유형이며, **구술(口述) 녹음기 필사자(筆寫者)**들도 이상적인 유형으로 나타난다. 이들은 정확성, 지속성, 집중력, 상호작용이 배제된 작업에서도 만족할 수 있는 특징을 가지고 있다.
▶ 도움을 주는 것이 필요하다고 생각하면 어떠한 도움이라도 준다.
▶ 때때로 그들의 주기능과 부기능의 발달을 뛰어넘어 3차기능에 도달하는데, 3차기능인 감정기능은 인간관계와 특별히 그들에게 가장 가까운 친구들과의 관계에서 성공적으로 발달시킨다.

3) 적합한 직업군(가나다순)

IT매니저, QA엔지니어, 간호행정가, 감정평가사, 건설사업관리자,

건축가/건축설계사, 건축감리사, 건축물준공검사관, 건축엔지니어, 건축현장소장, 검시관, 검안사, 경찰관, 공무원, 공중보건공무원, 교도관, 교사(기술/공업/수학/체육 과목), 구매대행/계약전문가, 국세청직원, 군인장교, 기록물담당자, 기상학자, 기술문서관리담당자, 내과의사, 네트워크관리사, 네트워크보안분석가, 네트워크시스템분석가, 농업연구원, 뇌전도공학자, 뇌전도검사전문가/기사, 데이터과학자/분석가, 데이터베이스관리자, 데이터커뮤니케이션분석가, 리스크관리자, 물류/공급망관리자, 미디어전사전문가, 범죄학자, 법률사무보조원, 법률상담사, 법률연구원, 법원서기, 변호사, 보건의료정보관리사, 보험계리사, 보험사업자, 보험조사관, 보호감찰관, 부동산중개인, 부동산플래너, 비즈니스분석가, 사무직 중간관리자, 사서, 산업기사, 산업안전/보건기사, 산업안전기사, 생물학테크니션, 생의학엔지니어, 생체공학엔지니어, 선장, 세무대리인/조사관, 세무사, 소프트웨어/웹엔지니어, 소프트웨어테스트엔지니어, 소형항공기조종사, 수의사, 수의사보조원, 시스템관리자, 식품기사, 신뢰성공학자, 신용분석사, 악기제작자, 약사/약국보조원, 예산분석가, 오디오엔지니어, 외과수술전문의, 외과의사, 우체국장/우편물관리자, 운동기구/상품판매원, 운동생리학자, 운동심리학자, 원가관리사, 원가산정사, 원자력기사, 웹개발자, 유기농업기사, 유기농작물재배자, 은행감독관/조사관, 은행창구직원, 의료기관행정사, 의료분야종사자, 의학자, 임상병리사, 임원보좌관, 입국심사원/세관조사관, 자산관리사, 재무관리사, 재무설계사, 전기기사, 정보보안분석가, 정부조사관, 정비기사

(자동차/건설기계/기계), 제약회사연구원/영업사원, 조경사, 조세감독관, 주식중개인, 주치의, 준법감시인, 지리공간분석가, 지질학자/응용지질기사, 채혈사, 초음파검사기사, 최고재무관리자(CFO), 최고정보관리책임자(CIO), 치과의사, 치열교정전문의, 치위생사, 컴퓨터시스템분석가, 컴퓨터엔지니어, 컴퓨터프로그래머, 큐레이터, 탐정, 태양광발전기설치기사, 토목엔지니어/토목기사, 통계학자, 판사, 풍력터빈서비스기사, 프로젝트관리자, 필드서비스테크니션, 하드웨어/소프트웨어검사원, 하드웨어엔지니어, 학교교장, 항공기정비사, 항공기조종사, 항법사, 형사, 호텔접객직원, 화재예방전문가, 화재조사관, 화학기사, 환경감시원, 환경과학자/환경기사, 회계감사원, 회계담당자, 회계사

(2) ISTP(내향적 사고/외향적 감각/내향적 직관/외향적 감정)

1) 유형별 상징

장인, 거장/명인, 탐험가, 문제해결자, 만능 재주꾼

2) 직업과 관련한 특징

▶ **실용적**이며 **응용**할 수 있는 **과학** 분야, 그중에서도 특별히 **기계 분야**에 관심을 쏟는다.
▶ 감각기능은 가시적이며 실체적인 물질적 재화들에 대해 가장 깊

이 통찰해 주며, 이러한 유형의 사람들은 **손재능**에 뛰어난 자들로서, 그러한 재능은 과학적인 원리들을 실천적으로 응용하는 데 값진 자산이다.
▶ 복잡한 데이터를 제대로 산출해 내고, 취합되지 않은 사실들의 의미를 밝혀내기 위해 일반적인 원칙을 활용하는 능력이 있어, **통계**와 관련되는 분야에서 매우 유용할 수 있다.
▶ 이러한 유형의 사람들, 특히 젊은이들은 노력의 경제성을 따진다.

3) 적합한 직업군

QA분석가, 가구제작자, 가전제품테크니션, 건강검사관, 건설종사자, 건축물준공검사관, 검안사, 경영컨설턴트, 경제학자, 경찰관, 공원관리자/경비원, 공원식물/동물전문가, 교도관, 군장교, 금형제작자, 기관사, 기술교육전문가, 내과의사, 네트워크시스템분석가, 네트워크전문가/관리사, 뇌전도공학자/테크니션, 대체에너지개발연구원, 대형트레일러/트럭운전사, 데이터분석가, 데이터커뮤니케이션분석가, 동물조련사, 로보틱스/제조로봇엔지니어, 목수, 무기전문가, 물류/공급망매니저, 물리치료사, 방사선사, 방송촬영기사, 범죄수사관, 범죄학자, 법률비서, 법률사무보조원, 법의학자, 벽돌공/석공/타일공, 변호사, 보안/화재경보시스템설치/수리기사, 보안분석가, 보험조정인, 비행교관, 사설조사관, 사진작가/사진사, 산림관리원, 산업안전기사, 산업장비수리테크니션, 상업미술가, 생물학테크니션, 생의학엔지니어, 선장, 소방관, 소프트웨어개발자, 손해사정사, 수술

실테크니션, 스케치작가, 스튜디오/무대특수효과기사, 스포츠코치(고등학교/대학교), 시스템설치/유지/보수담당자, 시청각전문가/기술자, 신뢰성엔지니어, 악기제작자, 오디오엔지니어, 외과의사, 요리사, 운동기구/상품판매원, 운동생리학자, 운동선수트레이너, 운동심리학자, 운전기사, 원가관리사, 원자력기사, 위기대응코디네이터, 유기농작물재배자, 은세공사, 은행원, 응급구조사, 응급의학과의사, 의료기사, 의료후송코디네이터, 자동차부품도매업자, 자동차정비기사, 자동차판매원, 자전거수리기사, 재무관리자, 전기/기계 엔지니어/테크니션, 전기/전자설치/수리기사, 전기제도사, 정보보안전문가, 정보서비스개발자, 정보요원, 제약회사영업사원, 제품안전관리기사, 조경사, 조명기술자, 지도제작자, 지질학자, 집행관, 철도종사자, 총기제작자, 측량사, 치과보조원, 치위생사, 카레이서, 컴퓨터과학교사, 컴퓨터수리기사, 컴퓨터시스템관리자, 컴퓨터지원전문가, 컴퓨터프로그래머, 타투아티스트, 탐정, 토목공학엔지니어, 판사, 폭발물테크니션, 프로운동선수, 하드웨어/소프트웨어엔지니어, 항공교통관제사, 항공기/소형항공기조종사, 항공기관사, 항공기정비사, 항공전자기술자, 해양생물학자, 헬리콥터조종사, 호흡기치료사, 홈네트워크관리자/설치기사, 화재조사관, 환경보호활동가, 회사임원

(3) ESTP (외향적 감각/내향적 사고/외향적 감정/내향적 직관)

1) 유형별 상징

행위자/실행자, 촉진자(促進者), 기업가, 모험을 즐기는 사업가

2) 직업과 관련한 특징

▶ 그들에게서 나타나는 **호기심**은 주로 감각으로 직접 느껴지는 새로운 사실, 즉 새로운 목표, 간단한 **기계장치**나 **발명품**, 육체적인 새로운 활동, 새로운 사람들, 새로운 음식, 새로운 경관 등으로 인해 자극을 받는 것이다.
▶ 느낌으로 결정하기보다 어떤 행동이나 결정의 논리적인 귀결에 더욱 유의하는데, 이처럼 사고기능은 바탕이 되는 원리를 잘 이해하게 해 주고 **수학과 이론** 등을 다루게 한다.
▶ **기계류** 및 구체적인 문제들과 관련해서, 그들은 견고하고 **실용적**이며 복잡한 것을 피한다. **직접적**이고 **직선적**으로 처리하는 상황에서는 그들의 판단력은 정확하고 믿을 만하다.
▶ 그들은 대화보다 **행동**을 선호하는 경향인데, 상황을 직접적인 행동으로 옮겨 갈수록 더 효과적이다.
▶ 그들은 기계류에 대한 친근감과 함께 일류급의 **장인**들이 많은데, **기계공학도, 정밀기계기사, 폭파장교, 노련한 기술관료** 등이다.

3) 적합한 직업군

IT지원분석가, TV카메라오퍼레이터, 개인재무상담사, 개인트레이너, 건설관리자, 건설노동자, 건축감리사, 건축엔지니어, 게임감시관/조사관, 경매사, 경비원, 경영컨설턴트, 경찰관, 공원관리자, 교도관, 교사(산업/기술/무역), 군장교, 기술교육전문가, 기업가, 기자, 네트워크통합전문가, 뇌전도공학자/테크니션, 뉴스리포터, 대장장이, 데이터처리장치수리기사, 도매상, 동물조련사, 라디오/TV토크쇼진행자, 레크리에이션강사, 로봇/제조로봇엔지니어, 마케팅전문가/임원, 모터보트운전자, 목수, 무용수, 물류/공급망관리자, 바텐더, 방사선사, 배우/연기자, 범죄학자, 벽돌공/석공/타일공, 보험범죄전문수사관, 보험설계사, 보험조사관, 보험중개인, 보호관찰관, 부동산중개인, 브랜드홍보대사, 비디오게임개발자, 비행교관, 비행장운영전문가, 사설조사관, 사이버보안분석가, 사진작가, 산림감독관, 산림관리전문가, 산업/기계엔지니어, 상업용항공기조종사, 생체공학엔지니어, 생태관광전문가, 선박엔지니어, 선장, 세일즈매니저, 소매점판매원, 소방관/서장, 소프트웨어엔지니어, 손해사정사, 수송코디네이터, 스튜디오/무대특수효과기사, 스포츠의학자, 스포츠캐스터, 스포츠코치, 시스템유지/보수/설치담당자, 시청각테크니션, 약사, 엔터테인먼트회사원, 여행사직원/여행가이드, 여행컨설턴트, 연예기획사, 예산분석가, 요리사, 운동기구판매원, 운동생리학자, 웹마케터, 유기농작물재배자, 유튜버, 은행원, 음악가, 응급구조사, 의료보조원, 임상병리사, 자동차판매원, 자산관리사(주거/상업용), 자연보호구역체험전문가, 장인/기능보유자, 재정자문인, 전기/전자장비설치/수리기사, 전기엔지니어/기사, 정보요원, 정치학자, 제품안전관리기사, 조경사, 조립라인테크니션/조립원, 주식중개인, 지압사, 집행관, 측량사, 카지노매니저, 컴퓨터시스템관리자, 컴퓨터프로그래머, 크리에이티브디렉터(광고/홍보), 크리에이티브프리랜서, 클라이밍강사, 탐정, 토목엔지니어, 토양환경보전전문가, 토지개발업자, 투자자, 판매엔지니어, 펀드매니저, 프랜차이즈경영자, 프로운동선수, 프로젝트관리자(창업기업), 프로젝트코디네이터, 피트니스강사/트레이너, 항공교통관제사, 항공기정비사, 항공기관사, 항공기승무원, 항공안전감독관, 해양생물학자, 해충방제전문가, 헬리콥터조종사, 호흡기치료사, 화가, 회계감사원

(4) ESTJ(외향적 사고/내향적 감각/외향적 직관/내향적 감정)

1) 유형별 상징

감독관, 경영자, 엄격한 관리자

2) 직업과 관련한 특징

▶ 그들은 직관보다는 감각으로 세상을 관찰하는데, **실제적**이며 **실용적**인 경향을 띠고, **현실적**이며 지금 여기에서와 관련된 일에서 능력을 발휘한다.

▶ 그들은 지난날의 경험에 비추어 보고 적용하여 문제를 능숙하게 해결하는데, 그들은 **즉각적**이고 **가시적**이면서 확실한 결과를 가져올 수 있는 분야에서 일하기를 좋아한다.
▶ 그들은 **사업**이나 **산업체, 생산**이나 **건설** 분야에 몰두하고 **관리**하기를 좋아하는데, 이러한 관리자들은 계획을 세워 일하기를 선호하며 기존의 사실들이니 절차에 따른 결정을 선호한다.

3) 적합한 직업군

간호부장, 감사인, 감정평가사, 개인운동트레이너, 건물조사관, 건설노동자, 건축현장소장, 건축감리사, 경영컨설턴트, 경찰관, 공무원, 공장감독관, 교도관, 교사(기술/무역), 군장교, 기계공학엔지니어, 기술교육전문가, 기술제품세일즈매니저, 기술지원전문가, 기업임원/중간관리자, 기업재무담당변호사, 내과의사, 내부회계감사인, 네트워크관리사, 뇌전도공학자/테크니션, 대출담당자, 데이터베이스관리자, 도매점/소매점매니저, 레크리에이션치료사, 물류/공급망관리자, 법률사무보조원, 법원서기, 변호사, 병원장, 병원코디네이터, 보건의료행정사, 보안요원, 보험대리인, 보험설계사, 보험영업사원, 보호관찰관, 부동산중개인, 비즈니스분석가(BA), 비행장운영전문가, 사무실매니저, 사서, 사업가, 사이버보안전문가, 산업기사, 산업안전보건전문가, 상업용항공기조종사, 선장, 세무조사관, 세일즈엔지니어/매니저, 소프트웨어QA엔지니어, 손해사정사, 스포츠코치, 신용분석가, 신용조사원, 약사, 여행가이드, 예산분석가, 오디오엔지니어, 요리사,

요식업경영자, 운동기구판매원, 운동선수트레이너, 원가관리사, 유기농직물재배자, 은행지점장, 응급구조차량배차담당자, 임상실험실테크니션, 임원비서, 입법보좌관 법률사무보조원, 자산관리자, 장례지도사, 재무책임자/관리자, 전기기사, 정보보안전문가, 정책책임자, 제약회사영업사원, 주식중개인, 주치의, 준법감시인, 초음파검사기사, 최고경영자(CEO), 최고재무관리자(CFO), 최고정보관리책임자(CIO), 치과의사, 컴퓨터시스템관리자, 컴퓨터시스템분석가, 큐레이터, 태양광발전기설치기사, 토목/기계/금속기사, 토목엔지니어, 통계학자, 판사, 풍력터빈서비스기사, 프로젝트관리자, 학교교장, 항공기관사, 항공안전감독관/분석관, 호텔/식당매니저, 홍보전문가, 환경감시원, 회계감사관, 회계담당자

(5) ISFJ (내향적 감각/외향적 감정/내향적 사고/외향적 직관)

1) 유형별 상징

용감한 수호자(守護者), 보호자, 양육자(養育者)

2) 직업과 관련한 특징

▶ **성실, 사려 깊음**과 **공동복지**를 강조하는데, **가정의학도**에게 적합한 유형이다. 그들은 환자들과의 접촉 시 감정기능을 활용하여 환자들이 필요한 따뜻함을 주며, 감각기능을 사용하여 정확하면

서도 백과사전적 기억력으로, 모든 증세를 유심히 살핀다. 또한 이 유형은 **간호사**들에게도 적합한 유형이다.
▶ 그들은 **군지휘관**에도 적합한 유형인데, 그들은 완충장치 역할을 하는 강인함, 행정과 보급에도 유념하는 **근면함**과 정확한 **현실감각** 등의 자질을 갖추고 있기 때문이다.
▶ 그들은 가장 **조심성**이 깊고, 자신의 손으로 마지막까지 모든 것을 처리, 정리하는 전형적인 일꾼이다.

3) 적합한 직업군

IT매니저, 가정건강보조원, 가족사회복지사, 가족주치의/치료사, 간호사, 개인상담사, 개인요양보호사, 개인재정전문가, 건강식이요법사, 건축학교수, 경리담당자/회계보조원, 고객서비스담당자, 고등학교교사, 고등학교기술교사, 교도관, 교사(유치원~고등학교), 교사보조원, 교육코디네이터, 교육행정관, 권리분석사, 기록물관리사, 기술지원전문가/담당자, 기업트레이너, 노인요양복지사, 대출담당자, 데이터베이스관리자, 레크리에이션치료사, 물리치료사, 미술사학교수, 박물관큐레이터, 방사선사, 법률사무보조원, 법의학엔지니어, 보건교육전문가, 보건의료종사자, 보석세공사, 보육서비스제공자, 보호관찰관, 부동산중개인, 사무실관리자, 사서, 사진작가, 사회복지사, 상품기획자, 생물공학엔지니어, 생물학자, 생의학엔지니어, 생화학자, 성인교육강사, 성직자, 소매점경영자, 쇼룸디자이너, 수의사/수의보조원, 식물학자, 식품과학자, 신용상담사, 아동복지상담사, 악기수리원, 안경사, 안마치료사, 약사/약국보조원, 어류/동물수렵감시관, 어린이집교사, 언어병리학자, 언어치료사, 역사학자, 연구분석관, 영양사, 영화제작현장스텝, 영화편집자, 외과의사, 운동선수트레이너, 유기농작물재배자, 유치원원장, 은행창구직원, 음악가, 의료기관행정사, 의료기기테크니션, 의료기록원, 의료보조원, 의료장비판매원, 의학연구원, 인공투석테크니션, 인사전문가/관리자, 인테리어디자이너, 작업치료사, 장례지도사, 재활치료사/상담사, 전문간호사, 접수담당자(Receptionist), 정신과의사, 제약회사영업사원, 종교교육자, 중독재활상담사, 지도상담사, 지역사회보건종사자, 직업재활상담사, 청능사, 체육학교수, 초상작가, 치과의사, 치열교정전문의, 치위생사, 커뮤니케이션전공교수, 컴퓨터사용자지원전문가, 테크니컬라이터, 통역사, 특수교육교사, 품질보증(QA)시험담당자, 프랜차이즈경영자, 프로젝트매니저, 학생생활지도사/상담사, 학예사, 행정관리자/보조원, 호스피스종사자, 호흡기치료사, 화가, 환경과학자, 회계사

(6) ISFP (내향적 감정/외향적 감각/내향적 직관/외향적 사고)

1) 유형별 상징

호기심 많은 예술가, 작곡가, 모험가, 대가/거장(예술계)

2) 직업과 관련한 특징

▶ 그들은 현실을 파악하고 있으며 현실을 직시하려고 노력하는 유형으로, 16가지 유형 중에서 유일하게 온갖 질병을 폭넓게 다루고자 하는, **일반 의료**를 강하게 선호한다.
▶ 그들은 **미각**을 추구하고 식별하며, **미적 감각**과 **균형 감각**을 추구하는 분야에서 만족감을 찾는다.
▶ 그들은 **장인** 기질이 뛰어난 사람들이다. 또한 **자연**에 대한 특별한 애정을 가졌으며, **동물**을 대하는 동정심도 각별하다.
▶ 그들은 INFP보다 언어적 표현이 적으며, 일반적으로 말로써 하는 일에 비해 **수작업(手作業)**이 더욱 감동을 불러일으킨다.
▶ 그들은 가장 **겸손**한 유형으로 항상 자신들을 과소평가하며 말을 적게 하는 경향이 있다.

3) 적합한 직업군

UX디자이너, 가전제품수리기사, 가정건강의료용품판매원, 가정건강조무사, 가정방문간호사, 간호사, 간호조무사, 개인요양보호사, 개인피트니스트레이너, 건강식이요법사, 검안사, 경리담당자/회계보조원, 경리담당자/회계보조원, 경찰관, 고고학자, 고등학교(기술)교사, 교도관, 그래픽디자이너, 기관사, 긴급전화교환원, 내과의사, 노인/아동복지사, 노인요양복지사, 녹음기사, 뉴스미디어전문가, 도예가, 도장공, 동물사육사/조련사, 동물학자, 레크리에이션종사자, 레크리에이션치료사, 마케팅매니저, 만화가/애니메이터, 멀티미디어아티스트, 목수, 무용수, 물리치료사, 미술치료사, 방사선사, 방송촬영기사, 번역사, 법률비서, 법률사무보조원, 보석세공사, 보조교사/교육보조원, 보철사/기공사, 보험범죄전문수사관, 보험사기조사관, 보험사정인/조사관, 비디오게임디자이너, 비디오예술가, 사무실관리자, 사운드디자이너, 사진작가, 산림감독관/관리자, 상품기획자, 성인교육강사, 소매업경영자, 소방관, 소셜미디어매니저, 소아과의사, 수렵감시관, 수석요리사, 수술전문의, 수의사/수의보조원, 스케치작가, 스포츠코치(고등학교/대학), 식물학자, 심리학자, 심장병전문의, 아동보육제공자, 아동복지상담사, 아트디렉터, 악기제작자, 안경사, 안마치료사, 안무가, 약사/약국보조원, 어류/동물수렵감시관, 어린이집교사, 언어병리학자, 언어치료사, 여행상품판매원, 영양사, 영화제작자, 외과의사, 요리사, 운동기구판매원, 운동생리학자, 운동심리학자, 웹개발자, 웹콘텐츠창작자, 유기농작물재배자, 유치원교사, 음악가, 음향디자이너, 응급실의사, 의료보조원, 인테리어디자이너, 일반관리자, 일차의료기관의사, 자연보호구역체험전문가, 자전거디자이너/수리기사, 작업치료사, 재단사, 정비기사, 정신과보조원, 정원사, 제약회사연구원, 조경건축가, 중독재활상담사, 중등교사, 지질학자, 창고관리인, 청능사, 체육교사, 체육학교수, 초등교사(과학/미술과목), 출장요리사, 측량사, 치위생사, 컴퓨터시스템분석가, 테크니컬일러스트레이터, 토양환경보전전문가, 통역사, 특수교육교사, 패션디자이너, 플로리스트, 피부관리사, 학교행정가, 항공교통통제사, 항공기/

헬리콥터조종사, 항공안전감독관/분석관, 해양생물학자, 헤어디자이너, 혈액관리전문가, 호스피스종사자, 호흡기치료사, 홈케어보조원, 홍보전문가, 화가, 화훼/특산물재배자

(7) ESFP (외향적 감각/내향적 감정/외향적 사고/내향적 직관)

1) 유형별 상징

예술 공연자, 자유로운 영혼의 연예인

2) 직업과 관련한 특징

▶ 그들은 생각해서 결정하기보다 느낌으로써 결정하는데, 그들의 감정기능은 **우애심과 재치**, 사람들과 쉽게 사귀는 성품, **신중함**과 사람들을 있는 그대로 평가하려는 특성을 가지게 한다.
▶ 이러한 유형의 학생들은 자기 학급에서 '**가장 친절한 학생**' 또는 '**운동을 가장 잘하는 학생**'으로 뽑힐 수 있다.
▶ 그들의 감정기능은 **예술적 심미안**과 판단력을 길러 주지만, 분석하는 능력을 쌓기 위해서는 도움이 되지 않는다.

3) 적합한 직업군

가족보건간호조무사, 가족사회복지사, 간호사, 간호조무사, 개인요

양보호사, 개인피트니스트레이너, 건강가정사/가정복지사, 검안사, 경찰관, 고객서비스담당자, 고등학교교사, 공연자, 공연전문연예인(크루즈선/테마파크 등), 공원관리자/경비원, 교도관, 교사(미술/연극/음악과목), 교육/훈련매니저, 교육용소프트웨어개발자, 기술지원전문가, 기업트레이너, 내과의사, 노사관계전문가, 노인건강관리종사자(재택), 노인요양복지사, 뉴스앵커, 동물학자, 디지털마케터, 레크리에이션종사자, 레크리에이션치료사, 만화가/애니메이터, 목수, 무용수, 물리치료사, 미술치료사, 미용사, 방사선사, 방송아나운서, 방송촬영기사, 보육교사, 보육서비스제공자, 보험대리점, 보험범죄전문수사관, 보험설계사, 부동산중개인, 비서, 비즈니스분석가, 비행교관, 사진작가, 사회복지사, 산림감독관, 상품기획자, 상품기획전시자, 상품진열전문가, 생태관광전문가, 성인교육강사, 소매점판매원/점장, 소방관, 소아과의사, 수렵감시원, 수의사, 수의사보조원, 스케치작가, 스탠드업코미디언, 스포츠코치, 식당종업원, 식이요법사, 심리학자, 심장병전문의, 심혈관테크니션, 아동복지상담사, 안경사, 안마치료사, 안무가, 암벽등반강사, 약국보조원, 언어병리학자, 언어치료사, 에어로빅강사, 여행가이드, 여행상품상담사/기획자, 여행상품판매원, 연극/영화배우/연기자, 연예/스포츠에이전트, 영양사, 영업사원, 영화제작자, 요리사/수석요리사, 운동생리학자, 웨이터, 웹개발자, 유기농작물재배자, 음악가, 응급구조사, 응급실간호사, 응급실의사, 의료기사, 의상전문가/디자이너, 이벤트기획자/진행자, 이벤트코디네이터, 인사관리자, 인테리어디자이너, 일러스트레이터, 자기계발교사, 자연보호구역체험전문가, 작업치료사, 장기이식코디네이터, 전시제작자, 접수담당자(호텔/사무실/병원), 조각가, 조경/정원설계/현장매니저, 조경사, 조기교육교사, 족부전문의, 주치의, 중독재활상담사, 지역사회보건종사자, 지질학자, 직업재활상담사, 진로코치, 청능사, 체육학교수, 초등교사, 치과보조원, 치위생사, 특수교육교사, 팀트레이너, 판매대리인(Sales Rep), 프로모터, 프로젝트매니저, 플로리스트, 피부미용/관리전문가, 피트니스강사/트레이너, 항공기승무원, 해양동물조련사, 해양생물학자, 헬리콥터조종사, 호스피스종사자, 호흡기치료사, 홍보전문가/매니저, 화가, 화재조사관, 환경과학자, 환경보호활동가

(8) ESFJ (외향적 감정/내향적 감각/외향적 직관/내향적 사고)

1) 유형별 상징

보호자, 제공자, 대리인, 사교적인 외교관, 열렬한 지지자(팬)

2) 직업과 관련한 특징

▶ 그들은 **실제적**이고, **실용주의적**이며, **인습적**이고, 내용이 풍부하면서도 **사실적**으로 대화하며, 소유물에 관심을 쏟고, 아름다운 집과 살림살이를 감각적으로 아름답게 꾸미려는 경향이 있다.
▶ 그들은 직접적인 경험이든 우연한 경험이든 간에 **경험**의 세세한

면에 우선 관심을 쏟는다.
▶ 그들은 이상적으로 그리는 직업의 가장 중요한 면을 '다른 사람들에게 **봉사**할 기회가 주어지는' 직업으로 선택한 유일한 유형이다.
▶ 그들은 전문의 중에서 **소아과**에 더 관심을 쏟고 매료되는데, 그들의 **동정심**과 신체 상태에 관한 관심과 연관이 있어 보인다. 또한 그들은 온정과 위로를 베풀고 헌신적으로 돌보고 보살피는 **간호사** 직분에 투신한다.
▶ 그들은 사무적인 일에서도 그들의 감정은 탁월한 역할을 하며, 그들이 맡은 어떤 일에서도 사회성의 어떤 일면이 스며들게 하려고 노력한다.

3) 적합한 직업군

IT영업대리인, 가정/노인/아동복지사, 가정건강조무사, 가정경제학자, 가정의, 가족사회복지사, 간호강사, 간호사, 감정평가사, 개인요양보호사, 개인피트니스강사/트레이너, 검안사, 경리담당자/회계보조원, 경영컨설턴트(인사/교육/훈련), 경영학교수, 고객상담관리자(기술 분야), 고객서비스대리인/담당자, 교사(중고교 외국어 담당), 교사(초중고교), 기술영업대리인, 기술지원전문가, 기업트레이너, 대출담당직원/상담원, 레스토랑/요식업경영자/매니저, 레크리에이션종사자, 레크리에이션치료사, 마케팅책임자, 메이크업아티스트, 물리치료사, 미용사, 박물관큐레이터, 방사선사, 방송아나운서, 배우, 번역가, 법률사무보조원, 법원속기사/서기, 변호사(기술 분야), 보건의료행정사/관리자, 보육서비스제공자, 보험설계사, 부동산중개인, 비서, 사무실관리자, 사회복지사, 생태관광전문가, 성인교육강사, 성직자, 소매점경영자/점원, 수의사/수의보조원, 숙박업소경영자, 스포츠코치, 시장조사분석가, 식이요법사, 신용상담사, 심리학자, 아동복지상담사, 안경사, 안마치료사, 약국보조원, 약사, 어린이집원장/교사, 언어병리학자, 언어치료사, 에어로빅강사, 여행컨설턴트, 영양사, 영업매니저, 운동기구/상품판매원, 운동생리학자, 유치원교사, 의료기관행정사, 의료보조원, 의료업계종사자, 의학연구원, 이벤트기획자/코디네이터/진행자, 이중언어교사, 인간-컴퓨터상호작용(HCI)전문가, 인공투석기사, 인사관리자, 입법보조원, 자산관리사(부동산), 자연보호구역체험전문가, 자원봉사코디네이터, 장례지도사, 재판연구원, 재활상담사, 접객원, 정치학교수, 종교계종사자, 종교교육책임자, 주치의, 중간관리자, 중독재활상담사, 중재인/조정관, 지도상담사, 지역사회보건종사자, 청능사, 출장요리사, 치과보조원, 치과의사, 치위생사, 토지임대/개발전문가, 통역사, 특교육교사, 푸드서비스매니저, 프로젝트매니저, 학교교장, 항공기승무원, 헬스클럽매니저, 형사, 호스피스종사자, 호텔지배인/매니저, 호흡기치료사, 홍보전문가/책임자, 화학자, 회계사

(9) INFJ (내향적 직관/외향적 감정/내향적 사고/외향적 감각)

1) 유형별 상징

상담가, 선의(善意)의 주창자(主唱者)/옹호자(擁護者), 인도주의자(휴머니스트), 예언자

2) 직업과 관련한 특징

▶ 그들은 자연스럽게 자신들을 사람들과 연계시키기 때문에, 때로는 대단히 외향적인 자들로 보이기도 하지만, 확고한 동료 의식과 화합의 경향은 실제로 느끼는 과정으로 성격 자체는 외향적이지 않다.
▶ 그들은 다른 사람들로부터 이해와 인정을 받고 목표를 향해서 협력을 얻어 낼 때까지, 공동체의 모형에 전적으로 맞추어 목표도 세우고 자신들도 거기에 맞춘다.
▶ 그들은 INTJ보다 독창성은 다소 떨어지는 것처럼 자신들이 그렇게 생각할 수 있는데, 그들의 직관이 사람들과 그들이 직면한 문제에 맞춰지기 때문이다. 그렇게 되면, 보이지 않는 것을 보려고 하는 과학적인 직관기능은 발휘되지 않기 때문이다.
▶ 그들이 가지고 있는 비전은 인간의 **복지**에 대한 관심사인데, 그들이 하는 독자적인 기여는 어떤 민중 운동이나 어떤 **종교** 또는 어떤 개혁 운동의 시효가 되기도 한다.

▶ 그들은 INTJ보다 과학적이고 기술적인 문제에 관심을 덜 쏟지만, 일단 그들이 관심을 보일 때면, 그들은 우수한 자로 비친다. 또한 그들은 **학구적**인 환경에서는 더 적합할 것이며, 감정기능은 **교사**의 요구를 더욱 열렬히 기대한다.
▶ 그들은 **언어**에 대한 소질을 타고난 네 가지 NF 중 하나로, **교사, 성직자, 심리학자** 등과 같이 언어 사용이 많은 분야에서 두각을 나타낸다.

3) 적합한 직업군

IT시스템분석가, IT트레이너/컨설턴트, UI/UX디자이너, 가족상담치료사, 가족치료사, 갈등중재자, 건축가, 고객관계매니저, 고등학교교사(영어/미술/음악/사회과학/연극과목), 과학자, 교육컨설턴트, 교육프로그램책임자, 교육학교수, 그래픽디자이너, 극작가, 근로자지원상담사, 기술지원전문가, 기술컨설턴트, 기업/단체교육전문가, 기업가, 긴급전화상담원, 내과의사, 노인요양복지사, 노인주간보호센터직원, 다큐멘터리영화제작자, 대체의학자, 대학교수(영어/미술/음악/사회과학/연극전공), 도서관학교수, 마케팅전문가/매니저, 멀티미디어프로듀서, 무대/세트디자이너, 물리치료사, 박물관관리자, 법률중재인, 변호사, 보건/의료기관행정사, 보건교육사, 브랜드매니저, 비디오편집자, 비즈니스분석가, 사서, 사진작가, 사회복지사, 사회학자, 상품기획자(MD), 상품디자이너, 성직자, 소설가, 소프트웨어개발자, 수의사, 스포츠코치, 시스템분석가, 시인, 식이요법사, 심리학교수, 심리학자, 아동복지상담사, 아동생활전문가, 아트디렉터, 안마치료사, 약사, 어린이집교사, 언어병리학자, 언어치료사, 언어학교수, 엔지니어, 역사학교수, 영양사, 영화편집자, 운동생리학자, 유전자상담사, 음악가, 의상디자이너, 이중언어교육교사, 인사전문가/관리자, 인터넷교육가, 인터랙션디자이너, 인테리어디자이너, 인포그래픽디자이너, 임상심리학자/임상심리사, 입법보좌관, 자기계발교사, 작곡가, 작업치료사, 재정자문가, 재활치료상담사, 저널리스트, 전시기획자, 전시디자이너, 전자출판인, 정신건강상담사, 정신과의사, 정신보건사회복지사, 정치학자, 제품기획자, 조직개발컨설턴트, 종교계종사자, 종교교육책임자, 종교사업가, 중독재활상담사, 지압사, 직무분석가, 직업상담사, 진로상담사/코치, 철학교수, 청능사, 출판디자이너, 큐레이터, 크리에이티브디자이너, 테크니컬라이터, 통계학자, 통역사/번역사, 특수교육교사, 편집자, 프로젝트매니저, 프리랜서기획자, 학교상담사, 학습설계자, 학예사, 화가, 환경과학자, 환경전문변호사

(10) INFP(내향적 감정/외향적 직관/내향적 감각/외향적 사고)

1) 유형별 상징

이상주의자, 치유자(治癒者), 열정적인 중재자, 상상인(想像人), 잔다르크

2) 직업과 관련한 특징

▶ 그들은 인간에 대한 가능성과 연관되는 분야, 이를테면 **상담, 교육, 문화, 예술, 과학, 탐구, 심리학**과 같은 분야에서 뛰어나다. 여기서 INT가 아닌 INF에 있어 **과학**이 포함된 것은 의외인데, 아마 INF의 감정이 불러일으키는 **열정이 현상의 진실을 찾으려는 직관에 박차**를 가하고, 점진적으로 사고에 의한 분석을 통해서 연구 과정에 대해 확신하게 되는 것으로 보인다.
▶ 그들은 일반적으로 **언어**에 대한 타고난 재능을 가지고 있다. 한편 그들의 문학적인 성향은 감정의 조합에서 연유하는데, 직관은 **상상력과 통찰력**을 제공하며 감정은 나누고 의사소통하려는 강렬한 충동을 불러일으켜 준다.
▶ 한편 언어를 자유자재로 구사하는 제어력은, 상징성을 띤 직관력의 솜씨와 감정의 **예술적인 식별력** 및 **심미안**이 서로 조합을 이루어 빚어낸 산물의 외적 표현이다. 따라서 NF의 네 가지 유형 모두가 언어에 대한 소질을 타고난 것이다.
▶ 그들은 지나치게 내향적이어서 개인 접촉을 통한 의사소통보다는 **글쓰기**를 통해 자신의 세계를 전달하는 것을 선호한다.

3) 적합한 직업군

UI/UX디자이너, 건강가정사/가정복지사, 건축가, 건축학교수, 고객관계매니저, 광고기획자, 교사, 교육용소프트웨어개발자, 교육컨설턴트, 교육코디네이터, 그래픽디자이너, 근로자지원상담사, 기업/단체교육전문가, 노사관계전문가, 뉴스리포터, 대기과학교수, 대체의학자, 대학교수(인문/예술 계열), 메이크업아티스트, 무대/세트디자이너, 물리치료사, 미술사학교수, 미술치료사, 박물관큐레이터, 배우, 법률중재인, 보건교육사, 보건기사, 비디오게임디자이너, 비디오편집자, 비주얼아티스트, 사서, 사진작가, 사회과학자, 사회복지사, 산업조직심리학자, 선교사, 성직자, 소셜미디어매니저, 소프트웨어개발자, 순수예술가, 스포츠코치, 식이요법사, 심리학자, 아동복지상담사, 아동생활전문가, 아트디렉터(웹사이트/출판), 안마시술사, 안무가, 어린이집교사, 언어치료사, 연구원, 영양사, 영화편집자, 운동생리학자, 웹개발자, 웹콘텐츠매니저, 유전자상담사, 유전학자, 윤리학자, 음악가, 이중언어교사, 이중언어교육교수, 인력개발전문가, 인사전문가/관리자, 인터넷교육가, 인터랙션디자이너, 인테리어디자이너, 인포그래픽디자이너, 임상심리학자, 작가(시인/소설가), 작곡가, 작업치료사, 재취업컨설턴트, 저널리스트, 전문간호사, 전자출판인, 정신건강전문가/상담사, 정치학자, 조경사, 종교계종사자, 종교교육자, 중독재활상담사, 직업상담사, 청능사, 체육학교수, 출판디자이너, 카피라이터, 콘텐츠작가/편집자, 콘텐츠전략가, 크리에이티브프로듀서, 통역사/번역사, 특수교육교사, 패션디자이너, 편집자, 프로덕션디자이너, 프로젝트매니저, 학예사, 화가, 화학교수, 환경과학교수

(11) ENFP(외향적 직관/내향적 감정/외향적 사고/내향적 감각)

1) 유형별 상징

챔피언, 사회운동가, 동기(動機) 유발자(誘發者)/부여자(附與者), 재기발랄한 활동가

2) 직업과 관련한 특징

▶ 그들은 ENTP보다 더 **열정적**이며 사람들과 그들을 조종하는 수완에 대해 더 관심을 쏟는다.
▶ 그들은 새로 만나는 각 사람에게 해결해야 하는 새로운 문제점을 제시하고, 서로 이야기해 보아야 하는 새로운 가능성을 제시해 주는 **상담자**의 역할이 더 알맞다.
▶ 그들은 **교사, 예술가, 광고업자**나 **외판원** 또는 그들이 원하는 거의 모든 분야에서 성취할 수 있을 것이다.

3) 적합한 직업군

IT제품매니저, IT채용담당자, TV프로듀서, UX/UI디자이너, VR디자이너, 가족상담사/치료사, 개인트레이너, 건축학교수, 경영컨설턴트, 고객서비스담당자, 고등학교(기술)교사, 광고기획자, 광고섭외담당임원, 광고제작감독, 광고크리에이티브디렉터, 광고회사임

원, 교도관, 교육심리학자, 교육용소프트웨어개발자, 교육코디네이터, 기업/단체교육전문가, 노인/아동복지사, 뉴스리포터, 뉴스앵커, 뉴스캐스트, 다큐멘터리제작자, 대체의학자, 대학교수(미술/희곡/음악/영어 과목), 댄스강사, 도시계획자/설계자, 레크리에이션종사자, 레크리에이션치료사, 마케팅담당자, 마케팅컨설턴트, 만화가/애니메이터, 물리치료사, 미술사학교수, 발명가, 방송뉴스분석가(애널리스트), 방송아나운서, 방송프로듀서, 배우, 법률중재인, 보건교육사, 보험대리인, 부동산중개인, 블로거, 사서, 사회과학자, 사회복지사, 사회심리학자, 상담심리학자, 상품기획자, 성인교육강사, 세일즈매니저, 소셜미디어매니저, 스포츠코치, 시나리오작가/극작가, 시장조사분석가, 식당경영자, 식이요법사, 아동복지상담사, 안무가, 어린이집교사, 언어병리학자, 언어치료사, 여행사, 영양사, 영화감독, 운동생리학자, 웹디자이너, 웹사이트기획자, 음악가, 의료보조원, 의상디자이너, 이벤트기획자, 이중언어교사, 인류학자, 인사관리자, 인터랙션디자이너, 인테리어디자이너, 인포그래픽디자이너, 자기계발교사, 작곡가, 작업치료사, 재활상담사, 저널리스트, 전략기획자, 전시기획자, 전자출판인, 정신건강상담사, 제품기획자, 제품담당책임자(PM), 주택관리사, 중독재활상담사, 중등교사, 지도상담사(고등학교), 지압사, 직업상담사, 청능사, 청소년멘토, 체육학교수, 카피라이터, 칼럼니스트, 캠페인매니저, 컴퓨터프로그래머, 특수교육교사(중학교/고등학교), 편집자, 프론트앤드개발자, 학교상담사, 헤어스타일리스트, 홍보전문가/컨설턴트, 화학자

(12) ENFJ(외향적 감정/내향적 직관/외향적 감각/내향적 사고)

1) 유형별 상징

기부자(寄附者)/공여자(供與者), 주인공/영웅, 교사, 멘토, 정의로운 사회운동가

2) 직업과 관련한 특징

▶ 그들은 책을 읽는 취미, 일반적인 분야에 대한 **학구적**인 관심, **이론**이나 **비전**이나 **통찰**에 대한 관대함, 제시되었거나 명백하거나 이미 알려진 사실들을 뛰어넘는 새로운 **가능성**에 대한 **상상력** 등과 같은 새로운 착상에 호기심을 드러내는 경향이 있다.
▶ 그들은 **표현**하는 재능이 있으며, 그러한 재능을 저술하는 것보다는 청중에게 **연설**하는 것에서 발휘하는 편이다.
▶ 한편 온정과 통찰의 직관-감정(NF) 조합은 이 유형 안에서 가장 따뜻하면서도 상냥한 면모를 드러내는데, 그들은 예를 들어 **교사, 성직자, 전문가, 개인적인 상담자, 정신과 의사** 등과 같은 여러 분야에서 일을 잘한다.

3) 적합한 직업군

IT트레이너, IT판매담당자, IT프로젝트매니저, TV프로듀서, UX

디자이너, 가족사회복지사, 가족상담사/치료사, 검안사, 경영컨설턴트, 경영학교수, 고객서비스담당자, 고등학교교사, 광고섭외담당임원, 교사(보건/미술/드라마/영어/연극/음악 과목), 교육심리학자, 교육코디네이터, 교육프로그램책임자, 그래픽아티스트, 기술교사, 기술직군채용담당자, 기업/단체교육전문가, 기업코치/트레이너, 노사관계관리자, 노인요양복지사, 노인주간보호센터직원, 뉴스리포터, 뉴스캐스트, 대중연설가, 대체의학자, 대학/대학교 행정가, 대학교수(인문계열), 도시계획자, 동기부여강연자/연설가, 레크리에이션디렉터, 레크리에이션치료사, 로비스트, 리포터, 마케팅매니저, 멀티미디어프로듀서, 방송MC/아나운서, 보건교육사, 보호관찰관, 부동산중개인, 사서, 사회복지사, 사회학자, 산업조직심리학자, 상담교사, 상담사, 생태관광전문가, 성인교육강사, 성직자, 세일즈매니저, 소셜미디어관리자, 순수예술가, 스포츠코치, 시장조사분석가, 식당매니저, 식이요법사, 심리학자, 아동복지사, 아동보호센터책임자, 아트디렉터, 언어병리학자, 언어치료사, 여행사경영자, 연예인, 영양사, 온라인교육자, 유전자상담사, 유치원교사, 음악감독, 이벤트기획자, 이중언어교사, 인사전문가/관리자, 인사채용담당자, 인생상담코치, 인터랙션디자이너, 인포그래픽디자이너, 자기계발교사, 작가, 작곡가, 작업치료사, 잡지/웹콘텐츠편집자, 재취업컨설턴트, 재활치료사, 저널리스트, 전문간호사, 전자출판인, 정신건강상담사, 정치인, 정치학교수/정치학자, 중독재활상담사, 중등교사, 중소기업임원, 중재자, 지도상담사, 지압사, 직업상담사, 청능사, 최고경영자(CEO), 최고마케팅책임자(CMO), 출판디자이너, 치위생사, 카피라이터, 캐스팅디렉터, 커뮤니케이션학교수, 통역사/번역사, 특수교육교사(중고등학교), 판매원교육전문가, 프로그램설계자, 프로젝트매니저, 호텔/식당매니저, 홍보전문가/매니저, 화가

(13) INTJ (내향적 직관/외향적 사고/내향적 감정/외향적 감각)

1) 유형별 상징

건축가, 지도자, 오케스트라 지휘자, 조율자(調律者), 과학자, 용의주도한 전략가

2) 직업과 관련한 특징

▶ 그들은 16가지 유형 중에서 **가장 독립적**이며, 그러한 독립심에 대해 의식적으로 다소간의 긍지를 느끼는 유형이다.
▶ 그들의 분야라면 어디에서든, 그들은 **혁신자**다운 면모를 보이는 사람들이다. 따라서 그들의 힘을 키워 나가도록 더 막중하고 더 까다로운 문제를 안고 있는 새로운 과제를 계속해서 주어야 한다.
▶ 그들은 탐구하는 **과학자, 창안자, 디자인 기술자**에 적합한 사람들이다. 또한 그들은 **수학**에, 특별히 어려운 문제를 푸는 데 탁월한 우수성을 보이지만, <u>INTP처럼 **순수 수학 이론**에 대해서는 그렇게 정통하지 못하다.</u>

▶ 그들은 문제로 삼을 만한 것을 생각해 내는 데 아주 뛰어나며, INTP보다 일을 처리하는 데 매우 우수하다.
▶ 그들은 조화를 잘 이룬 상태에서도 타인의 견해와 느낌을 무시하려 드는 경향이 있다.

3) 적합한 직업군

감독, 감정평가사, 개인재무상담사, 개인트레이너, 건축가, 검시관, 경영컨설턴트, 경제학자, 과학분야연구자, 과학자(화학/생명공학/물리학), 교사, 그래픽디자이너, 기록물관리사, 내과의사, 네트워크관리자/엔지니어, 네트워크통합전문가, 뉴스분석가/작가, 대학교수(컴퓨터/공학/수학 계열), 데이터과학자, 데이터베이스관리자, 로보틱스/제조엔지니어, 마케팅전략가/매니저, 물리치료사, 물리학자, 뮤지컬공연자, 미생물학자, 발명가, 방송엔지니어, 백엔드개발자, 범죄학자, 법률사무보조원, 벤처사업가, 변리사, 변호사, 병리학자, 보험계리사, 블로거, 비디오편집자, 비즈니스전략가/분석가, 사이버보안분석가, 사진작가, 산업엔지니어, 생명공학연구원/엔지니어, 생물학자, 생의학엔지니어, 소프트웨어개발자, 소프트웨어아키텍트, 소프트웨어엔지니어, 수사관, 수학자, 시나리오작가, 시스템분석가, 시스템엔지니어, 시장조사분석가, 식품과학자, 신경과학자, 신용분석가, 심리학자, 심장병전문의, 심혈관테크니션, 아트디렉터, 애니메이터, 약사, 연구분석가, 예산분석가, 외과의사, 운영연구분석가, 원자력엔지니어, 웹개발자, 웹사이트디자이너, 유전학자, 음악가, 인공지능전문가, 인류학자, 인사관리자, 인터넷보안전문가, 인포그래픽디자이너, 작가, 작곡가, 재료과학자/엔지니어, 재무분석가, 재정자문가, 저널리스트, 전기/전자/금속기사/엔지니어, 전략기획자, 전시기획자/제작자, 전자제품디자인엔지니어, 정보/디자인아키텍트, 정보보안분석가, 정보요원, 정신과의사, 제약회사연구원, 조사관, 지도제작자, 지질학자, 천문학자, 촬영감독, 최고재무책임자(CFO), 출판디자이너, 치과의사, 치위생사, 칼럼니스트/비평가/해설자, 컴퓨터과학자, 컴퓨터시스템관리자, 컴퓨터시스템분석가, 컴퓨터엔지니어, 컴퓨터프로그래머, 탐정, 테크니컬라이터, 토목엔지니어, 통계학자, 판사, 편집장, 프로젝트매니저, 학교행정가, 학습과정설계자, 학예사, 항공기조종사, 항공우주엔지니어, 해양엔지니어, 화가, 화학엔지니어/화학자, 환경과학자/환경엔지니어, 환경디자인아키텍트, 회계감사관, 회계관리자/담당자, 회계사

(14) INTP(내향적 사고/외향적 직관/내향적 감각/외향적 감정)

1) 유형별 상징

건축가, (비판적) 사상가, 논리학자, 합리주의자, 논리적인 사색가(思索家)

2) 직업과 관련한 특징

▶ 그들은 **학자, 이론가**, 그리고 **과학, 수학, 경제 및 철학** 분야에서 추상적인 **사상가**들에 적합하다. 따라서 그들은 모든 유형 중에서 아마도 **지적으로 가장 심오한 자들**일 것이다.
▶ 그들은 특히 **연구**와 새로운 **이론**을 밝혀내는 데 적응하는 이들이다. 따라서 그들은 자신들의 생각을 행동으로 옮기는 것보다, 문제를 분석하고 해결책을 찾는 것에서 더 흥미를 느끼며, 또한 그들은 원칙을 세우고 이론을 전개한다.
▶ 이러한 유형의 많은 학자가 현직 교수이며, 특별히 **대학교 교수**인데, 대학교에서는 그들의 학식을 중시하며 가르치는 그들 자신도 연구와 탐구를 위한 기회를 중시하기 때문이다.
▶ 그들은 의사소통의 문제 또한 가르치는 일에 장애가 되는데, 대답이 너무나 꼼꼼하고 복잡해서 그 대답을 이해하는 학생이 소수이기 때문이다.
▶ INTP의 관리자들은 아마도 **과학적**이거나 **학구적**인 일 밖에서는 찾아 보기 힘들 것이다.
▶ 그들이 받는 유혹은 그들의 직관으로 간파한 매력적인 **가능성**이 성취 가능한 것이라 보려고 한다는 점이다. 따라서 그 프로젝트가 사실과 상반되지 않는지 또는 그러한 사실들로 어떤 제약이 가해지지 않을지 점검해 볼 필요가 있다.

3) 적합한 직업군

QA자동화엔지니어, IT아키텍트, 개인재무상담자, 건축가, 경영컨설턴트, 경제학자, 경찰관, 고고학자, 과학자(화학/생물학), 그래픽디자이너, 금융분석가, 기계설계제도사, 기업재무담당변호사, 기업전략가, 내과의사, 네트워크전문가/관리자, 농업엔지니어, 대학교수, 대학행정관, 데이터분석가, 동물학자, 마케팅컨설턴트, 모바일애플리케이션개발자, 물리학자, 미생물학자, 발명가, 방송국프로듀서, 법률중재자, 벤처투자자, 변리사, 변호사, 보존과학자, 블로거, 비즈니스분석가, 사이버보안분석가, 사진작가, 산림감독관, 산림기사, 생명과학엔지니어, 생물물리학자, 생의학엔지니어, 생체공학연구원/엔지니어, 성형외과의사, 소프트웨어개발자, 소프트웨어디자이너, 수리학자, 수의사, 수학자, 시스템관리자, 시장조사분석가, 식품과학자, 신경과전문의, 신경과학자, 심리학자, 아트디렉터, 약사, 역사학자, 연구원, 연예인/댄서, 영화감독/연출가, 영화편집자, 외과의사, 웹개발자, 유전학자, 음악가, 의학자, 인류학자, 인포그래픽디자이너, 임상실험과학자, 작가, 작곡가, 작업치료사, 재료과학자/엔지니어, 재무분석가, 전기엔지니어, 전략기획자, 전자제품디자인엔지니어, 전자출판전문가, 정보요원, 정신과의사, 제약회사연구원, 조사관, 지질학자, 천문학자, 철학자, 출판디자이너, 칼럼니스트/비평가/해설가, 컴퓨터보안전문가, 컴퓨터시스템분석가, 컴퓨터애니메이터, 컴퓨터엔지니어, 컴퓨터프로그래머, 크리에이티브라이터, 테크니컬라이터, 토목엔지니어, 통역사/번역사, 투자은행직원, 판사, 편곡자, 항공우

주엔지니어, 호흡기치료사, 화가, 화학엔지니어, 환경과학자/엔지니어, 회계사

(15) ENTP(외향적 직관/내향적 사고/외향적 감정/내향적 감각)

1) 유형별 상징

공상가(空想家), 토론가, 논쟁가, 웅변가, 연설가, 발명가, 선지자, 논쟁을 즐기는 변론가

2) 직업과 관련한 특징

▶ 그들은 ENFP보다 행정지침은 무엇이든 더 잘 활용하는 경향이 있다.
▶ 그들은 **독립적**이고 **분석적**이며, 다른 사람들과 그들이 맺은 관계에 있어서 **객관적**인 경향이 있다.
▶ 그들은 자신들의 기획이 다른 사람들에게 어떻게 영향을 끼칠 수 있는지보다는 다른 사람들이 자기들의 기획에 어떻게 영향을 끼칠 것인가를 고려하는 경향이 더 강하다.
▶ 그들은 **발명가, 과학자, 분쟁조정자, 후원자**에 적합할 것이며, 그들이 관심을 가지는 어떤 분야에도 잘 맞을 것이다.

3) 적합한 직업군

IT매니저, IT제품매니저, 개인재무상담사, 건축가, 검안사, 경영컨설턴트, 광고크리에이티브디렉터, 광산엔지니어, 교도관, 교육심리학자, 기술교육전문가, 기술영업대리인, 기술컨설턴트, 기업가, 네트워크전문가/엔지니어, 노사관계전문가, 농업엔지니어, 대학총장/학장, 데이터과학자, 도시계획자/설계자, 리포터/특파원, 마케팅디렉터, 마케팅매니저, 물류컨설턴트, 발명가, 방송국프로듀서, 방송뉴스분석가, 범죄학자, 법률상담가, 벤처사업가, 벤처투자자, 변호사, 보존과학자, 부동산개발자, 부동산중개인, 비행장운영전문가, 사업개발책임자, 사진작가, 사회과학자, 산림기사, 산업디자인매니저, 산업엔지니어, 세일즈매니저/엔지니어, 소셜미디어관리자, 소프트웨어개발자, 스포츠코치, 시스템관리자, 시스템분석가, 시장조사분석가, 신용분석가/조사자, 심리학자, 아트디렉터, 언어치료사, 엔지니어링디렉터, 영화감독/연출가, 영화제작자, 우주공학자, 운영연구분석가, 운영전문가, 웹개발자, 웹콘텐츠크리에이터, 이벤트기획자, 인사관리자, 인사시스템개발자, 인포그래픽디자이너, 자산관리사, 자연과학프로그램매니저, 재료과학자/엔지니어, 재무설계사, 재취업컨설턴트, 저널리스트, 전략기획자, 전자출판인, 정보보안분석가, 정신과의사, 정책담당자, 정치인/정치상담가, 정치평론가, 주식거래중개인, 지압사, 출판디자이너, 카피라이터, 칼럼니스트/비평가/해설자, 컴퓨터분석가, 컴퓨터프로그래머, 큐레이터, 크리에이티브라이터, 탐정, 토목엔지니어, 투자은행직원, 편집자, 형사, 호텔매니저, 홍보전

문가, 환경과학자/엔지니어

(16) ENTJ (외향적 사고/내향적 직관/외향적 감각/내향적 감정)

1) 유형별 상징

지휘관(자), 사령관, 우두머리, 지도자, 대담한 통솔자(統率者)

2) 직업과 관련한 특징

▶ 그들은 감각보다는 직관으로 세상을 관찰하므로, 그들은 현재, 명확성, 기존의 사실들을 뛰어넘어 주로 **가능성**에 관심을 쏟는다.

▶ 한편 그들의 직관은 **지적**인 관심, 새로운 착상에 관한 **호기심, 이론**에 대한 포용력, 복잡한 문제에 대한 심취, **통찰**과 **전망**, 그리고 장기간에 걸친 가능성과 그 결과들에 대한 추구 등을 증대시켜 준다.

▶ 그들은 직관이 요구되지 않는 직업에는 거의 만족하지 않으므로, 그들은 해결점을 찾아야 할 문제가 필요하며, 따라서 그들은 새로운 해결점을 찾아내는 전문가가 되고자 한다.

▶ 이러한 유형의 관리자들은 자신들이 다른 직관형들에게 둘러싸여 있기를 좋아하는데, 그들은 이해가 빠른 사람들, 그들이 취하는 태도와 같은 태도로 일하려는 정신의 소유자들을 좋아하기 때문이다.

3) 적합한 직업군

IT디렉터/최고정보관리책임자(CIO), IT매니저, 개인재무자문인/상담사, 건설사업관리자, 건설엔지니어, 건축가, 건축개발엔지니어, 경영컨설턴트, 경제/경영분석가, 경제학자, 경찰 간부, 광고기획자, 광고섭외담당임원, 교육컨설턴트, 국제금융인, 기계엔지니어, 기술교육전문가, 기업/단체교육전문가, 기업임원/간부/중간관리자, 기업재무담당변호사, 기업전략가, 기업최고경영자(CEO), 내과의사, 네트워크관리자, 네트워크아키텍트, 네트워크전문가/관리자, 네트워크통합전문가, 노동관계전문가, 단과대학장, 대학/대학교행정직원, 대학교수(과학/사회과학 계열), 데이터베이스관리자, 도시계획자, 로보틱스네트워크관리자, 마케팅책임자, 모바일애플리케이션개발자, 무대연출가, 물류컨설턴트, 바이오메디컬엔지니어, 배우, 법률사무보조원, 벤처투자가, 변리사, 변호사, 병리학자, 부동산중개인, 비행장운영전문가, 사업개발매니저, 사이버보안관리자, 사진작가, 세일즈매니저, 소프트웨어개발자, 시장조사분석가, 신용조사원, 심리학자, 여행가이드, 예산분석가, 외과의사, 운영연구분석가, 웹개발자, 의료기관행정가, 의학자, 인공지능전문가, 인사관리자, 인터넷보안컨설턴트, 입법보좌관, 재난관리자, 재판연구원, 저널리스트, 정보/디자인아키텍트, 정보보안분석가, 정신과의사, 정책컨설턴트, 정치학자, 제품기술영업담당자, 주식중개인, 천문학자, 최고재무책임자(CFO), 치과의사, 컴퓨터시스템관리자, 컴퓨터프로그래머, 큐레이터, 탐정, 투자은행직원, 판사, 프랜차이즈경영자, 프로그램설계자, 프로젝트매니저, 학교교장, 항공기조종사, 행정법판사, 행정서비스관리자, 홍보전문가, 화학엔지니어, 환경엔지니어, 회계감사관, 회계관리자, 회계사

제3절 직업 흥미(興味) 유형과 유형별 직업군

1. 들어가기

제2절에서 진로와 직업을 찾을 때 일반적으로 고려해야 할 사항 중 선천적 성향인 성격과 관련하여, 심리기능과 성격유형에 따른 적합한 직업군에 대해 상세하게 다루었다. 본 절에서는 진로와 직업 찾기에 있어 중요 고려 사항인 흥미에 대해 다루고자 한다.

흥미는 이희승의 국어사전에서 '흥(興)을 느끼는 재미'라 정의하고 있다. 일반적으로 흥미란 특정한 대상에 대해 관심을 쏟고 열중하는 경향이라 정의하는데, 보다 구체적으로 표현하면 일시적인 관심, 즉 호기심이 아닌, 그 대상에 대해 지속적인 관심(Attention)과 호감(好感, Feeling of Like)이 가는 특정한 방향(Direction)으로 활동(Activity)하는 것을 말한다. 여기에서 **강도**나 **지속 기간**이 중요한 요소이다. 즉 흥미란 어떤 종류의 활동 또는 사물에 대하여, 특별한 관심이나 주의를 가지게 하는 개인의 일반화된 행동 경향을 말한다. 다시 말해 개인이 그에게 잠재적으로 가치 있다고 생각하는 것에 주의를 기울이고, 그것을 향해서 나아가려는 일반적인 정서적 특성이다.

또한 Holland는 사람들이 외부와 접촉하는 과정에서, 개개인의 환경에 대처할 때 **즐겨 사용하는 습관적인 방식**, 즉 개인의 **독특한**

적응(適應) 방향(Adjustive Orientation : 흥미)을 형성한다고 하였다. 나아가 그는 직업을 선택할 때, 바로 자신의 적응 방향을 만족시켜 주는 직업 환경을 선택하게 된다고 하였다.

그리고 흥미는 어떤 사람이나 활동 또는 사물에 대해 가지는 긍정적인 느낌을 말하는데, 개인이 평상시 하는 행동과 하고 싶은 행동은, 자신의 흥미가 무엇인지를 가르쳐 주는 중요한 기준이 된다. 실질적으로 자신의 직업을 선택하고 결정하는 데는, 능력, 보수, 직업 환경, 미래 전망, 승진 기회, 적성, 가치관, 흥미 등 실로 많은 요인을 고려하게 되는데, 이 가운데 흥미는 특히 중요하게 고려되어야 하는 요소이다. 일과 직업이 생계 수단 외에 자아실현의 수단임과 동시에, 행복한 삶의 실현을 위한 주요 수단임을 인식한다면, 자신에게 흥미 있는 일과 직업을 찾아내려는 노력은 매우 중요한 과제이다(장성민, 1977).

그런데 이러한 흥미는 개인이 성장함에 따라 변화한다. 어릴 때는 흥미가 구체적, 수동적, 단편적(斷片的)이며 항상적(恒常的)이지 못하고 미분화된 형태이지만, 성장함에 따라 구체적인 것에서 추상적인 것으로, 수동적인 것에서 능동적인 것으로, 단편적인 것에서 체계적이며 종합적인 것으로, 항상적이지 못한 것에서 항상적인 것으로, 그리고 분화(分化)하지 못한 것에서 분화된 형태로 변화하게 된다.

한편 진로상담이나 직업상담에서 사람들이 흥미검사를 사용하게 되는 이유는, 흥미검사가 지능검사나 적성검사 또는 성격검사와 비교하여 일과 사람을 연결해 주는 비교적 많은 정보를 담고 있기 때문이다. 그러므로 진로상담이나 직업상담 또는 인사관리를 통해 경력상담을 수행해야 하는 사람들은, 이러한 흥미검사 자료를 이용하여 진로 선택이나 직업 선택 또는 직업전환이나 경력개발을 위한 의사결정 과정에 있는 타인(내담자나 피검자)들에게, 비교 가능한 정보를 제공함으로써 도움을 줄 수 있다. 즉 직업과 관련하여 흥미를 측정하는 것은, 사람들을 일자리와 조화시키기 위한, 즉 적재적소(適材適所)에 인력을 배치하기 위한 노력에 기반을 두고 있다.

직장의 특성과 개인의 특성 사이의 일치도는 직무만족도, 취직 안정성, 그리고 직무성과에 영향을 준다고 알려져 있다(Holland, 1985 등). 따라서 직업 흥미 이론은 개인이 자신의 흥미와 일치하는 직업에 종사할 때 가장 잘 적응할 수 있다고 가정하는 이론이다. 많은 직업 중에는 개인의 직업과 일치하는 직업이 있으며, 개인은 자신의 흥미와 일치하는 직업을 선택하려 하고, 또한 그러한 직업에서 잘 적응할 수 있을 것이다. 그러므로 직업 흥미 이론에서는 사람들이 직업의 특성을 정확하게 지각하고 있으며, 동시에 자신의 흥미와 선호에 대한 분명한 정체감을 가지고 있다고 전제한다(Holland의 직업 흥미 이론).

한편 개인의 흥미를 측정하는 도구인 직업 흥미 검사에는 SII(Strong Interest Inventory), SVIB(Strong Vocational Interest Blank), SCII(Strong-Campbell Interest Inventory), KOIS(Kuder Occupational Interest Survey), VPI(Vocational Preference Inventory) 및 SDS(Self-Directed Search) 등이 있

는데, 이들 직업 흥미검사는 대부분 Holland의 직업 흥미 이론을 기초로 개발된 것이다.

본 절에서는 직업 흥미검사의 기초가 된 Holland 코드(Code) 시스템을 살펴보고, Holland 코드인 RIASEC의 여섯 가지 코드별 특징과 해당 직업군, 그리고 코드별로 대응되는 MBTI 심리기능 및 성격유형과 사주 십성을 정리하고자 한다. 이러한 작업의 목적은, 직업 흥미 유형과 MBTI 심리기능 및 성격유형, 사주 십성의 상관관계를 명확히 하여, 진로와 직업을 찾는 데 중요한 고려 요소 중 하나인 개인의 직업 흥미 유형을, MBTI 성격유형과 사주로 찾을 수 있게 하기 위함이다.

2. Holland 코드 시스템[6]

Holland 코드 시스템은 세계적으로 가장 널리 사용되는 경력 평가 체계 중 하나이다. 이 시스템은 학술 심리학자 John L. Holland 박사가 개발한 것으로, 우리의 관심과 선호도에 맞는 여섯 가지의 광범위한 직업적 주제에 관한 것이다. 즉 Realistic/Building : **현실적**/만들기(건축하기), Investigative/Thinking : **탐구적**/사고(생각)하기, Artistic/Creating : **예술적**/창조하기, Social/Helping : **사회적**/도움주기(지지하기), Enterprising/Persuading : **진취적**/설득하기, Conventional/Organizing : **관습적**/조직하기 등이다. 그의 이론에 따르면 모든 직업은 이들 여섯 가지의 광범위한 영역으로 분류할 수 있으며, 여섯 가지의 영역을 사용하여 사람들의 성격 및 관심사를 설명할 수 있다. 또한 이러한 Halland 코드를 사용하면 한 개인의 성격 범주에 가장 잘 맞는 직업에서 일함으로써 얻게 되는 행복과 성공을 찾는 데 도움이 될 수 있다.

Holland 코드에는 여섯 가지 관심 분야가 있는데, 이들은 종종 Holland의 원래 여섯 가지 유형의 머리글자를 따서 'RIASEC'로 불린다. 그러나 이러한 명칭은 모든 사람에게 명확하게 이해가 되지 않을 수 있으므로, 다음과 같이 별도의 추가적인 설명이 필요 없는 용어를 사용할 필요가 있다.

(1) R : 실제형(현실형, 현장형)/만들기(건축하기)/Doer

만드는 사람들은 손과 신체, 도구/공구와 기계, 식물과 동물과 함께 일하는 것을 좋아하며, 야외 작업을 선호하는 '**실행자**'들이다. 그들은 무언가 만드는 것, 특히 **손**으로 **공예품**을 만드는 것을 즐기며, 많은 사람이 **스포츠**를 좋아한다. 대부분의 만드는 사람은, 사람보다 '사물'을 활용하여 작업하는 것을 좋아하며, 그들은 호들갑이나 불평 없이 일을 마무리하는 **실용적**이며 **현실적**인 유형이다. 또한 그들은 많은 사람과의 교류를 좋아하지 않는 경향이 있다. 이들은 신체적으로 **운동감각(신체-운동능력)**과 **시각-공간 지능(공간지각력)**을 가지고 있는 경향이 있으며, 이들에게 필요한 능력으로는 **손과 기계적 재능(손재능), 기계와 도구 및 사물과의 상호작용 능력** 등을 들 수 있다. 정리하면,

▶ 현실적이고 실제적인 것에 영향을 받음
▶ 직접 느끼고 움직이는 체험을 중시함
▶ 손이나 도구를 사용하는 조작을 즐겨 함
▶ 어떤 대상이나 기계, 동식물을 조작하는 활동에 관심을 둠

1) 주요 성격 특성

실용적인, 체계적인, 독립적인, 현실적인, 합리적인, 기계적인, 전통적인, 실제적인, 신뢰할 만한, 검소한, 감정을 잘 드러내지 않는, 모험적인, 신체적으로 강한, 손재주가 있는, 자연을 좋아하는, 활동적인

2) 적합한 직업군

도구와 기계를 사용하거나 신체 기능을 활용하는 직업군을 포함한다. ⇒ **농업, 자연, 군사 활동, 운동경기, 기계 관련 활동 분야**

3D프린팅전문가, 건설업종사자/노동자, 건축업자/건축가, 경찰관/형사/탐정, 고속도로순찰경찰관, 군장교, 날씨조절관리자, 농수산물매니저, 다이어트프로그래머, 도그워커/애완동물돌보미, 도시재생전문가, 도우미로봇전문가, 동물랭글러, 동물사육사, 동물재활엔지니어, 드론개발자, 라인(전력시스템과 통신용케이블/광섬유)설치/수리공, 목수, 목장/농장경영자, 목축업자, 반려견트레이너, 발전소

운영자, 방사선사, 배관공, 범죄현장청소부, 보일러제작자/보일러공, 비파괴검사테크니션, 빙산운반전문가, 상업용항공기조종사, 소방관, 시스템오퍼레이터, 안경사, 엔지니어/공학자, 엘리베이터설치/수리공, 오염지재개발전문가, 우주농부, 운동코치, 원예사/조경사, 원예종묘기사, 원자력테크니션, 자동차/중장비운전자, 자동차정비기사, 자동차튜닝엔지니어, 자율/무인주행자동차엔지니어, 전기/전자엔지니어/테크니션, 전통가옥전문가, 정밀농업테크니션, 제과제빵사, 지도제작자/사진측량사, 지하철기관사, 직업군인(부사관), 진단의료초음파검사원/심혈관계전문엔지니어/테크니션, 착용로봇개발자, 측량사, 컴퓨터엔지니어, 토목엔지니어, 통신(설비)테크니션, 트럭/중장비운전원, 푸드트럭운영자, 프로운동선수, 항공기체정비사, 항공우주엔지니어/운영테크니션, 항공전자장비/기계테크니션, 해양엔지니어, 환경기능사, 환경영향평가사

(2) I : 탐구형/사고(생각)하기/Thinker

사상가(사색가)는 아이디어와 개념으로 일하는 것을 즐기고, **분석적**이고 **이론**을 다루기를 좋아하며, **과학, 기술, 학계**에서 일하는 것을 선호한다. 그들은 일반적으로 사실(Facts)을 탐구하고 이해하는 것을 즐기는, **지적**이고 **합리적**인 사람들이다. 사상가들은 종종 **연구, 이론화, 실험, 문제해결, 지적 탐구**와 관련된 직업을 선택한다. 그들은 설득하기보다는 분석하고 이해하는 것을 선호하며 아이디어로 일하는 것은 즐기지만, 사람들과 함께 일하기를 좋아하지 않는다.

이들은 **논리-수학 지능(수리-논리력)**을 가지고 있는 경향이 있으며, 이들에게 필요한 능력으로는 **분석적/기술적/과학적 재능(창의력)**과 **언어능력**을 들 수 있다. 정리하면,

▶ 깊게 탐구하는 과정을 즐김
▶ 새로운 것에 대한 호기심이 많음
▶ 논리적이고 합리적인 사고를 함
▶ 혼자서 하는 일에 집중하는 경우가 많음

1) 주요 성격 특성

지적인, 호기심이 많은, 논리적인, 분석적인, 학문적인, 독립적인, 통찰력이 있는, 비판적인, 합리적인

2) 적합한 직업군

이론, 연구 및 지적 탐구를 활용하거나 요구하는 직업군을 포함한다. ⇒ **과학, 기술, 수학, 의학 분야**

4D프린팅연구원, CAD/CAM엔지니어, 검안사, 게임프로그래머, 경제학자, 과학교사, 기후변화전문가, 내과/외과의사, 뇌-컴퓨터인터페이스개발자, 뉴로모픽칩개발자, 대체에너지개발연구원, 대학교수, 도구프로그래머, 멀티미디어기기개발연구원, 물리학자, 반도체

공학엔지니어, 배양육전문가, 사물인터넷개발자, 사설조사관, 사이버범죄수사관, 사회과학연구원, 사회학자, 생물학자, 석유엔지니어, 소프트웨어개발자/기술자, 수의사, 수학자, 스마트그리드엔지니어, 스마트팩토리설계자, 스포츠분석연구원, 식품융합엔지니어, 신경회로망연구원, 신약개발연구원, 심리학자, 알고리즘개발자, 애니메이션프로그래머, 앱개발자, 약사, 양자컴퓨터개발자, 언어치료사, 에너지공학엔지니어, 연구개발매니저, 연구실테크니션, 와인감별사, 원자력엔지니어, 웹기획자, 웹사이트코디네이터, 유전공학연구원, 의료기술자, 의료용로봇전문가, 인터넷비즈니스컨설턴트, 인터넷전문가, 자연과학매니저, 정보처리기사, 정치과학자, 제품개발원, 족부전문의, 지질학자, 천문학자, 치과위생사, 치과의사, 컴퓨터/정보연구과학자, 컴퓨터게임시나리오작가, 컴퓨터바이러스치료사, 컴퓨터하드웨어엔지니어, 통계학자, 프로그래머, 항공우주엔지니어, 해양연구원, 향수제조가, 화장품개발연구원, 화학엔지니어, 화학자

(3) A : 예술형/창조하기/Creator

창작자는 **창의적**이고 틀에 박힌 사고(고정관념)에서 벗어난 새로운 사고를 좋아하며, 자신의 풍부한 **상상력**을 활용하여 활력을 얻는다. 그들은 표현적이고 **감정적(정서적)**이며 **독립적**이다. 따라서 그들은 **예술, 디자인, 공연, 음악, 글쓰기, 언어**와 같은 창조성과 독창성을 활용하는 직업에서 성취감을 찾을 가능성이 가장 크며, 대부분 창작자는 일상적인 작업을 피하고, 자신을 자유롭게 표현하며 독창

적인 것을 창조할 수 있는 비구조화된 환경을 선호한다. 이들은 **언어능력**과 **시각-공간 지능(공간지각력)**을 가지고 있는 경향이 있으며, 이들에게 필요한 능력으로는, 헌신적/창조적 능력과 타인과의 정서적 상호작용 능력을 들 수 있다. 정리하면,

▶ 감수성이 풍부함
▶ 예술 분야(미술, 음악, 문학 등)에 관심이 많음
▶ 자신만의 개성이 뚜렷함
▶ 창의성을 발휘할 수 있는 주제에 흥미를 느낌

1) 주요 성격 특성

독창적인, 창의적인, 독립적인, 직관적인, 감수성이 풍부한, 상상력이 풍부한, 자발적인(자연스러운, 즉흥적인), 자유로운 영혼을 가진, 표현적인, 낭만적인, 개방적인, 민감한, 열정적인

2) 적합한 직업군

예술, 디자인, 언어 및 자기표현과 연관된 직업군을 포함한다.
⇒ **음악/드라마, 미술, 응용미술, 글쓰기, 가정/가사 분야**

3D그래픽디자이너, 3D프린팅개발자, E스포츠게임연출가, 가상현실(VR)전문가, 가수, 건축가, 게임디자이너, 공예가/공예기사, 광

고크리에이터, 교사(언어 과목), 국악인, 그래픽디자이너, 기안자/입안자/설계자, 네일아티스트, 녹색건축전문가, 도예가, 디스플레이어, 리포터, 만화가, 멀티미디어아티스트, 메이크업아티스트, 모델, 무대디자이너, 무용가, 문화마케터, 미디어콘텐츠창작자, 미술관/박물관디렉터, 배우/탤런트, 사운드디자이너, 사이버아티스트, 사진작가, 산업디자이너, 상업/순수미술가, 성악가, 시각디자이너, 시나리오작가, 신문사기자, 아동문학가, 아트디렉터, 악기연주자, 애니메이터, 에코제품디자이너, 엔터테이너, 영상디자이너, 예능교사(미술/음악/무용 과목), 예술품감정사, 온라인게임프로그래머, 요리로봇메뉴개발자, 요리사, 음악가, 음악감독, 이미지컨설턴트, 이벤트PD, 인터넷웹디자이너, 인테리어디자이너, 인포그래픽디자이너, 일러스트레이터, 작가(소설가/시인), 작곡가, 전통식품명인, 제품디자이너, 조각가, 조경사, 증강현실(AR)전문가, 창의성트레이너, 카피라이터, 컬러리스트, 컴퓨터그래픽디자이너, 테크니컬라이터, 통역사/번역가, 특수분장사, 특수효과전문가, 판화작가, 패션디자이너, 편집자, 푸드스타일리스트, 플로리스트, 홀로그램전문가

(4) S : 사회형/도움주기(지지하기)/Helper

조력자들은 다른 사람들의 삶을 개선하기 위해 협력하며 일하는 사람들이다. 그들은 사람과 함께 일하기를 선호하며, **외향적(사교적)**이며, 친절하고 상냥하며, 남들을 기꺼이 돕고 기부하며, 참을성이 있는 사람들이다. 또한 그들은 그들의 일이 다른 사람의 삶에 미치는

영향에 대해 알아보는 것을 좋아하는, **동정심** 많고 **배려심** 깊은 사람들이다. 조력자들은 관계에 높은 가치를 두며 혼자 일하는 것은 좋아하지 않는다. 그들은 다른 사람들에게 긍정적인 영향을 미치기 위해 긴밀히 협력할 수 있는 환경에서, 사람들을 돕고 가르치고, 지도하고, 봉사하는 일을 선호한다. 이들은 **대인관계능력**과 **언어능력**을 가지고 있는 경향이 있으며, 이들에게 필요한 능력으로는 마찬가지로 **지도, 보호, 치료**에 있어서 대인관계능력을 들 수 있다. 정리하면,

▶ 타인의 감정을 잘 이해함
▶ 봉사활동에 참여함
▶ 사람들과 잘 어울리고 사교적인 모습을 보임
▶ 혼자 일하기보다 함께 일하는 것을 즐김

1) 주요 성격 특성

동정적인/동정심 있는/온정적인, 참을성 있는, 기꺼이 돕는, 친절한/다정한, 관대한, 협력적인/협동적인, 인도주의적인, 남을 잘 돌보는, 도움을 주는, 쾌활한, 재치 있는, 이야기를 좋아하는

2) 적합한 직업군

다른 사람들을 돕고, 가르치고, 봉사하는 일과 관련된 직업군을 포함한다. ⇒ **교육, 사회봉사, 의료봉사, 종교 활동 분야**

PA간호사, UX디자이너, 건강관리사, 고객서비스담당자, 고등학교 상담교사, 공인등록간호사, 교수/대학강사, 교육코디네이터, 교정전문가/보철테크니션, 노무사, 다문화코디네이터, 도시농업연구원, 동물매개치료사, 동물보호보안관, 레크리에이션강사/치료사, 레포츠지도사, 레포츠지도사, 마취전문간호사, 무용치료사, 물리치료사, 방사선치료사, 베이비플래너, 보육사, 보호관찰관, 분장사, 뷰티매니저, 사회공헌활동가, 사회복지사, 사회사업가, 산모관리사, 상담심리사, 생활복지사, 선교사, 성인교육교사, 성직자, 스마트헬스케어서비스기획자, 스포츠상담사, 스포츠재활운동사, 시니어여가생활매니저, 식이요법사, 실버플래너, 심리치료사, 아트커뮤니케이터, 애완동물미용사, 애완동물행동심사원, 언어병리학자, 우주여행가이드, 운동선수, 운동처방사, 원예치료사, 유아원/어린이집/유치원 교사, 유전상담사, 유전상담전문가, 응급관리디렉터, 의료관광경영코디네이터, 이벤트업종사자, 임상간호사, 임상심리상담사, 임상운동사, 작업치료사, 장례지도사, 장애인직업코치, 재활치료사, 정신건강상담전문가, 정신보건사업가, 조리사, 조산사, 중재자/조정자, 지압사, 지역봉사단체책임자, 진로/직업상담사, 창업컨설턴트, 초중고교교사, 치위생사, 케어복지사, 텔레커뮤니케이터, 특수교육교사, 프로운동선수코치, 피부관리사, 학교행정담당자, 학원강사, 헤어디자이너, 호텔리어, 호흡기치료사

(5) E : 기업형(진취형)/설득하기/Persuader

설득자들은 권력이 있는 위치에서 일하는 것을 선호하며, **비즈니스, 관리, 영업, 정치, 법률** 분야의 경력과 같이 어떤 방식으로든 사람들을 이끌거나 동기를 부여하는 직업에 끌린다. 그들은 일반적으로 어느 정도의 위험을 즐기는 활기차고 지배적인 사람들이다. 대부분 설득자는 고립되어 혼자 일하는 것을 좋아하지 않는다. 그들은 다른 사람들과 팀을 이루어, 그들의 상당한 영향력과 네트워킹 기술을 활용하여 결과를 얻기를 선호한다. 이들은 **대인관계능력**과 **자기성찰능력**을 가지고 있는 경향이 있으며, 이들에게 필요한 능력으로는 타인에 대한 설득과 조정 능력을 들 수 있다. 정리하면,

▶ 리더십으로 다른 사람들을 이끌고자 함
▶ 다른 사람들을 설득하고 토론과 논쟁을 즐김
▶ 다른 사람들의 생각이나 관점에 영향을 주고자 함
▶ 외향적이고 적극적인 성격으로 주목받기를 원함

1) 주요 성격 특성

외향적인/사교적인, 적극적인/확신에 찬, 활력 있는/활기찬/정력적인, 자신감이 넘치는, 야심 있는, 모험심이 강한, 주장을 잘하는, 설득을 잘하는/설득력이 있는, 성취욕이 많은, 경쟁적인, 목표지향적인, 우두머리가 되고자 하는, 판매나 홍보를 좋아하는

2) 적합한 직업군

선도하고, 동기를 부여하고, 영향력을 행사하는 직업군을 포함한다. ⇒ **대중 연설, 법/정치, 상품유통, 판매, 조직관리 분야**

6차산업컨설턴트, MD, TV아나운서, 개인브랜드매니저, 건축/엔지니어링매니저, 검사, 게임기획자/프로듀서, 경매업자, 공간(대여)코디네이터, 공장관리책임자, 공정무역전문가, 광고/프로모션매니저, 광고대행업자, 광고코디네이터, 광고프로듀서, 교육훈련/개발매니저, 국제개발협력전문가, 국제회의/컨벤션기획자, 군장교, (기계)기술판매원, 기업인수합병전문가, 나노섬유의류전문가, 노무사, 도매업자, 딜러, 로봇컨설턴트, 로비스트, 매장관리자, 몰마스터, 물류전문가, 바이어, 방송콘텐츠마케팅디렉터, 방송프로듀서, 벤처투자가, 변호사, 보상금/베네핏매니저, 보험설계사, 부동산중개인, 산업생산매니저, 상공회의소직원, 상품광고원, 생명보험업자, 생산품감독자, 생활설계사, 선물거래중개사, 세일즈매니저, 세일즈엔지니어/전문가, 쇼호스트, 스마트시티전문가, 스포츠마케터, 스포츠에이전트/매니지먼트, 신문방송취재기자, 신재생에너지사업가, 에너지하베스팅전문가, 여행사직원, 영업소장/사원, 웹PD, 웹마케터, 웹툰기획자/프로듀서, 의료/보건서비스매니저, 이벤트전문가, 인사관리자/책임자, 자동차딜러, 재난안전관리자, 재무관리자, 저널리스트, 정치인, 중소기업경영자, 지방자치단체장, 최고경영자, 컴퓨터/IT매니저, 텔레마케터, 판매관리사, 판매대리인, 판사/행정법 판사, 펀드매니저,

항공교통관제사, 항공기승무원, 해외업무담당자, 헤드헌터, 호텔/레스토랑매니저, 홍보매니저/담당자, 환경컨설턴트

(6) C : 관습형(사무형)/조직하기/Organizer

조직자들은 **정밀**하고 **정확**하게 작업을 완료하기 위해 **구조화**된 환경에서 일하기를 선호한다. 그들은 **비즈니스, 행정, 회계, 정보기술, 사무관리** 분야의 경력과 같이 **데이터, 정보, 프로세스**를 활용한 작업과 관련된 직업을 선호한다. 조직자들은 일반적으로 절차를 따르고 작업을 **효율적**으로 완료하며 **세부 사항**에 큰 관심을 기울이는 질서 있고 체계적인 사람들이다. 그들은 예측 가능성을 중시하고 또한 명확한 기대치나 목표치가 부족하며 일을 진행하면서 상황을 변경하거나 보완해야 하는 구조화되지 않은 작업 환경을 싫어한다. 이들은 **논리-수학 지능(수리-논리력)**을 가지는 경향이 있으며, 이들에게 필요한 능력으로는 **사무적 능력, 엄밀한 표준을 만족시키는 능력**을 들 수 있다. 정리하면,

▶ 맡은 일에 대한 책임감이 있음
▶ 약속을 잘 지키는 편임
▶ 세심하고 꼼꼼함
▶ 어떤 일에 대해 미리 준비하고 대비하는 성격이 강함

1) 주요 성격 특성

질서 정연한, 정확한, 정밀한/세밀한/꼼꼼한, 세부 지향적인, 보존적인, 철저한, 팀 지향적인, 감정을 내색하지 않는, 통제된, 효율적인, 검소한, 구조화된, 조직화된, 실제적인/현실적인, 숫자와 데이터 다루기를 선호하는, 지시에 따르기를 선호하는

2) 적합한 직업군

데이터, 정보 및 프로세스를 관리하는 것과 관련된 직업군을 포함한다. ⇒ **자료관리, 컴퓨터 활동, 사무 활동 분야**

E스포츠심판, 가상훈련시스템전문가, 감정평가사, 경리사원, 공유경제컨설턴트, 관세사, 군사로봇전문가, 급식관리자, 기록관리관, 대출담당자, 데이터베이스관리자, 드론정비사, 드론조종사, 디지털포렌식수사관, 매장판매인, 매체코디네이터, 무형재산권관리원, 문서작성/편집자, 물류담당자, 백화점물품관리사, 법무사, 변리사, 병원원무과직원, 보상금/베네핏전문가, 보안전문가, 보험계리사, 보험사무원, 보험손해사정인, 블록체인시스템개발자, 비서, 비용회계원, 빅데이터전문가, 사무관리자/직원, 사서, 세무사, 소셜미디어전문가, 스마트도로설계자, 스마트팜구축가, 신용분석가/관리자, 아동보호조사관, 안전관리사, 암호화폐전문가, 여행승무원, 예산분석가, 우편사무원, 워터소믈리에, 원가산정사, 원고교정사, 웹개발자, 웹마스터,

은행원, 은행출납계원, 의료기록사, 인사사무원, 인쇄업자, 자료처리사, 재무분석가, 재활용코디네이터, 전기차정비테크니션, 전산요원, 접수계담당자, 정보검색사, 정보관리사, 정보보안분석가/전문가, 증권투자분석가, 직업보건/안전테크니션, 창고관리원, 컴퓨터게임디자이너, 컴퓨터네트워크아키텍트, 컴퓨터오퍼레이터, 컴퓨터프로그래머, 클레임조정인/조사관, 통계사무원, 통계학자, 통신설비원, 핀테크전문가, 행정공무원, 환경평가원, 회계사/회계감사원

3. Holland 코드의 2중 조합 코드별 직업군[7]

지금까지 여섯 가지 Holland 코드의 특성과 직업군에 대해 자세히 살펴보았다. 일반적으로 직업 흥미검사에서, 한 가지 코드로 나타나는 결과보다 두 가지 이상의 코드 조합으로 주어지는 경우가 많으므로, 여기에서는 참고로 여섯 가지 코드 중 두 가지 코드를 조합한 경우의 적합한 직업군을 간략히 소개하고자 한다.

(1) 실제형/현실형(R)

1) RI

MRI촬영기사, 가전제품설치/수리원, 건축시공기술사, 공구설계기술사, 공정관리기사, 귀금속제조가, 금속공학기술자, 금형설계기사,

기계공학자, 기계기사, 기계제작자, 기술사, 기술지도사, 냉동기술자, 네트워크컨설턴트, 네트워크운영관리자, 농업기계기술자, 농업기술자, 대기환경기술자, 데이터통신분석가, 동물조련사, 메카트로닉스기능사, 무전기술자, 미생물실험기사, 미세전자기술자, 방사선기술자, 방송기술자, 버섯종균기능사, 베타테스터, 브루마스터, 비파괴검사원, 산업용로봇조작원, 삼림전문가, 생명과학기술공, 생명공학기사, 생산관리기술자, 생화학실험기사, 석유기술자, 석유화학기술공, 설계사, 설비공학자, 섬유공학기술자, 수산양식기능사, 수의사보조원, 수질오염방지시설관리자, 식품위생영양사, 엔지니어, 도구설계사, 염색기능사, 위생시험사, 위성기사, 의치술기술자, 응급의료기술자, 자동차정비사, 자동차제도사, 재료공학기술자, 전기공학자, 전산화단층진단기사, 전자기사, 전자제어계측기술자, 정밀측정기능사, 중장비운전자, 지도제작자, 직업군인, 측량기술자, 치과기공사, 치료방사선기사, 컴퓨터기술자, 토목공학자, 토목설계/시공기술자, 통신장비설치/수리원, 투시진단기사, 특수용접기능사, 폐기물처리환경기술자, 항공기관정비기능사, 항공기조종사, 핵의학치료기사, 화학분석기사, 환경공학기술자, 환경기능사, 환경기사

2) RA

건축가, 공업디자이너, 공예성형원, 귀금속공예기술자, 금속공예기사, 기호제품제조자, 녹화기사, 도자기공예기능사, 도자기모형제작가, 돌조각가, 레코딩엔지니어, 마네킹전시자, 모델제작원, 모형제작

자, 목공예기사/기능사, 목조건축가, 무대기술자, 상품전시가, 석공예기사, 악기수리원, 오디오엔지니어, 옥외홍보물제작자, 요리사, 원형제작원, 음향기사, 의류디스플레이어, 제과제빵사, 조경사, 조경산업기사, 조경설계사, 직물디자이너, 칠기기사, 콘크리트조각가, 플라워디자이너, 피아노조율사, 한복디자이너, 항공기모델제작원, 화훼학교수, 환경디자이너, 희귀식물재배자

3) RS

가정식출장요리전문가, 각종장비설치자, 건설공사도배사, 관상용조류사육사, 금속장식가, 기계학원강사, 농업교사, 데이터통신분석가, 동물미용사, 모형제작가, 목축업자, 물리요법사, 물리치료사, 버스운전기사, 보일러수리자, 보철전문가, 사진조각기사, 산업훈련전문가, 소방관, 수목관리사, 수산업교사, 스킨스쿠버강사, 시각교정기술자, 식품기사, 실기교사, 실내가구장식가, 안경사, 애완견미용사, 야생동물보호관리원, 양복산업기사, 양복양장사, 양재학원강사, 요리학원강사, 운동경기심판, 원예종묘기사, 응급의료기술자, 응급차운전원, 입국심사/검열관, 작업치료사, 전기기구수리자, 조리사, 지리모형제작원, 체육선수, 초음파기술자, 축구심판, 축산기사, 출장요리사, 통신기사, 패턴사, 프로운동선수, 호텔조리사, 환경공해통제기사, 환경기술자

4) RE

TV수신기사, 가구제작기사, 가스기사, 가축사육사, 간판제조원, 건설가, 건설기계조종사, 건설기사, 건설도급업자, 건설현장소장, 건축기사, 건축산업기사, 경찰관, 곡식작물재배자, 골프장관리자, 교도관, 교통기사, 교통산업기사, 군장교, 금속재료산업기사, 금형기사, 기계정비산업기사, 기관사, 기술영업종사자, 기술지도사, 내장처리원, 대기오염물질처리업관리자, 동물사육사, 두피모발전문가, 매장관리자, 배달원, 버스회사관리자, 분뇨수거처리관리자, 비밀정보요원, 비행기조종사, 산림산업기사, 석유제품유통관리자, 선박기관사, 섬유기사, 세탁업체관리자, 소독기술자, 소방공무원, 수렵관리자, 수질환경산업기사, 스키리조트관리자, 시설원예기능사, 시스템오퍼레이터, 식품공장관리자, 아웃도어인스트럭터(야외활동지도사), 애견산업종사자, 어류사육사, 엔지니어, 영사산업기사, 오디오엔지니어, 원양어부, 유람선선장, 육군장교, 자동차경정비원, 전기기사, 전기산업기사, 전기회로설계사, 전문스포츠인, 정보통신기사, 조경산업기사, 조리사, 조림/영림/벌목원, 종묘배양업자, 주택시공업자, 중소기업사장, 지하철기관사, 직업군인, 차체모형제작원, 창문청소업체관리자, 채소/특용작물재배자, 철도화물관리자, 컴퓨터설치/수리원, 컴퓨터하드웨어제작기사, 토목기사, 토목산업기사, 특수무선기사, 판금산업기사, 폐기물처리업관리자, 포자배양업자, 포장산업기사, 프로운동선수, 항공기정비사, 해군장교, 해조류종묘생산업자, 화공기사, 화훼작물재배자, 환경부서관리자, 환경영향평가사, 환자운반원

5) RC

CT촬영기사, 건설미장기술자, 건축제도사, 건축품질시험기술사, 경찰관, 계량기계기능사, 계측제어기사, 공예작물재배자, 공인감정사, 교도관, 금형제작원, 기계제도기사, 기계조립자, 농업관련종사자, 눈접기술자, 다이아몬드연마원, 도선사, 도안사, 동물간호사, 레이저기사, 무선통신기사, 물류관리사, 물리치료보조원, 방사선기사, 방송기사, 배관단열공, 보석가공원, 사업장안전검사관, 산업안전기술자, 산업잠수사, 세균검사기사, 세차장관리자, 시스템인테그레이터, 야구장관리자, 양돈사육사, 엔지니어, 용접산업기사, 원자로기술자, 유리기술공, 육군장교, 음향조종사, 인쇄기조작원, 자동차도장원, 자동차디자인세부처리사, 자동차수리자, 자수재봉사, 작업치료보조원, 전자/통신기술자, 정밀기계기사, 정원사, 제과제빵사, 주조산업기사, 직업군인, 철도/지하철기관사, 측량사, 치공구설계기사, 카메라수리기사, 컴퓨터수리원, 택배기사, 토목공학기술자, 특용작물재배자, 폐기물처리조작원, 표면처리기사, 품질관리기사, 플라스틱창호기능사, 항공기조종사, 항공기체정비사, 항공운송사무원, 항공제도사, 항공측량사, 해상인양원, 해양경찰관, 화훼재배자

(2) 탐구형(I)

1) IR

　3D애니메이션오퍼레이터, CAD제도사, 가축인공수정사, 건설공학기술자, 건축공학교수, 게임프로그래머, 고고학교수, 공인시스템엔지니어, 공학자, 금형공학기술자, 기술자, 농경제학자, 뇌측정분석가, 대학강사, 데이터베이스관리자, 데이터베이스컨설턴트, 도구프로그래머, 디지털미디어개발관리자, 로봇연구원, 물리학연구원, 반도체공학자, 병리학자, 산부인과의사, 생리학자, 생명공학연구원, 생명공학자, 생물통계학자, 생물학자, 생의학공학자, 생화학자, 석유화학기술자, 소프트웨어기술자, 수산자원기술자, 수의사, 수의학교수, 수중식물관리자, 수질환경기술자, 시력측정/검안사, 시스템엔지니어, 애니메이션프로그래머, 약학자, 역사학연구원, 연구실기술자, 오염부지정화연구원, 우주공학자, 운동처방사, 유리기술자, 외과의사, 의사, 의학연구가, 인공어초연구개발자, 인공지능연구원, 인터넷응용프로그래머, 인터넷전문가, 인터넷/인트라넷관리자, 자동차디자인세부처리자, 자연과학연구원, 전기공학자, 전자공학교수, 전자기술자, 전자문서관리자, 정보처리기사, 정보처리산업기사, 정보체계프로그래머, 제품개발원, 조명기술자, 주문형반도체설계원, 조선공학기술자, 지리정보시스템(GIS)전문가, 치과의사, 캐드/캠기술자, 캐드원, 컴퓨터시스템관리자, 컴퓨터시스템설계사, 컴퓨터하드웨어기술자, 타이어개발자, 통신공학기술자, 프로그래머, 해부병리기사, 핵

공학자, 화공학자, 화학시험사, 화학연구원, 환경공학교수/기술자

2) IA

가상현실디자이너, 감정평가사, 경제학자, 계획작성가, 교수, 국문학자, 그래픽예술가, 기호해독가, 뉴스면편집자, 멀티미디어기기개발원, 멀티미디어기획자, 멀티미디어전문가, 미술품감정원, 민속학자, 발명가, 생물학자, 실험심리학자, 예술춤감정사, 웹프로그래머, 웹플래너, 음향엔지니어, 의료/과학삽화가, 의사, 일반심리학자, 임상심리학자, 제품디자인연구원, 조향사, 지리학자, 천문학자, 철학교수, 청각/음향과학자, 컴퓨터게임시나리오작가, 통역사

3) IS

간호마취사, 간호사, 개업간호사, 교육심리학자, 내과의사, 대학교수, 동물병원의사, 번역사, 보험계리사, 사회과학교수, 사회과학연구원, 사회과학자, 소아과의사, 식품검사원, 식품과학자, 심리치료사, 심리학자, 언어병리학자, 언어청각사, 언어치료사, 언어학자, 엔지니어, 영양사, 영양학자, 온라인연구가, 외과기술자, 운동생리학자, 위생학자, 음향전문가, 의료공학자, 의사, 인문과학연구원, 인문학교수, 임상심리학자, 전문치과의사, 전문한의사, 정보통신학원강사, 정신과의사, 지압전문가, 척추지압치료사, 청각교정기술자, 청각치료사, 치과위생사, 치과의사, 컴퓨터산업분석가, 투석기술자, 프로바둑기

사, 피부과의사, 한의사, 항공기사, 핵의료기술자, 향수제조가, 혈액전문의사

4) IE

3D모델러, M&A전문가, 감정평가사, 게임기획전문가, 건축기사, 경영분석가, 경영컨설턴트, 경영학교수, 경제학교수, 계측기사, 고속도로관리기술자, 관리정보시스템책임자, 광고매체기획원, 국가산업보안전문가, 국제회의기획자, 기획사무원, 농기구판매기술자, 대외광고기획원, 대학강사, 도시계획가, 도시/교통설계사, 드론개발자, 디지털음원마케터, 마케팅전문가, 바둑학원강사, 버섯재배관리자, 법학자, 사립탐정(민간조사원), 사회학자, 산업위생사, 선박기술자, 소프트웨어개발관리자, 소셜큐레이션서비스기획자, 소프트웨어개발자, 수학연구원, 수학자, 시스템기술자, 시스템운영/관리자, 시스템분석원, 시스템운영관리원, 심리학자, 애널리스트, 약사, 엔지니어, 여론조사전문가, 연구원, 영업프로그래머, 용역기술자, 인공지능전문가, 인터넷(웹)개발관리자, 인터넷기획원, 인터넷비즈니스컨설턴트, 인터넷업종개발상담가, 인터넷자문가, 인터넷저장관리자, 자료분석관리자, 전문의사, 전자공학기술자, 정보시스템컨설턴트, 정보제공자(IP), 정보체계관리자, 제약사, 제품환경컨설턴트, 지도제작/편집자, 직무분석가, 직물실험관리자, 직물연구관리가, 직업연구전문가, 체계분석가, 컨설턴트, 토지측량기사, 투자상담가, 품질관리컨설턴트, 한의사, 해양측량사, 해양탐사가

5) IC

　가상현실전문가, 감정평가사, 검사기술자, 게임감별사, 게임테스터, 경제학연구원, 곤충학자, 공정제어프로그래머, 과학교사, 관리/경영분석가, 기업분석가, 기업회계감사원, 도안책임자, 바이오의약품연구원, 바이오에너지연구원, 보안프로그램개발원, 빅데이터분석가, 사물인터넷개발자, 사회조사분석가, 생산계획원, 세포과학기술자, 시력측정/검안사, 시스템소프트웨어개발자, 식품학연구원, 안전관리기사, 약사, 연구실기술자, 엔지니어, 와인감별사, 웹개발자, 웹사이트개발자, 웹사이트코디네이터, 의료기술자, 의사, 인구통계학자, 임상실험코디네이터, 자삽(自揷)프로그래머, 전산개발원, 전산학교수, 전자데이터EDP감사, 정보기술컨설턴트, 정보보안컨설턴트, 자문처리사무원, 컴퓨터GIS전문가, 컴퓨터바이러스치료사, 컴퓨터오퍼레이터, 컴퓨터지도제작자, 컴퓨터프로게이머, 컴퓨터프로그래머, 통계학자, 통역사, 프로파일러(범죄심리분석관), 항공사진기능사, 항공사진사, 항법사, 화학자

(3) 예술형(A)

1) AR

　가구디자이너, 건축디자이너, 건축설계기술자, 공간배치가, 공예가, 공예기사, 과자개발자, 꽃꽂이디자이너, 네일아티스트, 도예가,

디스플레이어, 메이크업아티스트, 모형세트제작감독, 모형제작가, 무대기술자, 무용학원강사, 미술가, 벽지디자이너, 분장예술사, 사진교사, 사진사(스틸), 사진작가, 산업공예가, 상품개발원, 상품디스플레이어, 소품효과기사, 순수미술가, 신발디자이너, 예술품복원기술자, 용기디자이너, 음식플로리스트, 음향녹음기술자, 의상가, 인테리어디자이너, 일러스트레이터, 자동차디자이너, 장신구세공인, 전시디자이너, 제도사, 제품디자이너, 조각가, 조경건축가, 조경사/원예사, 조명디자이너, 캐드캠디자이너, 테마파크이벤트기획자, 테크라이터, 텍스타일디자이너, 토피어리디자이너, 특수효과기사(영화/CF), 패키지디자이너, 푸드스타일리스트, 프로덕트매니저, 플라워디자이너, 플로리스트, 향초전문가

2) AI

건축가, 건축디자이너, 건축설계사, 게임그래픽디자이너, 고고학자, 과학기술기고가, 네이미스트, 멀티미디어타이틀개발자, 메디컬일러스트레이터, 무대기술자, 방송작가, 번역가, 사운드디자이너, 삽화가(의학/과학/기술), 사회과학자, 성우, 셰프(요리사), 소설가, 스크립터, 시각디자이너, 신문기자, 어문학교수, 애니메이터, 에코제품디자이너, 영상디자이너, 영상제작물전문가, 영화세트디자이너, 예체능교수, 웹페이지디자이너, 음악/미술평론가, 인류학자, 인터넷홈페이지개발자, 작가, 재활용전문가, 조경건축가, 조경기술자, 출판물편집자, 컬러리스트, 컴퓨터디자이너, 폴리아티스트, 푸드스타일리스

트, 폐지재활용가, 홈페이지제작자

3) AS

광택미술가, 교사(미술/드라마/영어), 교수(예술), 국악인, 국어국문학과교수, 기념품디자이너, 기술과학편집자, 기악연주가, 동화작가, 레스토랑요리사, 모델학원강사, 무용교사, 무용수, 문학가, 미술강사, 미술치료사, 미술품감정사, 방송스크립터, 번역사/통역사, 북디자이너, 상품광고관리자, 세공사, 스토리편집가, 시각효과도안사, 시각효과전시가, 시나리오작가, 아동복디자이너, 아바타디자이너, 악기연주자, 안무가, 액세서리디자이너, 연극드라마치료사, 연극인, 연예프로그램진행자, 연출가, 예능인, 예능과목교사, 예술치료사, 예술품감정사, 예체능학원강사, 웨딩드레스제작원, 웹자키, 유머작가, 음반자켓디자이너, 음악치료사, 이미지컨설턴트, 일러스트레이터, 작문교사, 전시미술가, 착색유리예술가, 카피라이터, 테크니컬라이터, 패션MD, 패션디자이너, 패션컬러리스트, 팬시캐릭터디자이너, 풍선아티스트, 홍보전문가, 희극작가

4) AE

3D애니메이터, 가수, 게임개발자, 게임음악작곡가, 공간디자이너, 공업디자이너, 관현악작곡가, 광고디자이너, 광고사진가, 광고/홍보책임자, 국악인, 그래픽디자이너, 극영화감독, 기악연주자, 기자, 네

트워크디자이너, 동양화교수, 리포터, 메이크업디자이너, 모델, 무대감독/연출가, 무용가, 미용사, 방송인, 배우, 벨소리작곡가, 비디오저널리스트(VJ), 사이버아티스트, 사진기자, 사진작가, 산업디자이너, 상업미술가, 성악가, 소설가, 스타일리스트, 시각디자이너, 시장브랜드디자이너, 아나운서, 안무가, 애니메이터, 액세서리디자이너, 연기학원강사, 연주가, 영상디자이너, 영상물편집자, 영상편집기사, 옷감디자이너, 웨딩컨설턴트, 웹컨설턴트, 의상디자이너, 이벤트PD, 인터넷방송인(BJ), 인터넷웹디자이너, 인테리어디자이너, 일러스트레이터, 작곡가, 제품디자이너, 칼럼니스트/평론가, 컬러리스트, 컴퓨터그래픽디자이너, 판화작가, 패션모델, 편집디자이너, 평론가, 플로리스트, 피아니스트, 화가, 화랑관장, 희곡작가

5) AC

건축가, 건축디자이너, 공예기사, 디스플레이어, 멀티미디어타이틀개발자, 모형제조자, 무대기술자, 미술관책임자, 보석감정사, 사진사(스틸), 사회학자, 삽화가(의학/과학), 소품효과기사, 스크립터, 영상제작물전문가, 영상편집가, 영화기록원, 영화세트디자이너, 예능과목교사, 예체능교수, 용기디자이너, 웹페이지디자이너, 음향녹음기술자, 인테리어디자이너, 작가, 작문교사, 잡지편집인, 재활용전문가, 전시디자이너, 전통문화기능인, 전통식품명인, 제품디자이너, 조경건축가, 조경사/원예사, 지함공예사, 축소사진기사, 컴퓨터그래픽사서, 컴트로피세공사, 텍스타일디자이너, 푸드스타일리스트, 플로리

스트, 피아노조율사, 회화복구가

(4) 사회형(S)

1) SR

간병인, 공업교사, 교련교사, 기술교사, 기술학원강사, 꽃꽂이학원강사, 농업교사, 레크리에이션강사, 물리치료사, 방사선치료사(방사선사), 방송학원강사, 베이비시터(육아도우미), 보육교사, 비행교관, 산림치유지도사, 생활체육지도사, 수중재활운동사, 스포츠재활운동사, 실버시터, 아쿠아로빅강사, 언어치료사, 여행가이드, 영양사, 에어로빅강사, 예술품수리사, 운동사, 운동선수, 운동선수코치, 운동선수트레이너, 운동전문치료사, 운동처방사, 운전교사, 원예치료사, 육상경기지도사, 의료보조원, 음악도서관사서, 일식조리기능사, 임상영양사, 작업치료사, 재활승마치료사, 전문스포츠인, 조리사, 직업상담사, 직업연수기관강사, 직업육상경기코치, 직업전문학교교사, 직업체육인, 체육관장, 체육교사, 체육지도사, 체형관리사, 치과위생사, 컴퓨터통신온라인강사, 태권도사범, 특수체육교사, 특수학교교사, 프로선수코치, 프로운동선수, 프로운동선수코치, 피부관리사, 한복사, 한식조리기능사, 헬스트레이너, 호텔컨시어지

2) SI

MD, 간호사, 간호학교수, 교육학자, 교정보호연구원, 교통안전연구원, 놀이치료사, 다문화가정상담사, 다이어트플래너, 미술치료사, 발전문치료사, 보건간호사, 보건학자, 보험클레임조사원, 사회복지사, 산업심리학자, 상담심리학자, 손해배상대리인, 손해보험관리자, 쇼핑호스트, 시각장애인치료사, 심리학자, 심장탐지기술자, 알콜중독치료전문가, 양호교사, 언어치료사, 영양사, 요구검사원(보험), 원격통신가, 의무행정가, 음악치료사, 응급구조사, 의료방사선기사, 인터넷게임중독치료전문가, 임상병리사, 임상심리사, 임상영양학자, 임상운동사, 자연요법사, 작업치료사, 장기이식코디네이터, 장애인직업능력평가원, 재활치료사, 전문상담교사, 정부조사관, 정신보건기술공, 조산사, 족병전문가, 중등교사, 지압치료사, 직업재활상담사, 청능사, 청소년상담사, 체육학교수, 초등교사, 텔레커뮤니케이터, 학교영양사, 호흡기치료사

3) SA

가정보육사, 가정상담사, 가족치료사, 결혼상담사, 교육학자, 국어교사, 내레이터모델, 도서관상담원, 레크리에이션지도자, 목사, 무용치료사, 미술교사, 문화부기자, 보육교사, 보육사, 분장사, 사회복지사, 상담사, 상담심리사, 상담심리학자, 상품선전공연가, 생활복지사, 성직자, 신앙치료사, 신학교수, 외국어교사, 유아원교사, 유치원교

사, 음악교사, 음악치료사, 인터넷방송인, 전문간병사, 정신건강종사자, 정신보건사회복지사, 정신보건임상심리사, 중등교사, 직업상담사, 진로지도전문가, 철학자, 청소년상담사, 청소년상담전문가, 청소년지도사, 초등교사, 케어복지사, 학습지방문교사, 헤어디자이너, 호스피스전문간호사, 홈패션디자이너

4) SE

119구급요원, DJ, UI디자이너, 간호조무사, 경기지도자, 고등상담교사, 고용복지관리사, 관리영양사, 교정기관장, 교정치료사, 구급요원, 급식관리영양사, 내레이터, 노동중재인, 놀이치료사, 농촌지도원, 대학교수, 방송프로듀서, 레스토랑매니저, 레크리에이션강사, 레크리에이션치료사, 레포츠지도사, 말벗도우미(정신대화사), 맹인방향치료사, 멀티미디어PD, 메이크업아티스트, 모집관리원, 문학치료사, 미용사, 바리스타, 바매니저, 바텐더, 백화점상품판매원, 보건영양사, 보습학원강사, 보육실기교사, 보험계약상담원, 보호관찰관, 복리후생관리자, 뷰티매니저, 뷰티샵관리자, 브루마스터, 사원인사담당관, 사회단체관리자, 산후조리종사원, 상담영양사, 상품중개인, 생활지도사, 성인교육교사, 성직자, 소년보호관, 소프트웨어활용훈련강사, 수석요리사, 식이요법사, 심리학자, 아동발달전문가, 애완동물미용사, 어학학원강사, 여행전문가, 영양상담원, 영양전문가, 오락치료사, 응급구조사, 이미용학원강사, 이벤트업종사자, 자살예방상담가, 작업요법사, 작업치료사, 장례지도사, 장애인의료재활원원장, 장

애인재활상담사, 재정상담가, 주거복지사, 중개인, 중등교사, 직업상담사, 직업재활상담사, 직업훈련교사, 청소년선도경찰관, 축구코치, 커리어코치, 특수교육교사, 파티플래너, 학교양호교사, 학습지관리교사, 학습지방문교사, 항공관제사

5) SC

가정간호사, 간호조무사, 간호조무학원강사, 감정평가사, 건강관리사, 교통안전연구원, 다이어트플래너, 레크리에이션치료사, 레포츠지도사, 매너컨설턴트, 매니큐어사, 맹인적응교육교사, 물리치료사/보조원, 방송아나운서, 범죄예방경찰, 병원관리직원, 보조교사, 복지관책임자, 사원인사담당관, 사회사업직원, 산모관리사, 속셈학원강사, 수화통역사, 스튜어디스, 시도직원, 식품관리보조원, 언어치료사, 음성도서사서, 의료보조원, 접객원, 정신치료보조사, 조산사, 종이접기학원강사, 직업안전조사원, 직업조사원, 청각장애해석가, 청각장애통역인, 초등교사, 캠프상담원, 특수학교교사, 편의점직원, 학교보건전문간호사, 학교사회복지사, 학교행정담당자, 학원강사, 항공권판매인, 항공기승무원, 항소중재인, 호텔리어

(5) 기업형/진취형(E)

1) ER

IP비지니스맨, MD, TV/라디오판매광고원, 건설업관리자, 건설현장감독관, 경매인, 경호원, 곤충양식자, 공원관리/감독자, 공인주택관리사, 공장자동화컨설턴트, 공중위생관리인, 공항관리책임자, 광고대행업자, 교통안전감독관, 군장교, 기계기술판매원, 기업서비스판매원, 난방장치기술판매원, 농장관리사, 농장지배인, 도로감독관, 로봇공연기획자, 방역서비스업체관리자, 비밀정보요원, 비행관제전문가, 빌딩관리원, 산업용기계장비기술영업관리자, 상선사관, 생산관리자, 생산관리컨설턴트, 선장, 세탁점관리인, 손해사정인, 수산양식업자, 수상운송관리자, 수상화물영업사무원, 슈퍼마켓판매원, 실버로봇서비스기획자, 에어컨설치감독관, 엔지니어, 이벤트전문가, 이벤트플래너, 자동차기술판매원, 자동차딜러, 자동판매기관리원, 전산기술영업관리자, 전자공학필드엔지니어, 정부자산감독관, 제조공장관리인, 제조업대표, 제조업생산부관리자, 주방장, 주택재건축도급관리자, 차량임대관리소장, 차량임대인, 카센터관리자, 컴퓨터기술판매원, 토건업자, 토지임대/개발관리자, 통신설치관리자, 통신장비기술판매원, 통신판매원, 폐수하수처리장관리자, 프로운동선수팀관리자, 항해사, 해무사, 화학장비판매관리인, 환경단체관리자, 환경서비스업관리자

2) EI

CRM컨설턴트, ERP컨설턴트, HR컨설턴트, KMS컨설턴트, 개인자산관리사, 객실승무원, 검사, 검사실실장, 경영진단전문가, 공사계약자, 공정여행기획자, 금융자산운용가, 기술판매원, 기업인, 기업진단사, 농업제품감독관, 마케팅기획관리자, 마케팅전문가/책임자, 매매관리원, 매매사례분석원, 멀티미디어프로듀서, 무역인, 문화재보존원, 물류전문가, 물품구매인, 바이어, 변호사, 보험계약업자, 복권영업자, 산업/조직심리학자, 산업엔지니어, 산업위생관리기사, 생산공정관리자, 생산엔지니어, 생산품감독자, 소믈리에, 소셜커머스품질관리자, 수력발전소감독관, 시사회기획자, 에너지관리감독관, 영업기획사무원, 영업소장, 외환관리사, 외환무역인, 워터소믈리에, 웹프로모터, 유가증권매매원, 의사소통자문가, 인터넷마케팅관리자, 자산운용가, 자재구매사무원, 장교, 전시장기획원, 전자상거래개발자, 정보시스템관리자, 정치인, 주식운용가, 주식투자가, 지방자치단체장, 채권관리인, 채권브로커, 채권운용자, 철도공무원, 체인점관리인, 컴퓨터판매업자, 통관사무원, 투자전략가, 트레이더, 파생상품개발원, 파생상품전략가, 판매관리원, 판매기록사무원, 판매사무원, 해외마케팅관리자, 해외업무담당자, 호텔사무원, 환지사

3) EA

M&A딜러, M&A전문가, MD, TV아나운서, TV프로듀서, UI디자

이너, 게임컨설턴트, 경매사, 공연기획자, 광고/홍보사무원, 광고기획자(A/E), 광고대리인, 광고컨설턴트, 광고/홍보전문가, 금융상품개발자, 노인복지기관관리자, 농산물위탁중개인, 만화기자, 모델, 방송인, 방송취재기자, 방송콘텐츠마케팅디렉터, 방송프로듀서, 사이버저널리스트, 사진기자, 상품광고원, 선물딜러, 신문기자, 신문잡지편집기자, 아트디렉터, 액세서리판매원, 여성복판매원, 연예인관리자, 영업책임자, 영화감독, 영화기획자, 예술품경매인, 웹PD, 음반기획자, 이벤트전문가, 인터넷광고제작자, 인터넷방송PD, 인테리어디자이너, 잡지사기자, 전문무용인, 출판물편집자, 컨벤션코디네이터, 특허제도사, 패션MD, 페스티벌주최전문가, 한문학교수, 헤어디자이너, 홍보기획원

4) ES

A/S센터관리자, e-biz컨설턴트, TV아나운서, 가입자관리원, 검사, 게임프로듀서, 경영관리부서관리자, 골재판매원, 공예센터소장, 공인노무사, 공인중개사, 공장장, 공중전화관리원, 관리직공무원, 광고사무원, 광고코디네이터, 광고학원강사, 교육훈련담당사무원, 교육자, 교육프로그램책임자, 교육훈련관리자, 구매계약관리자, 구매대리인, 구매부서관리자, 국공립보건원, 국제선물거래중개사, 기자, 네고담당자, 노무사무원, 노사관계전문가, 대출상담원, 도로감독자, 도로관리인, 도매업자, 도시농업활동가, 동시통역사, 딜러, 로비스트, 매니저, 매매중개사무원, 머천다이징매니저, 몰마스터, 방송PD, 방

송아나운서, 백화점바이어, 변호사, 보상협상사무원, 보험판매대행인, 분쟁조정자, 사업가, 생활설계사, 서점운영자, 세일즈전문가, 소매상인, 소매점경영인, 소매점관리자, 소비자보호단체관리자, 쇼호스트, 수사관, 스킨케어전문가, 스포츠마케터, 스포츠매니저, 스포츠센터운영관리자, 스포츠에이전시관리자, 스포츠에이전트, 시장매매체결원, 신용분석가, 여경, 여행사관리인, 여행상품개발원, 여행설계사, 연회장지배인, 영업사원, 영화조감독, 오락게임종사원, 외신기자, 외환중개인(외환딜러), 웅변학원강사, 웨딩플래너, 웹마케터, 유치원원장, 육군장교, 음식서비스업체관리자, 의회의원, 이혼플래너, 인사교육담당자, 인사관리자, 인적자원관리자, 입시학원강사, 자동차판매인, 자원봉사단체관리자, 잡화점운영자, 전자상거래사, 종합복지관관리자, 직업지도전문가, 직업훈련관리자, 텔레마케터, 투어컨덕터, 판매책임자, 판사, 패션숍마스터, 편의점운영자, 프로듀서, 항공기객실승무원, 헤드헌팅서비스관리자, 호텔프론트사무원, 홈쇼핑MD, 홈쇼핑쇼호스트, 홍보기획관리자, 홍보매니저, 홍보전문가, 회의기획자

5) EC

객실승무원, 거래장관리자, 검사, 고시학원강사, 공정무역전문가, 구매담당자, 국세청공무원, 국제무역사, 국제변호사, 금융상품판매인, 금융설계사, 금융자산운용가, 금융컨설턴트, 기상컨설턴트, 기업법률전문가, 기업위기관리전문가, 기업평가사, 도매업자, 매장관리

자(점장), 무역업자, 무역영업원, 물류공동화전문가, 물류전문가, 물품구매인, 뮤추얼펀드매니저, 미용업체관리자, 바리스타, 바이어, 바이오물류전문가, 법률회사관리자, 법무사, 변리사, 보험계약업자, 복권영업자, 브로커, 사무실관리자, 사이버수사요원, 산업안전감사관, 상공부실무자, 생명보험관리자, 선물거래인, 세무법인관리자, 세탁업자, 소매상직원, 수익증권중개인, 슈퍼마켓운영자, 안경사, 영업부서관리자, 영업소장, 외교관, 외환딜러, 운송배치원, 원격통신전문가, 원산지관리사, 웹프로모터, 유가증권매매원, 유통전문가, 임대계약관리자, 자재구매사무원, 자재사무원, 재정위험관리자(FRM), 재테크전문가, 전기기구판매업자, 접수직원, 제조업자, 조달관리자, 주식투자가, 주식투자중개인, 증권개발관리자, 증권판매대리인, 지역신용관리자, 지점관리자, 채권매매중개인, 채권브로커, 철도공무원, 체인점관리인, 카페관리자, 컴퓨터소프트웨어기술영업관리자, 큐레이터(학예사), 텔레마케터, 통관사무원, 투자상담사, 투자중개인, 파생상품영업원, 판매관리사/관리원, 판매부서관리자, 판촉전문가, 펀드매니저, 호텔사무원, 홍보사무원, 화물운송관리자, 환지사, 회사중역

(6) 관습형/사무형(C)

1) CR

　DPT편집원, TV프로그램제작서기, X선촬영기사, 검량원, 검수원, 계절휴양지관리자, 관제사, 구매사무원, 국제우편물조사원, 금융

보안직원, 금전출납원, 급식관리인, 도로운송사무원, 무선전신사무원, 배관관리자, 백화점소매관리인, 법률사무원, 병원사무원, 보험업자, 부기사무원, 부동산감정사, 비용관리사무원, 사적관리사, 산업안전위험관리원, 소품관리원, 수송사무원(금융), 수취인도사무원, 식약조사원, 식품감정원, 신용분석가, 안전관리기술자, 예술품관리원, 외주사무원, 우편사무원, 우편물집배원, 우체국장, 위생검사원, 의료방사선기사, 인쇄업자, 자료입력사무원, 자료편집사무원, 자재검수원, 자재관리원, 자재부서관리자, 자재사무원, 전자조판원, 전자출판요원, 전자출판편집원, 전화오퍼레이터, 증권거래사무원, 지도제작기능사, 직업군인, 청구서발송사무원, 초음파검사기사, 컴퓨터게임테스터, 컴퓨터보안전문가, 컴퓨터속기사, 컴퓨터오퍼레이터(워드입력원), 토지평가사, 통신설비원, 특허법률사무원, 편물기사, 편집오퍼레이터, 화물사무원, 환경평가원, 회계분석가, 회계사, 회계사무원

2) CI

ISO9000인증심사원, 감사관, 거짓말탐지요원, 건물검사관, 건물감리사, 국제재무위험관리사(FRM), 금융사무원, 기획사무원, 보석감정사, 보험계리사, 보험상품개발원, 비용회계사, 사서, 성분수혈검사기사, 세무회계사, 연구실기술자, 예산세무사, 웹에디터, 웹엔지니어, 의료기록기술자, 의료기술자, 임금분석가, 임상병리사, 자료처리사, 전자계산기조직응용기사, 전표회계원, 정보검색사/검색원, 정보관리사, 재무분석가, 조사분석가, 증권투자분석가, 자문처리사무원,

컴퓨터게임디자이너, 컴퓨터게임프로그래머, 컴퓨터보안전문가, 컴퓨터에디터, 콘텐츠기획자, 콘텐츠플래너, 통계/금융사무원, 통계지표분석원, 통계학연구원, 투자분석가, 평가감정원, 폐기능검사기사, 표준규격관리원, 혈액검사기사, 회계사

3) CA

감정원, 경영학교사, 고객지원분석가, 공간계획원, 공예가, 금융사무원, 매체코디네이터, 문서작성/편집가, 미술관안내원, 박물관안내원, 법률행정사무원, 법무사, 법원서기, 변리사, 사서, 서예가, 성우, 시스템회계사, 신용거래사무원, 안전관리사, 약품품질관리원, 예능과목교사, 웹에디터, 은행원, 의료기록기술자, 인사사무원, 인쇄업자, 자료처리사, 재정분석가, 전산세무회계사, 전자계산기조직응용기사, 전표회계원, 정보검색사, 증권투자분석가, 자문처리사무원, 잡지편집인, 컴퓨터게임프로그래머, 컴퓨터그래픽사서, 컴퓨터안전전문가, 컴퓨터에디터, 평가감정원, 표제심사가, 표준규격관리원, 헤어디자이너, 회계사무원

4) CS

감시시스템요원, 감정원, 개인비서, 경리사무원, 경리사원, 경영학교사, 계기검침수금원, 고객관리사무원, 고객서비스담당자, 공간계획원, 금융보안직원, 기록정리원, 대서사무원, 매체코디네이터, 문서

정리원, 법률행정사무원, 법무사, 법무사무원, 법원서기, 변리사, 보건직공무원, 보안서기, 보험사무원, 보험업자, 부동산관리원, 비서, 사서, 소득신고사무원, 송장사무원, 숙박시설접수사무원, 승차권판매인, 시스템회계사, 신용거래사무원, 신용조사원, 신탁관리인, 안전관리사, 약품품질관리원, 우체국직원, 우편물접수원, 우편사서함사무원, 웹마스터, 은행사무원, 은행원, 은행출납사무원, 음성도서관사서, 의무기록사, 인사사무원, 일반공무원, 재정분석가, 전문비서, 전산(세무)회계사, 전산요원, 전표사무원, 전화번호안내원, 정보송수신원, 증권사무원, 출판물검사원, 컴퓨터조작기사, 컴퓨터(학원)강사, 컴퓨터오퍼레이터, 판사사무원, 표제심사가, 행정학원강사, 현금출납원, 회계사무원/경리, 회계학원강사, 회사내검사관

5) CE

감정평가사, 거래기업신용분석원, 건축감리기술자, 게임딜러, 결산사무원(경리), 경리사무원, 경매사무원, 계기검침원, 공인회계사, 공항창고관리자, 관리사무원, 관세사, 관세사사무원, 국회의원비서관, 근로감독관, 금융거래사무원, 금융사무원, 금융영업관리원, 금융회사원, 기준가격산정원, 내국신용장담당원, 대금수납원, 대부사무원, 대출여신관리원, 도시가스안전관리사, 마케팅리서처, 만화채색사, 매표관리인, 모텔관리사, 물류표준화전문가, 박물관안내원, 배당금사무원, 백화점물품관리사, 백화점직원, 법원속기사, 변호사, 보안서비스관리자, 보안전문가, 보증보험관리자, 보험보상심사원, 보험설

계사, 보험언더라이터, 보험청구사무원, 비용회계원, 사법서사, 사회보험관리사, 산업안전/위험관리원, 상장관리원, 선적사무원, 설문조사원, 세금조사원, 세무사, 손해사정사, 손해처리사무원, 송배달서비스관리자, 쇼핑몰창고관리자, 수출입사무원, 시설관리자(부서장), 시설유지관리자, 시황분석원, 신용관리인, 신용대부관리인, 신용사무관리자, 신용조합관리자, 신용카드사무관리자, 신용카드사무원, 신탁회사관리자, 안전관리원, 애니메이션만화페인터, 여론조사관리자, 여수신관리자, 여신사무원, 여행승무원, 영업관리사무원, 영업지원사무원, 예약사무원, 예탁원사무원, 온라인담당원, 외환취급사무원, 요금정산원, 용역계약관리원, 우체국출납사무원, 우체국계리직공무원, 원가관리사무원, 웹관리자, 웹기획자, 은행원, 의료서기, 의무기록사, 인터넷쇼핑몰운영자, 자산인수심사원, 자재검수원, 재무분석가, 전문비서, 중소기업경영인, 증권투자상담사, 창고관리자/관리원, 철도운송사무원, 청원경찰, 총무/사무원, 출납창구사무원, 출입국심사관, 통계분석가, 통관사무원, 통신사무원, 투자관리사, 특허관리사, 프론트데스크매니저, 항공교통관제사, 항공권발권사무원, 항구창고관리자, 행정공무원/사무원, 혼례종사원, 환전사무원, 회계감사원, 회계공무원, 회계법인관리자, 회계사, 회사원

4. 직업 흥미 유형별 MBTI 심리기능 및 성격유형과 사주 십성 간의 상관관계

지금까지 직업 흥미와 여러 직업 흥미검사의 기초이론인 Holland 코드에 대해 간단하게 살펴보았다. 개인이 진로와 직업을 찾기 위해 고려할 사항 중의 하나인, 직업 흥미에 대해 객관적으로 평가하는 것은 매우 중요하다. 이 책에서는 개인의 직업 흥미 유형을 MBTI와 사주 십성으로 판단하는 것이 과제이며, 이 과정에 핵심이 되는 Holland 코드와 MBTI 심리기능 및 성격유형, 사주 십성 간의 상관관계를 살펴보고자 한다.

직업 흥미 유형별 MBTI 심리기능 및 성격유형과 사주 십성 간의 상관관계

Holland 코드 (흥미 유형)	MBTI	사주 십성
실제형 (Realistic : R)	• Se/Ti > Si/Te(ST 유형) • ESTP/ISTP > ISTJ/ESTJ	• 정재/편관 > 편재/정관
탐구형 (Investigative : I)	• Ne/Ti ∥ Ni/Te(INT 유형) • **내향형(I) 우선** • INTP/INTJ > ENTP/ENTJ	• 정인/편관 ∥ 편인/정관 (내향형) > 정인/편관 ∥ 편인/정관(외향형) ※ **내향형 사주 우선**
예술형 (Artistic : A)	• Ne/Fi > Ni/Fe(NFP 유형) • **인식형(P) 우선** • INFP/ENFP > INFJ/ENFJ	• 정인/식신 > 편인/상관 ※ **인식형 사주 우선**
사회형 (Social : S)	• Fe > Fi(EF 유형) • **외향형(E) 우선** • ESFJ/ENFJ > ISFJ/INFJ	• 상관 > 식신 ※ **외향형 사주 우선**

기업형 (Enterprising : E)	• Te/Si/Ni/Fe > Ti/Se/Ne/Fi(ETJ 유형) • **외향형(E)/판단형(J) 우선** • ESTJ/ENTJ > ESFJ/ENFJ > ESTP/ENTP > ESFP/ENFP	• 정관/편재/편인 > 편관/정재/정인 ※ **외향형 사주 우선** ※ **판단형 사주 우선 고려**
관습형 (Conventional : C)	• Si > Se(SJ 유형) • **판단형(J) 우선** • ESTJ/ISTJ > ESTP/ISTP	• 편재 > 정재 ※ **판단형 사주 우선**

<주기>

1. 흥미 유형별로 복수의 심리기능, 사주 십성 및 MBTI 성격유형의 경우, 크기 부호인 '>'를 사용하여 우선순위를 나타내었다. 우선순위는 각 흥미 유형에서 저자가 중요도나 기여도를 고려하여 결정하였다. 또한 '‖' 부호는 흥미 유형별 해당 심리기능들의 우선순위가 동등함을 나타낸다.
2. 흥미 유형별로 복수의 심리기능과 사주 십성의 경우, 해당하는 MBTI 성격유형은 주기능을 우선하여 순위를 결정하였다.

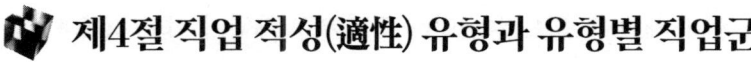
제4절 직업 적성(適性) 유형과 유형별 직업군

1. 들어가기

우리가 합리적인 진로 찾기를 위해서는, 자신에 대한 정확한 이해가 선행되어야 하는데, 이를 위해 자신의 적성, 흥미, 성격, 가치관, 현실적인 상황에 대한 포괄적인 접근이 필요하다. 앞의 제2절에서 MBTI 성격유형별 적합한 전공과 직업군에 대해 살펴보았고, 제3절에서 Holland 코드, 코드별 특성과 적합한 직업군은 물론, Holland 코드와 MBTI 심리기능 및 성격유형, 사주 십성 간의 상관관계를 도출하였다. 본 절에서는 진로나 직업 찾기에 필요한 자신의 이해 요소 중, 거의 모든 사람이 우선으로 생각하는 직업 적성에 대해 살펴보고자 한다.

먼저 적성의 사전적 의미를 살펴보면, 국어사전에는 적성이 어떤 사물에 알맞은 성질, 작업에 대한 각 개인의 적응 능력, 소질이나 성격이라고 되어 있다. 또한 두산 백과사전에 따르면, 적성은 어떤 지식이나 기능 또는 특정의 반응 방식을, 훈련이나 경험으로 획득하기 이전에 예측할 수 있는, 실마리가 될 만한 징후나 징후군을 의미한다.

이처럼 적성은 어떤 특정한 직업을 통해 만족감과 효율성을 느낄 수 있는 개인의 총체적인 특성으로 정의한다. 또한 적성은 어떤 일을 쉽게 해낼 수 있는 능력이라 정의하고, 개인이 어떤 것을 더 잘 배울 수 있는가를 암시해 주는 지표라고 하였다. 보통 어떤 것에 재주가 있다는 것은 그 일에 대해 적성이 높다는 것을 의미한다. 따라서 개인이 자신의 적성 수준이 높은 일을 하게 되면, 높은 성취를 이루기가 쉽게 된다.

그리고 적성이란 어떤 과제나 임무를 수행하는 데 있어, 개인에게 요구되는 특수한 능력이나 잠재능력을 의미한다. 일반적으로 적성은 개인이 가지고 있는 일반적인 능력인 지능과 구분되는 특수한 능력을 말한다. 즉 적성은 어떤 특수 부문에 대한 능력이나 그 능력의 발현 가능성을 말하므로, 개인이 어떤 직업에서 얼마나 그 직무를 성공적으로 수행할 수 있을지를 예측하게 해 주는 요인이다.

한편 개인이 **선천적**으로 가지고 태어난 적성은 자연적으로 계발되지 않으며, 훈련과 지속적인 경험을 통해서만 현실적인 능력으로 발전된다. 일반적으로 **적성은 타고난 능력이나 소질**이라고 알려져 있듯이 **유전적인 성향**이 강하다. 그러나 학습 경험이나 훈련으로 계발될 수 있으므로, 다양한 학습 경험을 할 필요가 있다. 또한 적성은 청소년 전기 이후에는 큰 변화가 없으므로 조기에 계발할 필요가 있다.

진로와 직업 선택을 앞두고 자신의 적성을 알아보고자 하는 사람들은, 일반적으로 일반 적성검사와 특수 적성검사와 같은 표준화 검사를 하거나, 자연적 관찰법이나 실험적 관찰법과 같은 관찰 방법을 활용한다. 적성을 우선시하는 거의 모든 사람은, 자신이 과연 어떤 것을 더 잘할 수 있는지를 알기 위해 적성검사를 하고자 하며, 그 결과를 참고로 직업을 선택하고자 한다. 전통적으로 적성검사는 능력의 단편들을 변별해 보려는 입장에서 연구, 제작, 실시되고 있다. 따라서 적성검사를 흔히 능력 검사라고도 부르며, **적성(Aptitude)** 대신에 **능력(Ability)**이란 말로 대신 사용하기도 한다. 이 경우 측정 대상이 되는 적성은, 특정 분야나 영역의 숙달을 위해 필요로 하는 적응 능력의 속성으로 인정되며, 대부분 인지능력과 관련 깊은 영역을 학업 적성, 직업 적성 등으로 세분화하여 측정한다. 이는 개인이 앞으로 어떤 일에 얼마나 잘할 수 있는지를 예측하는 데 사용하고 있다.

현재 국내에서 시행되고 있는 직업 적성검사는 발행처나 시행 기관에 따라 여러 가지가 있으나, 대부분 적성검사의 개발에 기초가 되는 것은 Howard Gardner의 다중지능(多重知能)이론이다. 본 절에서는 다중지능이론의 특성과 해당 직업군에 대해 살펴보고, 또한 다중지능이론을 기초로 한국직업능력개발원이 개발하고 커리어넷에서 시행 중인 직업적성검사의 적성 유형에 대해서는, MBTI 심리기능 및 성격유형과 사주 십성 간의 상관관계를 도출하고자 한다.

2. 다중지능이론(Theory of Multiple Intelligences)

다중지능이론은 미국 Harvard 대학교 심리학자이며 교수인 Howard Gardner가 1983년에 발표한 이론이다. Gardner는 그의 저서인 『Frames of Mind : The Theory of Multiple Intelligence』에

서 다중지능이론에 대해 개요를 서술하고 있다. 그 이후에 다중지능 이론의 개념은 계속해서 개발되고 확장되었다. 그는 전통적인 지능에 대한 관점이 일차원적으로 너무 제한적임을 시사하였다. 대신에 그는 최소한 여덟 가지의 지능이 있고, 나아가 아홉 번째 지능이 있을 가능성이 있다고 제안하였다.

이 이론은 실제로 사람들이 IQ나 수학적 능력 이외에도 많은 능력이 있다는 점에서 장점이 있으며, 따라서 이러한 범위의 능력들을 포착하기 위해서는 많은 종류의 지능이 있어야 한다, 예를 들면, **음악지능, 대인관계지능/인간친화지능, 자기이해/자기성찰지능, 공간지능, 자연친화지능/자연탐구지능, 논리-수학지능, 신체-운동지능/신체협응지능/신체율동지능, 언어지능, 실존지능** 등이다. 이러한 지능들로부터 개인은 강점과 약점을 인식할 수 있으며, 이는 개인의 생활과 직업적인 삶에서 정보를 바탕으로 한 결정을 하는 데 도움이 될 수 있다.

(1) 지능의 아홉 가지 유형과 해당 직업군

1) 음악지능/음악-화성지능

만약 당신이 리듬과 소리(음)를 쉽게 알아보고 패턴을 찾아낸다면, 당신은 아마 강력한 음악지능을 가지고 있을 것이다. 이러한 유형의 사람들은 노래와 멜로디를 쉽게 기억하고, 악기를 연주하고, 노래하고, 악보를 읽는 데 능숙할 것이다.

음악지능은 작곡가와 악기 연주자가 자신의 기능을 능숙하게 만드는 지능이다. 이 지능을 가진 사람들은 다양한 소리의 중요한 패턴, 리듬, 특징 등을 식별할 수 있으므로, 소리가 가장 중요하고 전부이다. 이 지능을 통해 사람들은 음악을 인식하고 만들고 연주하고 반영할 수 있다.

또한 이 지능은 음악 분야에 종사하는 사람들에게 국한되는 것은 아니며, 열정적인 음악 청취자도 틀림없이 이 범주에 속할 수 있을 것이다. 아마 당신에게 음악지능이 있다면, 다른 사람들이 놓칠 수 있는 소리를 인식하고 있는 자신을 발견할 수도 있다.

한편 음악과 감정 간에는 눈에 띄는 연관성이 있다는 점을 주목할 필요가 있다. 대부분의 음악지능을 가진 사람들은 음악에서 감정을 느끼고 자아낼 수 있다.

① 지능 보유자의 특성
▶ 노래 부르기와 악기 연주를 즐긴다.
▶ 화음과 멜로디를 쉽게 인식할 수 있다.
▶ 음악 패턴과 리듬을 빠르게 인식한다.
▶ 음악과 깊은 감정적 연결이 있다.

② 적합한 직업
  DJ, 가수매니지먼트, 개인음악방송BJ, 녹음엔지니어/테크니션, 동시통역사, 무용, 뮤지컬배우, 뮤직프로모터, 발레, 성악가/가수, 성

우, 악기연주자, 언어병리학자, 연예기획사, 음악관련상품소매업체, 음악교사, 음악저널리스트, 음악지휘자, 음악출판사, 음악치료사, 음악평론가, 음향전문가/엔지니어, 음향편집인, 작곡가, 청력학자, 편곡가, 피아노조율사, 합창단지휘자 등

2) 대인관계지능/인간친화지능

대인관계지능은 다른 사람들을 전적으로 이해하고 공감하며, 효과적으로 그들과 소통하고 상호작용하는 것이다. 여기에는 언어적 의사소통뿐 아니라 비언어적 또는 행동적 통찰력도 포함된다. 이들은 이러한 기능들을 통해, 다른 사람들의 감정, 동기, 욕구 및 의도를 쉽게 읽을 수 있다. 예를 들어 당신이 지금까지 다른 사람들의 기분을 쉽게 읽거나 그들의 관점을 이해할 수 있고, 다른 사람들과의 갈등을 해소하는 데 뛰어나다고 느낀 적이 있다면, 당신은 대인관계지능을 가지고 있을 수 있다. 또한 당신이 느끼고 있었던 것(감정)을 늘 알고 있던 교사나 치료사 또는 대중을 움직일 수 있었던 정치인을 떠올려 볼 수도 있다.

① 지능 보유자의 특성
▶ 다른 사람들과 그들의 행동을 잘 이해한다.
▶ 다른 사람들에게 영향을 미치거나 그들과 소통하는 방법을 잘 알고 있다.

▶ 다른 사람들이 하는 말에 공감하는 방법을 본능적으로 알고 있다.
▶ 비언어적 의사소통의 형태를 쉽게 이해할 수 있다.
▶ 다른 사람들의 관점이 당신에게 의미가 있다.
▶ 긍정적인 관계를 구축할 수 있다.
▶ 그룹의 갈등을 효과적으로 해결하는 방법을 알고 있다.
▶ 논의하고 토론하는 것을 즐긴다.

② 적합한 직업

간호사, 경찰관, 고객서비스책임자/담당자, 관리자/매니저, 교사, 국제업무담당공무원, 기자, 리포터, 마케팅담당자, 병원코디네이터, 보험대리인, 비서, 사회복지사, 사회사업가, 상담사, 성직자, 세일즈매니저, 스포츠팀코치, 여행사, 영업/판매대리인, 외교관, 웃음치료사, 웨딩플래너, 유치원/어린이집교사, 의사, 인사관리자/담당자, 접수계담당자, 정치가, 중재인, 지도자, 치료전문가/치료사(심리, 작업치료 등), 캠프/수련회지도사, 판매원, 항공기승무원, 호텔/레스토랑지배인, 호텔리어, 홍보전문가/담당자, 회사원 등

3) 자기이해지능/자기성찰지능

모든 직업에서 필요로 하는 기본적인 지능인 자기이해지능을 가진 사람들은, 자기성찰적이며 자기반성적인 능력이 있다. 그들은 자기 자신, 즉 자신의 강점과 약점은 무엇이며, 무엇이 자신을 특별하

게(유일무이(唯一無二)하게) 만들고, 자기 자신의 반응과 감정을 예견할 수 있게 하는가에 대한 깊은 이해가 있다.

어떤 사람이 강한 자기이해지능을 가지고 있을 때, 그들은 지나치게 자기를 인식하게 된다. 그들 자신의 감정과 동기를 이해하는 과정이, 그들에는 손쉽게 다가온다. 또한 이러한 성격유형은 그들 자신의 강점과 약점을 분석하는 데 뛰어나며, 그들은 자주 그들의 직관을 따른다.

자기이해지능은 자신을 이해하는 능력과 관련이 있다. 즉 당신의 삶을 헤쳐 나갈 수 있는 생각, 감정, 지식을 의미한다. 이 지능을 가진 사람들은 그들 자신과 인간의 조건을 평가, 판단하는 방법을 알고 있으며, 이는 결국 그들 자신을 잘 알고 스스로 동기 부여하도록 이끈다. 전반적으로 이 지능은 자기성찰과 자기반성을 전적으로 자신에 유리하도록 활용하는 것으로, 이를 통해 더 나은 의사결정 기술, 아니 그 이상의 기술을 얻을 수 있다.

① 지능 보유자의 특성
▶ 자신의 감정을 잘 이해하기 위해 시간을 들인다.
▶ 결정을 내릴 때 감정을 정확하게 고려하고 활용한다.
▶ 왜 특정한 일을 하고 원하는지 이해한다.
▶ 자신의 강점과 약점을 자세히 분석할 수 있다.
▶ 이론과 아이디어에 몰두하는 것을 즐긴다.
▶ 자기 인식이 매우 뛰어나다.

▶ 무엇이 동기를 부여하고, 무엇이 실망하게 하는지 알고 있다.

② 적합한 직업

개인상담사, 과학자, 범죄학자, 벤처/창업사업가, 상담사, 성직자, 신학자, 심리치료사, 심리학자, 에너지치료사(Energy Healer), 연구원, 작가, 정신과의사, 진로/직업상담사, 철학자, 컨설턴트, 트레이너, 프로그램기획자 등

4) 공간지능/시각-공간지능

공간지능이 높은 순위를 차지하는 사람들은, 대상을 이미지와 그림으로 생각하는 경향이 있다. 그들은 물체를 시각화하고, 어떤 대상이 자신들 또는 다른 대상으로부터, 얼마나 멀리 떨어져 있는가를 식별하는 데 뛰어난 능력이 있다. 이것은 독도법(讀圖法), 도표, 그래프의 해석과 같은 능력들과 연관되며, 또한 예술적 활동이 그들 삶의 상당한 부분을 차지한다. 그들은 자신이 관찰하는 것이 무엇이든 패턴을 인식하며, 이것이 세상 경험을 만든다.

우리의 세계는 삼차원이며, 공간지능은 삼차원적으로 사고하는 능력에 집중된다. 예를 들어 이 지능은 심상(心像), 공간추론, 이미지 조작/처리, 상상력, 그래픽과 예술적 능력 등을 포괄한다. 당신이 방향, 지도, 도표, 비디오와 그림/사진 등에 밝다는 것을 알게 된다면, 당신이 바로 이 지능을 가지고 있을 수 있다.

① 지능 보유자의 특성

▶ 방향감각과 공간지각력이 뛰어나다.

▶ 마음속으로 사물과 공간을 쉽게 시각화할 수 있다.

▶ 그림그리기, 페인팅, 3D로 물체 디자인하기 등의 활동을 즐긴다.

▶ 읽고 쓸 때, 설정과 등장인물들을 쉽게 시각화한다.

▶ 조각 그림 맞추기에 능숙하다.

▶ 패턴, 그림과 지도를 쉽게 해석한다.

▶ 소묘나 데생한 그림, 물감으로 그린 그림과 사진 촬영 등을 즐긴다.

② 적합한 직업

건축가, 건축설계사, 광고전문가, 그래픽디자이너/아티스트, 도시계획자, 목수, 미술가/화가, 발명가, 사진작가/사진사, 선원, 애니메이터, 엔지니어, 인테리어디자이너/실내장식가, 전략기획자, 정비공, 조각가, 조경사, 지도제작자, 촬영기사, 측량사, 치과의사, 트럭운전사, 패션디자이너, 항공기조종사, 항해사 등

5) 자연친화지능/자연탐구지능

자연친화지능을 가진 사람들은 동식물상(相)을 인식하고, 자연계에서 다른 결과적(중대한) 차이를 구분하며, 이러한 민감성을 사냥, 농사 및 생물학 등에 생산적으로 활용하는 능력이 있다. 불을 피우는 방법, 독성이 있거나 먹을 수 있는 식물을 식별하는 방법, 폭풍,

구름, 암석의 구성 등을 인식하는 방법 등이 모두 이 지능에 속한다. 자연친화지능은 거대한 생태계 내에서 인류의 역할을 포함하여, 세계와 세계의 복잡성에 대한 세심하고 윤리적이며 전체론적인 이해에 뿌리를 두고 있다.

자연친화지능이 다소 새롭게 인식되기도 하지만, 이 지능은 인류가 탄생한 이래 우리와 함께 있었다. 결국 옛날 옛적에 우리 대부분은 농사를 짓는 농부거나 수렵 채집인이었다. 당신이 자연과 당신 주변의 세계와 매우 잘 조화를 이루고 있다고 느낀다면, 당신은 자연 친화 지능을 가지고 있을 수 있다.

자연친화지능은 자연에서 패턴과 관계(성)를 찾아내는 능력으로 이해된다. 이러한 성격유형은 정보를 쉽게 목록화할 수 있으며, 그들은 요리하기, 정원 가꾸기, 캠핑하기 등 자연과 관련된 감각적 체험에 관심이 있다. 또한 그들은 종종 식물학과 자연사(自然史)/박물학(博物學)에 흥미가 있다.

① 지능 보유자의 특성
▶ 자연 속에서 편안함을 느끼고, 캠핑, 하이킹 및 원예 등 야외 활동을 즐긴다.
▶ 새로운 환경에 쉽게 적응하고 빠르게 편안함을 느낀다.
▶ 자연의 변화를 알아차리는 데 있어, 예리한 관찰력이 있다.
▶ 식물학, 생물학, 동물학과 같은 과목에서 항상 뛰어난 성적을 거두었다.

▶ 중요한 정보를 쉽게 분류하고 목록화할 수 있다.
▶ 항상 동물과 야외 활동을 즐겼다.
▶ 당신 주변의 자연 세계의 균형을 이해한다.

② 적합한 직업

곤충사육사, 곤충학자, 공원경비원, 기상학자, 농부/농장주, 동물원사육사, 동물조련사, 동물학자, 박물학자, 삼림업자, 생물학자, 생태학자, 선원, 수산업자, 수의사, 숲관리인, 식물학자, 식용곤충사육농, 야생일러스트레이터, 요리사, 원예가, 자연사진작가, 정원사, 조경사, 지질학자, 천문학자, 축산업자, 특수작물재배자, 풍경화가, 플로리스트, 항해사, 해양생물학자, 환경운동가 등

6) 논리-수학지능

혹시 당신은 늘 산술 문제, 전략 게임, 실험에 관심이 있었는가? 논리-수학지능은 계산하고, 정량화하고, 명제와 가설을 숙고하고, 완전한 수학적 연산을 수행하는 능력이다.

논리-수학지능을 가진 사람들은 논리적이고 합리적인 사고(특히 숫자와 관련)와 비판적인 사고에 능하다. 훌륭한 논리-수학지능을 가진 사람들은, 논리적인 추론과 분석이 그들에게 자연스럽게 다가온다(뒤따른다). 이러한 유형은 문제해결과 복잡한 이론에 관한 한 능숙한(숙달된) 사람들이다. 그들은 숫자를 쉽게 다루고, 종종 이론들과

문제점들을 테스트하기 위해 대조(對照)실험을 하는 것을 즐긴다.

논리-수학지능을 갖기 위해 반드시 미적분 천재일 필요는 없다. 간단히 말해서, 이 지능은 가능성 있는(예상되는) 결과를 계산하고, 정량화하고, 고찰(검토)하는 능력으로 요약할 수 있다. 이러한 사람들은 종종 수학적 연산의 완성, 숫자를 다루는 일 또는 효과적인 전략 개발에 뛰어난 재능을 보인다.

이들 중 많은 부분은 패턴과 연관성을 인식한 다음, 이를 귀납적, 연역적 추론 능력과 결합하는 것으로 귀결이 된다. 만약 당신이 이러한 종류의 지능이 있다면, 패턴, 범주, 관계(관련성)에 특히 관심이 많을 것이다. 또한 당신은 아마 문제를 해결하거나 전략 게임을 즐길 수도 있다.

① 지능 보유자의 특성
▶ 도구 또는 프로세스의 작동 방식을 이해하기 위해 시간을 투자한다.
▶ 일이 잘 진행되지 않을 때, 정확하게 진단하고 해결책을 제시한다.
▶ 다양한 결정의 장단점을 알아낼 수 있다.
▶ 항상 뛰어난 문제해결 능력을 보인다.
▶ 추상적인 아이디어를 다루는 데 아무런 문제가 없다.
▶ 실험하는 것을 즐긴다.
▶ 방정식을 풀고 숫자를 다루는 일을 할 수 있다.

② 적합한 직업

　AI개발자, IT컨설턴트, M&A전문가, 검사, 경영컨설턴트, 경제학자, 과학자, 구매대리인/담당자, 금융기관종사자, 네트워크분석가, 논설가, 데이터마이닝분석가, 데이터베이스디자이너, 도시계획자, 물리학자, 발명가, 변리사, 변호사, 비평가, 빅데이터전문가, 세무사, 수학자, 애널리스트, 약사, 엔지니어, 연구원, 웹개발자, 은행원, 의사, 정보처리전문가, 컴퓨터분석가, 컴퓨터프로그래머, 통계학자, 투자분석가, 투자중개인, 판사, 화학자, 회계감사관, 회계사 등

7) 신체-운동지능/신체협응지능

　만약 당신이 어릴 때부터 운동을 즐겨 하고, 많은 신체적 움직임이 필요한 활동들을 하면서 자랐다면, 높은 신체-운동지능을 가지고 있다는 것을 알게 될 것이다. 신체-운동지능이 있는 사람들은 뛰어난 손-눈 협응 능력, 손재주, 운동신경을 가지고 있다. 이러한 성격유형은 보거나 듣는 것보다, 오히려 실행과 경험으로 기억하고 배운다.

　신체-운동지능은 물체를 조작하고 육체를 활용하는 능력을 포함하는데, 그들은 자신이 하는 일의 물리적인 양을 정량화할 수는 없지만, 언어적 또는 수학적 추론을 대체하는 신체와 정신의 조화가 있다. 따라서 지능이 반드시 사고와 추론에만 국한되는 것은 아니다. 이러한 형태의 지능을 터득한 사람들은, 자신의 정신과 신체를 완벽하게 혼연일체가 되게 할 수 있다. 이러한 지능은 육체적 활동

을 수행할 때, 더 나은 신체의 움직임과 육체적 통제가 이루어지도록 한다. 만약 당신이 스포츠에 뛰어나거나 눈에 띄게 손과 눈의 협응 능력(손과 눈을 일치시키는 능력)이 있다면, 당신은 신체-운동지능을 가지고 있을 수 있다.

① 지능 보유자의 특성
▶ 움직임과 신체 활동에 대해 강한 본능을 가지고 있다.
▶ 주변 세상에 신체적으로 참여하는 것을 즐긴다.
▶ 숙련된 댄서이거나 다양한 스포츠에 뛰어나다.
▶ 손을 사용하여 대상을 발명하고 만드는 것을 즐긴다.
▶ 훌륭한 신체 동작의 타이밍과 조정력을 가지고 있다.
▶ 읽거나 듣는 것보다는 행동을 통해 배운다.

② 적합한 직업
　가구제작자, 건설노동자, 건축가, 건축업자, 공연자, 공원/삼림경비원, 기수(騎手), 낙하산부대군의관, 농장주/농부, 댄서, 마술사, 목수, 무술가, 물리치료사, 배우, 보석세공사, 소방관, 스포츠팀코치, 안마사/안마치료사, 액세서리제작자, 운동선수, 응급구조사, 의사, 장인/공예가, 정비공, 체육강사/교사 등

8) 언어지능

언어를 익히고 글을 쓰며 토론을 하는 것이, 강한 언어지능을 가진 사람들의 모든 능력이라 할 수 있다. 간단히 말해서 이러한 유형은 말주변이 좋은 사람들이다. 즉 그들은 읽고 배우며 말하기를 즐기는 사람들이다. 그들은 또한 글쓰기가 형식이나 주제와 무관하게 그들에게 손쉽다는 것을 안다.

언어는 인간이 발명한 가장 복잡하고 유용한 의사소통 도구 중의 하나이며, 언어지능은 언어를 사용하여 복잡한 의미를 이해하고 표현하는 능력으로 요약할 수 있다. 이 지능을 가진 사람들은 다른 사람들을 가르치고 설득하기 위해 말을 사용할 수 있으며, 동시에 자신의 내면적인 생각을 성찰할 수 있다. 그들은 종종 훌륭한 독자이자 작가이며, 쉽게 정보를 암기할 수 있다.

① 지능 보유자의 특성
▶ 다른 언어로 글을 쓰고, 읽고, 말하는 것을 좋아한다.
▶ 정보가 이야기식으로 제공되면 쉽게 기억한다.
▶ 비유를 사용하여 자기의 생각을 전달하는 것을 좋아한다.
▶ 많은 양의 서면과 음성 정보를 기억할 수 있다.
▶ 새로운 단어와 개념을 빠르게 습득한다.
▶ 토론에 참여하고 연설하는 것을 좋아한다.
▶ 훌륭한 이야기꾼이다.

② 적합한 직업

강사, 교사, 구연동화가, 극작가, 논설가, 대중연설가, 독서지도사, 동화작가, 라디오/TV아나운서, 리포터, 방송작가, 방송진행자, 배우, 번역사/통역사, 법률사무보조원, 변호사, 사서, 소설가, 시나리오작가, 시인, 언어치료사, 역사학자, 영어작문개인교사, 웹툰작가, 저널리스트, 전도사/설교자, 정치가, 큐레이터, 편집자, 홍보전문가 등

9) 실존지능

실존지능은 Gardner의 원래 작업에는 포함되지 않았지만, 이제는 정량화하고 연구할 수 있는 실행 가능한 적성으로 여겨진다. 따라서 실존지능은 지능 유형의 마지막이자 가장 최근에 추가된 것이다. 여기에는 인간 존재에 관한 심오한 질문들과 우주에 대해 불안하게 만드는 미지의 문제를 다루는 능력이 포함된다. 또한 실존적 사고에는 삶의 의미, 왜 우리가 여기에 있는가, 우리가 왜 죽는가, 우리가 어떻게 생겨났는가 등과 같은 철학적 질문과 논의가 포함된다. 그것은 또한 인간 경험보다 훨씬 더 넓은 주제로 확장될 수 있다. 당신이 이러한 생각을 즐기거나 의도치 않게 이러한 생각을 하면, 아마도 실존지능을 가지고 있을 것이다.

한편 실존지능이 강한 사람들은, 인간 존재에 관한 복잡한 이론들이나 아이디어들을 두고 골똘히 생각하는 것을 즐김으로써, 그들을 뛰어난 추상적 사고자가 되게 한다.

① 지능 보유자의 특성

▶ 독창적인 답변과 설명을 한다.
▶ 무슨 일이 일어날지에 대해 자주 예측한다.
▶ 종종 현상 유지와 전통적인 관점에 의문을 제기한다.
▶ 항상 철학과 심리학 분야에서 뛰어났다.
▶ 확실한 해답이 없는 질문에 대해 곰곰이 생각하는 것을 즐긴다.
▶ 어떤 대상에서 의미를 찾거나 동시에 의미에 대해 질문하는 것을 좋아한다.
▶ 주제를 논의하거나 다른 관점을 들을 때, 안전지대에서 벗어나는 것(도전하는 것)을 좋아한다.

② 적합한 직업

경제학자, 과학자, 교사, 대중연설가, 동기부여강연자, 명상강사, 목사, 목회상담사, 사제, 신학자, 심령술사, 심리학자, 요가강사, 철학자 등

3. 커리어넷 적성 유형과 유형별 직업군[8]

여기에서는, 한국직업능력개발원이 개발하고 커리어넷에서 시행 중인 직업적성검사의 11가지 적성 유형에 대해, 특징과 적합한 직업군에 대해 간략히 살펴보고자 한다. 커리어넷 직업적성검사에서

측정하는 11가지 적성 유형은 **신체-운동능력, 손재능, 공간지각력, 음악능력, 창의력, 언어능력, 수리-논리력, 자기성찰능력, 대인관계능력, 자연친화력, 예술시각능력**으로, Gardner의 다중지능이론에서 주창한 아홉 가지 지능을 일부 분화시켜 보다 세분화하거나 제외하여 개발된 것이다. 따라서 여기에서는 다중지능이론에서 추가된 세 가지 능력, 즉 손재능, 창의력 및 예술시각능력을 포함하여 11가지 적성 유형에 대해 살펴보고, Holland 코드와 마찬가지로 한 가지의 단일 능력이 아닌 두 가지 이상의 복합 능력으로 결정되는 직업군에 대해 간략히 살펴보고자 한다.

이를 통해, 앞에서 언급한 다중지능이론과 함께 능력이나 지능이 직업 적성과 어떤 연관성이 있으며, 이들 능력이나 지능들이 MBTI 심리기능 및 성격유형, 사주 십성과 어떤 상관관계가 있는지를 도출함으로써, MBTI와 사주로 직업 적성을 평가하는 기초 자료를 마련하고자 한다.

(1) 손재능

손재능은 손으로 정교한 작업을 할 수 있는 능력을 말한다. 손재능 직업군에 속하는 직업들은, 업무 시간 중 대부분을 손을 활용하여 작업을 하면서 보낸다. 이미용 관련 서비스직에 속하는 직업들은 대개 손재능을 활용하여 다른 사람들에게 서비스를 제공하므로, 손재능 외에 미적인 감각과 사람들과 편안하게 이야기를 주고받을 수 있는 대인관계능력이 중요하다. 조리 관련직과 의복 제조 관련직의 직업들은 각각 음식과 옷을 만드는 직업으로, 관련된 분야의 손재능이 필요하며, 특별히 창의력이 더 요구되는 직업들은 따로 표시하였다. 기능직의 직업들은 기계 조작이나 건축과 관련된 손재능이 필요하다. 따라서 기계에 대한 이해, 건축물에 대한 이해가 필요하며, 전체적인 구조 속에서 이해할 수 있는 공간지각력이 필요하다. 기타 게임/오락/스포츠 관련직의 직업 중 카레이서는, 특별히 손재능 외에 운전 시간 동안 집중할 수 있는 신체-운동능력이 중요하다.

※ **대표직업** : 미용사, 제과사 및 제빵사, 항공기정비원, 전통건축원, 패턴사

• **직업군과 해당 주요 적성**

▶ 미용사, 이용사, 체형관리사, 피부관리사 : 손재능, 대인관계능력, 예술시각능력

▶ 네일아티스트, 메이크업아티스트, 분장사 : 손재능, 대인관계능력, 예술시각능력, 창의력

▶ 바리스타, 제과사/제빵사, 조리사/방장 : 손재능, 대인관계능력, 창의력

▶ 양장사/양복사, 의복수선원, 의복제품검사원, 제화원, 패턴사, 한복사 : 손재능, 예술시각능력

▶ 가구제조수리원, 건물도장원, 공업기계설치/정비원, 공작기계조작원, 금속가공장치조작원, 금형원, 단열원, 도축원/육류가공원, 배관원, 상하수처리관련조작원, 용접원, 자동조립라인/산업용로봇조작원, 전기설비조작원, 정밀기기제품제조원, 조적공, 주조원,

콘크리트공, 통신설비설치/수리원, 판금원, 플라스틱제품제조원, 화학제품제조원 : 손재능, 신체-운동능력
▶ 목공, 전통건축원, 캐드원, 항공기정비원, 항공기/선박조립/검사원 : 손재능, 신체-운동능력, 공간지각력
▶ 가전제품수리원, 의료장비기사, 전자장비설치/수리원 : 손재능, 신체-운동능력, 대인관계능력
▶ 프로게이머, 프로바둑기사 : 공간지각력, 손재능
▶ 카레이서 : 공간지각력, 손재능, 신체-운동능력
▶ 카지노딜러 : 공간지각력, 손재능, 수리-논리력
※ **자동차튜닝엔지니어** : 손재능, 수리-논리력
※ **방문미용사** : 손재능, 대인관계능력

※ 표시와 굵은 글씨의 직업명은 미래/신직업을 나타냄

(2) 창의력

 창의력은 독특한 방식으로 문제를 해결하고, 아이디어를 내는 능력을 말한다. 창의력 직업군에는 창작 활동이나 창의적 아이디어와 표현력과 관련된 직업군들이 대부분 포함된다. 여기에는 디자인 관련직, 작가 관련직, 예술기획 관련직, 연기 관련직, 웹/게임/애니메이션 관련직, 미술과 공예 관련직, 기타 특수 예술직이 해당한다. 연기 관련직은 개그맨, 마술사, 연기자 등이 해당하며, 창의적인 신체적 표현력이 필요하다. 예술기획 관련직에는 게임, 광고, 영화, 방송, 음반 등 다양한 콘텐츠로 이루어진 상품을 기획하고 개발하는 직업

들이 속한다. 이 직업군에 속하는 직업들은 창의력 외에도 공간지각력과 대인관계능력이 필요하다. 작가 관련직에 해당하는 직업들은 글쓰기와 이야기 구성과 관련된 상상력과 언어적 창의력이 필요하며, 언어능력 역시 매우 중요하다. 디자인 관련직에는 패션디자이너, 보석디자이너, 인테리어디자이너, 북디자이너 등의 직업들을 포함한다. 이 직업들은 예술적인 창의성이 요구되며, 이것을 실제로 표현해 낼 수 있는 손재능과 공간지각력이 중요하다. 웹/게임/애니메이션 관련직, 미술과 공예 관련직, 기타 특수 예술직은 창의력이 필요한 동시에 자신이 상상한 것을 보다 효과적으로 표현할 수 있는 공간지각력, 손재능 역시 매우 중요하다.

※ **대표직업** : 연기자, 영화감독, 패션디자이너, 작가, 광고기획자

- **직업군과 해당 주요 적성**

▶ 광고디자이너, 보석디자이너, 북디자이너, 시각디자이너, 인테리어디자이너, 제품디자이너, 컬러리스트, 컴퓨터그래픽디자이너, 특수효과기술자, 패션디자이너, 패션코디네이터 : 창의력, 예술시각능력, 손재능

▶ 구성작가, 극작가, 네이미스트, 드라마작가, 번역가, 소설가, 시인, 애니메이션작가, 영화시나리오작가, 작가, 카피라이터, 컴퓨터게임시나리오작가, 평론가 : 창의력, 언어능력

▶ 비디오저널리스트(VJ), 출판물기획전문가, 캐스팅디렉터 : 창의력, 예술시각능력, 대인관계능력

- ▶ 광고기획자, 무대감독, 연극연출가, 영화감독, 영화기획자 : 창의력, 예술시각능력, 대인관계능력, 공간지각력
- ▶ 광고/홍보전문가, 방송연출가, 파티플래너, 학예사(큐레이터) : 창의력, 예술시각능력, 대인관계능력, 언어능력
- ▶ 모델, 성우, 스턴트맨 : 창의력, 신체-운동능력, 언어능력
- ▶ 개그맨, 레크리에이션지도자, 마술사, 쇼핑호스트, 연기자 : 창의력, 신체-운동능력, 언어능력, 대인관계능력
- ▶ 만화가, 애니메이터, 웹디자이너, 일러스트레이터 : 창의력, 예술시각능력, 손재능
- ▶ 공예가, 도자기제조원, 서예가, 조각가, 화가 : 창의력, 예술시각능력, 손재능
- ▶ 귀금속/보석세공원, 보석감정사, 이미지컨설턴트, 조향사, 푸드스타일리스트, 플로리스트 : 창의력, 예술시각능력, 손재능
- ※ **3D프린팅전문가, 가상현실전문가** : 창의력, 공간지각력
- ※ **게임기획자, 디지털큐레이터, 스마트도시전문가, 스마트의류개발자** : 창의력, 수리-논리력
- ※ **게임방송프로듀서, 문화콘텐츠전문가, 홀로그램전문가** : 창의력, 예술시각능력

(3) 예술시각능력

 예술시각능력은 선, 색, 공간, 영상 등에 민감하게 반응하고, 조화롭게 재구성하는 능력을 말한다. 예술시각능력 직업군에 속하는 직

업들은, 창의력을 발휘하여 상상한 내용을 실제로 구현할 수 있는 능력을 요구한다. 그러므로 대부분의 예술시각능력 직업군은 예술시각능력뿐만 아니라, 창의력을 함께 요구한다. 예술시각능력 직업군에는 예술시각능력 외에 손재능을 발휘하여, 이를 직접적으로 표현하는 디자인 관련직, 웹/게임/애니메이션 관련직, 미술과 공예 관련직, 카메라 등의 기계를 통해 표현하는 영상 관련직이 있다.

※ **대표직업** : 사진작가, 애니메이터, 플로리스트, 시각디자이너, 문화재보존원

- **직업군과 해당 주요 적성**

▶ 공예가, 도자기제조원, 서예가, 조각가, 화가 : 예술시각능력, 손재능, 창의력
▶ 광고디자이너, 보석디자이너, 북디자이너, 시각디자이너, 인테리어디자이너, 제품디자이너, 컬러리스트, 컴퓨터그래픽디자이너, 특수효과기술자, 패션디자이너, 패션코디네이터 : 예술시각능력, 손재능, 창의력
▶ 사진기자, 사진사, 사진작가, 영사기사, 조명기사, 촬영기사, 편집기사 : 예술시각능력, 창의력
▶ 만화가, 애니메이터, 웹디자이너, 일러스트레이터 : 예술시각능력, 손재능, 창의력
▶ 게임기획자, 비디오저널리스트(VJ), 출판물기획전문가, 캐스팅디렉터 : 예술시각능력, 창의력, 대인관계능력
▶ 광고기획자, 무대감독, 연극연출가, 영화감독, 영화기획자 : 예술

시각능력, 창의력, 대인관계능력, 공간지각력
- ▶ 광고/홍보전문가, 문화재보존원, 방송연출가, 파티플래너, 학예사(큐레이터) : 예술시각능력, 창의력, 대인관계능력, 언어능력
- ▶ 귀금속/보석세공원, 보석감정사, 이미지컨설턴트, 조향사, 푸드스타일리스트, 플로리스트 : 예술시각능력, 창의력, 손재능
- ※ **매트페인터** : 예술시각능력, 손재능
- ※ **UX디자인컨설턴트** : 예술시각능력, 공간지각력
- ※ **개인미디어콘텐츠제작자, 캐릭터디자이너** : 예술시각능력, 창의력

(4) 신체-운동능력

신체-운동능력 직업군에 속하는 직업들은 업무 시간 동안 주로 신체를 활용한 움직임이 많은 직업들이 포함된다. 따라서 운동선수나 무용가, 스포츠트레이너 등의 운동 관련직과 무용 관련직은 상당히 높은 신체-운동능력을 요구한다. 또한 경찰관, 경호원, 소방관과 같은 안전 관련직의 직업들은 채용 과정에서 일정 수준 이상의 신체-운동능력을 기준으로 제시한다. 한편 일반운전 관련직의 직업들은 매우 높은 수준의 신체-운동능력을 요구하지는 않으나, 일하는 과정에서 상당한 수준의 체력을 요구한다.

※ **대표직업** : 소방관, 경찰관, 운동선수, 무용가, 선장 및 항해사

• **직업군과 해당 주요 적성**

▶ 운동선수 : 신체-운동능력
▶ 스포츠강사, 스포츠트레이너, 운동감독, 운동경기심판, 캐디 : 신체-운동능력, 대인관계능력
▶ 무용가, 백댄서, 안무가, 치어리더 : 신체-운동능력, 음악능력, 공간지각력, 창의력
▶ 경찰관, 경호원, 교도관, 무인경비시스템종사원, 소방관, 우편물집배원, 응급구조사, 직업군인, 청원경찰 : 신체-운동능력, 대인관계능력
▶ 대형트럭/특수차운전원, 버스운전기사, 선박갑판원, 신호원/수송원, 택시운전기사, 트럭운전기사 : 신체-운동능력
▶ 지게차운전원, 크레인/호이스트운전원 : 신체-운동능력, 손재능
▶ 건설기계운전원, 선장/항해사, 철도/지하철기관사 : 신체-운동능력, 공간지각력
※ **해양레저전문가** : 신체-운동능력, 공간지각력
※ **야외활동지도사, 케어매니저** : 신체-운동능력, 대인관계능력

(5) 공간지각력

공간지각력 직업군에 속하는 직업들은 대체로 현실이나 사이버 같은 공간 내에서 벌어지는 일들에 대한 상상력을 요구한다. 예를 들어 비행기조종사와 같은 고급 운전 관련직에 속하는 직업들은 하

늘이나 바다 등의 공간에서 운전할 수 있는 공간지각력과 함께 수리-논리력과 신체-운동능력을 필요로 한다. 또한 프로바둑기사, 프로게이머와 같은 특수 스포츠 관련직의 직업들 역시 머릿속으로 전략을 짜고 이를 가상적으로 실행해 보는 것이 요구되므로 공간지각력이 필요하다. 한편 공학 기술직 분야의 사람들은 건축, 금속, 재료, 토목, 조선, 항공 등 각각의 분야에 해당하는 설비와 기계 등을 개발하고 연구하는 사람들로, 관련 분야 지식과 현실 공간에서 3차원 사물을 상상하고 구현할 수 있는 능력이 중요하며 수리-논리력 역시 필요하다. 또한 공학 전문직 분야의 사람들은 좀 더 전문적으로 상황에 대해 예측하고 판단할 수 있어야 하므로 수리-논리력 또한 필요로 한다.

※ **대표직업** : 비행기조종사, 카레이서, 무대감독, 건축공학기술자, 도시계획가

• 직업군과 해당 주요 적성

▶ 건설견적원, 건설공사품질관리원, 방사성폐기물관리원, 비파괴검사원, 산업안전관리원, 식품공학기술자, 측량사, 해양환경기사, 환경영향평가원, 환경위생검사원 : 공간지각력, 수리-논리력

▶ 섬유제조원, 직조원, 통신장비기사 : 공간지각력, 수리-논리력, 신체-운동능력

▶ GIS전문가, 건축공학기술자, 건축사, 금속공학기술자, 기계공학기술자, 대체에너지개발연구원, 도시계획가, 로봇연구원, 메카트로닉공학기술자, 무선주파수(RF)엔지니어, 반도체공학기술자, 산

업공학기술자, 상수도기술자, 석유화학기술자, 섬유공학기술자, 신경회로망연구원, 에너지공학기술자, 원자력연구원, 인공위성개발원, 자동차공학기술자, 재료공학기술자, 전기공학기술자, 전자공학기술자, 조선공학기술자, 컴퓨터공학기술자, 토목공학기술자, 통신공학기술자, 통신망설계운영기술자, 통신엔지니어, 항공우주공학기술자, 해양공학기술자, 해양수산기술자, 화학공학기술자 : 공간지각력, 수리-논리력

▶ 도선사, 비행기조종사 : 공간지각력, 신체-운동능력
▶ 항공교통관제사 : 공간지각력, 신체-운동능력, 언어능력
▶ 프로바둑기사, 프로게이머 : 공간지각력, 손재능
▶ 카레이서 : 공간지각력, 손재능, 신체-운동능력
▶ 카지노딜러 : 공간지각력, 손재능, 수리-논리력
※ **도시재생전문가** : 공간지각력, 창의력
※ **무인자동차엔지니어** : 공간지각력, 수리-논리력
※ **무인항공촬영감독** : 공간지각력, 예술시각능력

(6) 음악능력

음악능력 직업군에 속하는 직업에는 음악 관련직과 악기 관련직이 있다. 예를 들어 가수, 연주가, 작곡가 등의 음악 관련직의 직업들은 상당히 높은 음악능력과 재능, 그리고 훈련을 요구한다. 특히 음악치료사는 음악능력 외에 대인관계능력도 필요하다. 한편 악기수리원이나 악기제조원과 같은 악기 관련직의 직업들은 역시 뛰어

난 청음 능력과 음악에 대한 지식과 재능이 요구된다.

※ **대표직업** : 가수, 지휘자, 음반기획자, 악기제조원, 음향기사

• 직업군과 해당 주요 적성

▶ 가수, 국악인, 녹음기사, 성악가, 연주가, 음향기사, 작곡가, 지휘자 : 음악능력, 창의력
▶ 음반기획자, 음악강사, 음악치료사 : 음악능력, 창의력, 대인관계능력
▶ 악기수리원/조율사, 악기제조원 : 음악능력, 손재능
※ **붐오퍼레이터** : 음악능력, 손재능

(7) 언어능력

언어능력은 기본적으로 대부분 직업에서 필요로 하는 능력이다. 다음에 제시된 언어능력 직업군은 특히 더 말을 하거나 글을 쓰는 활동이 직업 활동에 상당 부분 관여하는 직업군들이다. 예를 들어 작가 관련직, 인문 및 사회과학 전문직이 주로 글을 쓰는 능력을 요구하는 반면, 법률 및 사회활동 관련직, 인문계 교육 관련직, 언어 관련 전문직은 주로 말을 하여 다른 사람들을 설득하거나 교육하는 능력을 요구한다.

※ **대표직업** : 기자, 소설가, 변호사, 통역가, 심리학연구원

• **직업군과 해당 주요 적성**

▶ 리포터, 스포츠해설가, 아나운서 : 언어능력, 대인관계능력, 창의력

▶ 기자, 출판편집자, 통역가 : 언어능력, 대인관계능력, 창의력, 수리-논리력

▶ 구성작가, 극작가, 네이미스트, 드라마작가, 번역가, 소설가, 시인, 애니메이션작가, 영화시나리오작가, 작가, 카피라이터, 컴퓨터게임시나리오작가, 평론가 : 언어능력, 창의력

▶ 교장, 인문계중등교사, 장학사, 특수교사 : 언어능력, 수리-논리력, 대인관계능력, 창의력, 자기성찰능력

▶ 경제학연구원, 교육학연구원, 사회학연구원, 심리학연구원, 언어학연구원, 역사학연구원, 인문사회계열교수, 정치학연구원, 철학연구원, 행정학연구원 : 언어능력, 수리-논리력, 창의력

▶ 검사, 국회의원, 노무사, 법무사, 변리사, 변호사, 외교관, 판사, 행정부고위공무원 : 언어능력, 수리-논리력, 대인관계능력, 자기성찰능력

※ **스포츠심리상담원, 헬스케어컨설턴트** : 언어능력, 대인관계능력

(8) 수리-논리력

수리-논리력 직업군에 속하는 직업들은 상당한 수준의 계산능력, 수에 대한 감각, 논리적인 사고방식 등을 요구한다. 예를 들어 의료 관련 전문직, 이공계 교육 관련직, 이학 및 공학 전문직, 기술직,

IT 관련 전문직은, 중등 및 고등학교에서는 이과, 대학교에서는 의학 계열, 공학 계열, 이학 계열과 관련이 높은, 대표적인 수리-논리력 직업들이다. 그러나 인문 및 사회과학 전문직, 인문계 교육 관련직이 수리-논리력 직업군에 속하게 된 것은, 최근 들어 인문 및 사회과학 분야에서도 상당한 통계적인 능력을 요구하고 논리적인 글쓰기 등이 중요하기 때문이다. 또한 금융 및 경영 관련 전문직, 법률 및 사회활동 관련직, 회계 관련직은 주로 문과에 속하지만, 마찬가지로 수학과 관련된 지식과 적성을 요구한다.

※ **대표직업** : 회계사, 투자분석가, 변리사, 식품공학기술자, 네트워크엔지니어

- **직업군과 해당 주요 적성**

▶ 건설견적원, 건설공사품질관리원, 방사성폐기물관리원, 산업안전관리원, 섬유제조원, 직조원, 측량사, 통신장비기사, 해양환경기사 : 수리-논리력, 공간지각력, 신체-운동능력

▶ GIS전문가, 건축공학기술자, 건축사, 금속공학기술자, 기계공학기술자, 대체에너지개발연구원, 도시계획가, 로봇연구원, 메카트로닉공학기술자, 무선주파수(RF)엔지니어, 반도체공학기술자, 산업공학기술자, 상수도기술자, 석유화학기술자, 섬유공학기술자, 신경회로망연구원, 에너지공학기술자, 원자력연구원, 인공위성개발원, 자동차공학기술자, 재료공학기술자, 전기공학기술자, 전자공학기술자, 조선공학기술자, 컴퓨터공학기술자, 토목공학기술자, 통신공학기술자, 통신망설계운영기술자, 통신엔지니어, 항공

우주공학기술자, 해양공학기술자, 해양수산기술자, 화학공학기술자 : 수리-논리력, 공간지각력
▶ 방사선사, 수의사, 약사/한약사, 임상병리사, 일반의사, 전문의사, 치과의사, 한의사 : 수리-논리력, 손재능, 언어능력, 대인관계능력, 자기성찰능력
▶ IT컨설턴트, 가상현실전문가, 고객관리시스템(CRM)전문가, 네트워크엔지니어, 데이터베이스관리자, 베타테스터, 시스템소프트웨어개발자, 시스템엔지니어, 시스템운영관리자, 웹마스터, 웹프로듀서, 의료정보시스템개발자, 전자상거래전문가, 정보보호전문가 : 수리-논리력
▶ 기상연구원, 물리학연구원, 발명가, 수질환경연구원, 수학연구원, 일기예보관, 지질학연구원, 천문학연구원, 통계학연구원, 해양학연구원 : 수리-논리력
▶ 생물공학연구원, 생물학연구원, 신약개발연구원, 유전공학연구원, 해부학연구원, 화학연구원 : 수리-논리력, 손재능
▶ 이공학계열교수 : 수리-논리력, 언어능력
▶ 교장, 인문계중등교사, 장학사, 특수교사 : 수리-논리력, 언어능력, 대인관계능력, 창의력, 자기성찰능력
▶ IT교육강사, 자연계중등교사, 직업능력개발훈련교사 : 수리-논리력, 언어능력, 대인관계능력, 자기성찰능력
▶ 경영컨설턴트, 국제무역사무원, 금융자산운용가(펀드매니저), 마케팅전문가, 물류관리사, 바이어, 보험계리인, 선물중개인, 시장/

여론조사전문가, 신용조사원, 외환딜러, 은행출납사무원, 증권분석가, 증권중개인, 투자분석가(애널리스트) : 수리-논리력, 언어능력, 대인관계능력

▶ 감정평가사, 관세사, 세무사, 손해사정사, 회계사, 회계사무원 : 수리-논리력, 언어능력, 대인관계능력

▶ 경제학연구원, 교육학연구원, 사회학연구원, 심리학연구원, 언어학연구원, 역사학연구원, 인문사회계열교수, 정치학연구원, 철학연구원, 행정학연구원 : 수리-논리력, 언어능력, 창의력

▶ 국회의원, 외교관, 행정부고위공무원, 노무사, 검사, 판사, 법무사, 변호사, 변리사 : 수리-논리력, 언어능력, 대인관계능력, 자기성찰능력

※ **드론콘텐츠전문가, 스마트재난관리관리자, 스마트그리드엔지니어** : 수리-논리력, 공간지각력

※ **디지털포렌식수사관, 로봇공학자, 블록체인전문가, 빅데이터전문가, 사물인터넷전문가, 생체인식전문가, 우주항공공학자, 의료기기개발전문가, 인공지능전문가, 정보보호전문가, 지식재산전문가, 클라우드시스템엔지니어** : 수리-논리력, 창의력

※ **원격진료코디네이터** : 수리-논리력, 대인관계능력

※ **기후변화대응전문가, 바이오의약품개발전문가, 생물정보분석가, 신재생에너지전문가, 해양에너지기술자** : 수리-논리력, 자연친화력

(9) 자기성찰능력

자기성찰능력은 모든 직업에서 대부분은 일정 수준 이상 필요로 하는 능력이다. 다음에 제시된 직업들은 특히 삶의 목표를 설정하고 자신을 돌아보는 능력이 중요한 직업들이 포함되었다. 여기에는 교육 관련 서비스직, 인문계 교육 관련직, 이공계 교육 관련직, 공공의 이익을 우선시하는 사회 서비스직과 사회문제를 다루는 법률 및 사회활동 관련직이 포함되어 있다. 특히 사회복지사, 상담전문가, 성직자, 사회단체활동가, 판사 등은 고도의 자기성찰능력을 필요로 하는 직업이라 볼 수 있다.

※ **대표직업** : 사회복지사, 외교관, 의사, 판사, 사회단체활동가

• 직업군과 해당 주요 적성

▶ 독서지도사, 초등교사, 학습지방문교사, 학원강사 : 자기성찰능력, 언어능력, 대인관계능력, 창의력
▶ 보육교사, 유치원교사 : 자기성찰능력, 언어능력, 대인관계능력, 창의력, 손재능
▶ 교장, 인문계중등교사, 장학사, 특수교사 : 자기성찰능력, 수리-논리력, 언어능력, 대인관계능력, 창의력
▶ IT교육강사, 자연계중등교사, 직업능력개발훈련교사 : 자기성찰능력, 수리-논리력, 언어능력, 대인관계능력
▶ 사회단체활동가, 사회복지사, 상담전문가, 성직자, 직업상담/취업

알선원 : 자기성찰능력, 대인관계능력, 언어능력
▶ 국회의원, 외교관, 행정부고위공무원, 노무사, 검사, 판사, 법무사, 변호사, 변리사 : 자기성찰능력, 언어능력, 수리-논리력, 대인관계능력
▶ 방사선사, 수의사, 약사/한약사, 임상병리사, 일반의사, 전문의사, 치과의사, 한의사 : 자기성찰능력, 수리-논리력, 손재능, 언어능력, 대인관계능력
※ **약물남용행동장애상담사** : 자기성찰능력, 언어능력
※ **로봇윤리학자** : 자기성찰능력, 수리-논리력
※ **평등관리사무원** : 자기성찰능력, 대인관계능력

(10) 대인관계능력

대인관계능력 직업군에 속하는 직업들은 사람들과 원활하고 정확하게 의사소통할 수 있는 능력과 사람들과 친밀해지는 능력 등을 필요로 한다. 예를 들어 병원, 보건소 등의 의료 환경에서 사람을 대하는 보건의료 관련 서비스직, 학교, 어린이집 등의 교육을 담당하는 교육 관련 서비스직, 사람들의 복리후생을 돕는 사회 서비스직, 상품 판매를 목적으로 하는 영업 관련 서비스직, 일반 행정을 처리하는 사무 관련직, 사람들에게 경호, 안내 등의 일반 서비스를 제공하는 일반 서비스직, 행사나 회의 등의 상품을 개발하는 기획 서비스직이 여기에 속한다. 또한 웨딩플래너, 스포츠에이전트 등 관련 정보를 바탕으로 여러 서비스를 대행해 주는 매니지먼트 관련직도 대

인관계능력 직업군에 속한다.

※ **대표직업** : 비행기승무원, 간호사, 자동차영업원, 호텔지배인, 국제회의전문가

• **직업군과 해당 주요 적성**

▶ 독서지도사, 초등교사, 학습지방문교사, 학원강사 : 대인관계능력, 자기성찰능력, 언어능력, 창의력

▶ 보육교사, 유치원교사 : 대인관계능력, 자기성찰능력, 언어능력, 창의력, 손재능

▶ 간병인, 병원코디네이터, 언어능력치료사, 영양사, 위생사, 임상심리사, 호스피스전문간호사 : 대인관계능력

▶ 간호사, 물리치료사, 안경사, 작업치료사, 치과기공사, 치과위생사 : 대인관계능력, 손재능

▶ 장의사 : 대인관계능력, 신체-운동능력

▶ IT기술영업원, 농수산물중개인, 바텐더, 방문판매원, 부동산중개인, 상점판매원, 상품중개인, 생활설계사, 소믈리에, 영업원, 자동차영업원, 접객원, 텔레마케터, 홍보도우미 : 대인관계능력, 신체-운동능력

▶ 경비원, 계기검침원, 신용관련추심원, 주차관리원, 주택관리사 : 대인관계능력

▶ 객실승무원, 비행기승무원, 여행안내원 : 대인관계능력, 신체-운동능력

▶ 국제회의전문가, 여행상품개발원, 행사기획자, 헤드헌터, 호텔지

배인 : 대인관계능력, 언어능력, 창의력
- ▶ 스포츠에이전트, 연예인매니저, 웨딩플래너, 커플매니저, 혼례종사원 : 대인관계능력, 언어능력
- ▶ 군무원, 법률사무원, 사무보조원, 사서, 사이버교육운영자, 속기사, 의무기록사, 일반공무원, 전문비서, 정보중개인 : 대인관계능력, 언어능력, 수리-논리력
- ※ **노인전문간호사** : 대인관계능력, 신체-운동능력
- ※ **여행기획자** : 대인관계능력, 창의력
- ※ **사이버평판관리자, 크라우드펀딩전문가, 노년플래너** : 대인관계능력, 언어능력

(11) 자연친화력

자연친화력이라는 적성은 꼭 직업과 관련되지 않더라도 여행, 산행, 애완동물 기르기, 식물 기르기 등의 취미 생활과 관련이 깊다. 만약에 자연친화력 적성을 살려 직업을 찾고자 한다면 다음과 같은 직업들이 후보가 될 수 있는데, 자연친화력 직업군에는 업무 시간 동안 주로 동물이나 식물을 다루는 직업들과 환경 관련 직업들이 포함된다. 따라서 자연친화력 관련직에는 동물이나 식물을 돌보는 직업들로 동물조련사, 수의사, 원예기술자 등이 속하며, 환경 관련 전문직은 환경과 관련된 지식이 필요한 일들로 조경기술자, 환경컨설턴트 등이 속한다. 또한 동식물과 함께 생활하며 이들을 돌봐야 하는 농림어업 관련직도 자연친화력 직업군에 속한다. 한편 여기에는

나타나 있지 않지만, 환경 관련 단체의 사회단체 활동가 역시 자연친화력이 필요하다.

※ **대표직업** : 동물조련사, 수의사, 농업기술자, 원예기술자, 환경컨설턴트

• **직업군과 해당 주요 적성**

▶ 동물조련사, 수의사, 애완동물미용사 : 자연친화력
▶ 가축사육사, 곡식작물재배자, 과수작물재배자, 조경원, 조경기술자, 조림영림/벌목원, 양식원, 연근해어부/해녀, 원양어부, 원예기술자, 채소/특용작물재배자, 화훼재배기술자 : 자연친화력, 신체-운동능력
▶ 농업기술자, 대기환경기술자, 소음진동기술자, 토양환경기술자, 환경공학기술자, 환경설비기술자, 환경컨설턴트 : 자연친화력, 수리-논리력
※ **곤충음식개발자/조리자** : 자연친화력, 창의력
※ **생명공학자, 스마트팜구축가, 정밀농업기술자** : 자연친화력, 수리-논리력
※ **동물돌봄이/훈련가** : 자연친화력, 자기성찰능력
※ **동물랭글러, 동물보호보안관, 수의테크니션, 애완동물행동상담원** : 자연친화력, 대인관계능력

4. 커리어넷 적성 유형별 MBTI 심리기능 및 성격유형과 사주 십성 간의 상관관계

지금까지 진로나 직업 찾기에 있어, 고려해야 할 여러 요소 중에서 가장 중요한 직업 적성과 관련하여, Gardner의 다중지능이론과 커리어넷 직업적성검사의 11가지 유형 및 유형별 직업군에 대해 살펴보았다.

여기에서는, 현재 가장 많이 활용되고 있는 커리어넷 직업적성검사의 11가지 적성 유형과 유형별 MBTI 심리기능 및 성격유형, 사주 십성 간의 상관관계에 대해 고찰함으로써, 진로를 찾을 때 실제로 적용할 수 있는 기초를 마련하고자 한다. 이러한 작업은 제2절에서 비교적 자세하게 언급한 여덟 가지 심리기능의 심리 특성과 이와 관련한 재능이나 능력을 중심으로 이루어진 것으로, 상호 1:1 대응에 대한 논리적, 합리적 뒷받침을 위해서는 여덟 가지 심리기능에 대한 깊은 이해가 필요하다.

(1) 신체-운동능력

기초체력을 바탕으로 하여, 효율적으로 몸을 움직이고 동작을 학습할 수 있는 능력을 말한다. Gardner의 다중지능이론에서 신체-운동능력은 손재능과 운동능력을 포괄하는 개념이지만, 커리어넷의 적성 유형에서는 손재능과 운동능력을 분리하여 더 세분화하였다. 따라서 여기에서의 신체-운동능력은 운동능력에 국한되는 것으로, 새로운 감각적 경험이나 활동의 스릴을 즐기는 SP 또는 STP들이 해당하는데, Se(정재)를 주기능이나 부기능으로 사용한다.

▶ 해당 심리기능 : Se > Ti
▶ 해당 사주 십성 : 정재 > 편관 > 비견/겁재
▶ 해당 MBTI 성격유형 : ESTP > ESFP > ISTP > ISFP (SP 또는 STP 유형)

※ 비견은 나와 비슷한 자아, 신체의 기운이 비견의 수만큼 더 생기는 모습으로 신체 능력이 배가됨
※ 겁재는 자존감도 높지만, 외향성이라 객체와의 경쟁에서 이기고자 하는 승부욕이 강해 우열을 가리는 운동경기에서 필요한 성분임

(2) 손재능

손재능은 손으로 정교한 작업을 할 수 있는 능력을 말한다. SP들은 손으로 하는 작업과 프로젝트를 통해 Se를 참여시킬 수 있다. Se(정재)가 손과 발을 비롯하여 오감을 사용하고 통제, 제어한다는 점에서 일차적으로 해당하는 심리기능이지만, 단순하게 손만 움직인다고 해서 재능을 발휘할 수 있는 것이 아니다. 따라서 재능을 발휘하기 위해서는, 소위 손재주라고 하는 손과 눈의 협응을 비롯하여, 눈대중하기(Eyeballing) 등 어떤 상황에서든 기발하고 획기적인 묘수, 비법 또는 문제의 해결책을 만들어 낼 수 있는 Ti 기능의 사용이 필수적이다.

이같이 심리기능에 대한 분석을 통해 비교해 보면, Gardner의

다중지능이론에서 신체-운동능력에 손재능이 포함된 것을 굳이 커리어넷에서 분리할 필요가 있는가에 대한 의문이 든다. 그러나 굳이 분리한 것은, 신체-운동능력과 비교하여 Ti의 비중이 높다는 점과 직업군을 세분화하기 위함이라고 저자는 이해한다.

▶ 해당 심리기능 : Se ‖ Ti
▶ 해당 사주 십성 : 정재 ‖ 편관
▶ 해당 MBTI 성격유형 : ESTP ‖ ISTP > ESFP > ISFP (SP 또는 STP 유형)

(3) 공간지각력

공간지각력은 머릿속으로 그림을 그리며 생각할 수 있는 능력을 말한다. 일반적으로 공간지각은 공간 관계나 공간 위치를, 감각을 통해 파악하는 능력으로 오감을 다 사용하는데, 그중에서도 시각을 통해서 지각되는 공간이 가장 명확하다. 이처럼 일반적으로 언급되는 공간지각은 한쪽 눈(單眼端緒) 또는 양쪽 눈(兩眼端緒)을 사용하여 2차원인 망막상을 3차원으로 지각하는 것으로, 말 그대로 시각적 지각의 영역이다. 또한 공간개념은 3차원 공간에서 위치 관계를 이해하는 공간 방향화, 이미지를 생성하고 조직하는 능력인 공간 시각화, 눈-운동 협응, 형태-바탕 지각, 지각적 항상성, 공간 내에서의 위치 지각, 공간 관계의 지각, 시각적 변별, 시각적 기억 등을 포함한 복합적인 공간 능력을 포괄하는 개념이다.

일반적으로 공간지각력은 Gardner의 다중지능이론에서 시각-공간 지능(Visual-Spatial Intelligence)이라 하여 감각적 측면을 중심에 두는 것으로 여겨진다. 저자도 내향적 감각이 공간지각력의 특징에 우선 부합한다고 생각하며, 더 포괄적이고 광범위한 공간개념인 내향적 사고(Ti)도 같이 공간지각력과 연계된 심리기능으로 보는 것이 합리적이다.

또한 이 능력은 심상(心像), **공간추론**, 이미지 조작/처리, 상상력, 관찰한 모든 대상의 패턴 인식, 그래픽과 예술적 능력 등을 포괄한다. 이것은 논리적 추론을 아이디어, 디자인 등을 시험하고 사용하는 데 보다 추상적으로 적용하는 것으로 외향적 직관에 해당한다.

▶ 해당 심리기능 : Si ∥ Ti > Ne
▶ 해당 사주 십성 : 편재 ∥ 편관 > 정인
▶ 해당 MBTI 성격유형 : ISTJ/ISFJ ∥ ISTP/INTP(내향형 우선)

(4) 음악능력

음악능력은 노래 부르고 악기를 연주하며 감상할 수 있는 능력을 말한다. 음악도 감정 표현의 한 수단으로서, 감정기능인 Fe와 Fi가 해당한다. 먼저 Fe는 자신의 경험을 담아내고 전달하는 데 언어가 부적절하다고 느끼므로, 자신의 정서적 삶을 이해하고 표현하는 수단으로서 시나 미술을 포함하여 음악에 눈을 돌린다. 또한 Fi는 진실하고 진정한 느낌에 관한 그들의 인상을 강화하기 위해 자신도 모르게 긍정적인 감정마저 억누르는데, 이러한 우울감과 불만을 표현하는 수단으로 마찬가지로 미술, 시 또는 음악에 관심을 가진다. 물론 이러한 음악능력에 창의력이 더해지면 작곡을 포함하여 음악 관련 분야에서 창작능력을 발휘하게 된다.

한편 명리학에서도 상관과 식신은 자신의 감정을 표현하는 십성들이며, 일반적으로 상관은 주로 말이나 음성으로, 식신은 문자로 표현한다고 해석한다.

자신을 표현하는 수단으로 예술을 매개로 했던 예로서, 미국의 20세기를 대표하는 추상 표현주의 화가인 마크 로스코의 글을 아들이 편집하여 발표한 책의 일부 내용을 소개한다.

"아버지는 그 당시 책이 함축하고 있는 내용을 그림으로 만족스럽게 표현할 수 없었기에 책을 썼다. 그리고 나중에 그는(마크 로스코) 자신의 글보다 그림을 통해 더 효과적으로 그런 사상을 표현할 수 있다는 사실을 깨달았기에 이 계획(책 쓰기를 마무리하는 것)을 포기했고, 그래서 마무리 짓지 않은 채 그냥 둔 것이다." _ 『예술가의 창조적 진실』 중에서

▶ 해당 심리기능 : Fe ‖ Fi
▶ 해당 사주 십성 : 상관 ‖ 식신
▶ 해당 MBTI 성격유형 : ENFJ > ESFJ ‖ INFP > ISFP (감정기능)

한편 일간 신문에 게재된 다음의 대담 기사도 음악 재능과 관련하여 눈여겨볼 필요가 있다. 유럽에서 활동 중인 윤한결 작곡가 겸 지휘자는, 내향적이고 논리적인 사색가(INTP)형은 지휘자보다는 작곡가에 가까운 유형이라 전제하고, "몸으로 지휘하고 머리로는 작곡하려 애쓴다"라고 언급했다. 또한 그는 작품을 쓸 적에는 생필품을 사거나 식당 갈 적을 제외하고는 보름 가까이 칩거한 적도 있다고 했다. 이는 전형적인 내향성의 특징을 잘 보여 준다.

일반적으로 음악능력은 자신을 표현하는 수단으로서의 능력으로 간주하여, 감정기능이 음악능력을 대표하는 심리기능으로 본다. 그러나 저자는 윤한결 작곡가가 말한 것처럼, 작곡은 자신의 표현 방식으로서의 범주를 벗어나 새로운 곡을 창작하는 과정으로, 사고와 창의성이 필요한 작업이라 생각한다. 또한 지휘자는 음악에 대한 이해도도 중요하지만, 온몸으로 지휘하고 100명의 단원을 통제, 지휘하는 역할이 매우 중요하므로 판단형인 J가 필요하고, 특히 감각기능(Se와 Si)의 역할이 요구된다고 생각한다.

따라서 독자분들이 음악능력을 감정기능으로만 일률적으로 재단하는 것은 많은 오해를 낳을 수 있으므로, 연주, 성악, 작곡 및 지휘 등의 분야에 맞는 적성을 숙고할 필요가 있다.

(5) 창의력

창의력은 새롭고 독특한 방식으로 문제를 해결하고, 아이디어를 내는 능력을 말한다. 창의력은 의심할 나위 없이 직관기능의 몫이다. 직관기능 중 외향형인 Ne는 수많은 아이디어, 연결 및 개념적 가능성을 만들어 내는 데 전문화된 직관의 발산적 형태이다. Ne의 미래 가능성에 관한 관심이 NP에게 창의성이 요구되는 예술, 디자인, 마케팅, 발명, 창업 등의 분야에 뛰어난 감각을 부여한다. 또한 내향형인 Ni를 융이 예술가로 묘사한 바와 같이, 창의력과 연관이 있다. 내향적 직관기능인 Ni를 주기능으로 사용하는 INTJ, INFJ는 아이디어, 관점, 이론, 비전, 이야기, 상징, 은유를 시험하고 사용하기를 즐기는데, 이러한 것이 창의성의 기초가 된다. 그러나 Ne를 상상력, Ni를 통찰력으로 구분할 정도로 엄밀하게 보면 창의성, 창조성, 창작성 등의 어휘는 Ne와 더 가까워 보이며, Ni는 선견지명, 통찰력, 비전 등의 어휘에 맞는 심리기능이다. 따라서 각 심리기능에 대응하는 직업군도 차이가 있다.

한편 명리학에서도 정인과 편인을 육감 또는 영감의 원천인 직관적 특성으로 보아 추상성, 간결(소)성, 종교성 등으로 해석하지만, 상상력, 창의성, 창조성, 독창성 등은 식신의 특성으로 해석하는 점이 완전히 다른 점이다.

시인과 영감에 대해 플라톤은, 시인이란 물음에 다음과 같이 말했다.

"시인은 자신의 현실적인 감각(Sense)을 잃고 영감을 얻을 때까지 창작이란 있을 수 없다. 생각(Mind)은 그에게 머물러 있지 않다." _ 『이온(Ion)』 중에서

▶ 해당 심리기능 : Ne > Ni
▶ 해당 사주 십성 : 정인 > 편인
▶ 해당 MBTI 성격유형 : ENTP/ENFP > INTP/INFP > INTJ/INFJ > ENTJ/ENFJ (직관기능/인식형 우선)

(6) 언어능력

언어능력은 말과 글로써 자기의 생각과 감정을 **표현**하며, 다른 사람의 말과 글을 잘 **이해**할 수 있는 능력을 말한다. 앞서 음악능력에서 언급한 바와 같이, Fe와 Fi는 어떠한 방식을 취하든, 자기의 생각과 감정을 표현하는 데 뛰어난 기능들이다. Fe의 외향적 본질은, FJ가 모든 유형 중에서 가장 감정적으로 표현력이 있고 말을 잘한다는 사실로 잘 보여 준다. 또한 내향적 감정기능인 Fi는 자신의 우울함과 불만을 예술적 수단을 통해 표현하는데, 특히 ISFP와 INFP는 미술, 시, 이야기/소설에 많은 관심이 있다. 결론적으로 Fe를 주기능으로 사용하는 유형들은 주로 말로써 자신을 표현하고, Fi를 주기능으로 사용하는 유형들은 주로 글로써 자신을 표현한다고 볼 수 있으며, 이는 명리학에서의 상관과 식신의 구분에서도 같이 적용된다.

한편 외향적 직관기능인 Ne는 아이디어, 사실 또는 경험들에서 관계나 패턴을 찾기 위해 유심히 살피는 경향이 있는데, NP는 일반적으로 독서, 대화 및 자연 또는 예술에 참여하거나 관여하는 등의 활동에 Ne를 사용한다. 이러한 Ne의 성향은 대화나 독서를 통해 상대방의 말이나 글을 이해하는 데 이바지한다.

언어지능이 높은 사람들은 외향적이고 경험에 대한 개방성이 높은 경향(Ne)이 있다. 이러한 개인은 표현력이 풍부하고 언어를 통해 다른 사람들과 소통할 수 있어 **글쓰기, 저널리즘, 대중 연설** 또는 **교육**과 같은 분야의 직업에 적합하다. 소설을 쓰든 학생을 가르치든, 단순히 다른 사람들과 대화를 나누든, 언어적 지능은 효과적으로 연결하고 소통하며, 자신의 목소리를 들리게 하는 데 도움이 될 수 있다.

▶ 해당하는 심리기능 : Fe/Fi ‖ Ne
▶ 해당하는 사주 십성 : 상관/식신 ‖ 정인
▶ 해당 MBTI 성격유형 : INFP/ENFJ ‖ ENFP/INFJ (NF 유형)

(7) 수리-논리력

수리-논리력은 논리적으로 사고하여 문제를 해결하는 능력을 말한다. 일반적으로 논리적, 합리적, 객관적이라는 어휘는 사고의 영역이며, 명리학에서도 관성(정관, 편관)이 이에 해당한다. 외향적 사고기능인 Te는 주로 좌뇌의 특징인 논리적, 분석적, 체계적이다. 한편 내향적 사고기능인 Ti는 논리적 사고가 제2의 천성이기는 하지만, 공간적이든 수학적이든 논리적 추론이 타고난 성향이다. 또한 Ti는 숫자 감각 또는 수리 개념과 연관되어 있으며, 숫자 감각이 뛰어나다는 것은 사고기능을 내부로 사용하는 Ti의 특성 중 하나이다. 게다가 Ti의 잠재적 관심사는 모든 종류의 독립적이거나 자기주도적인 프로젝트로, 분석, 전략 수립, 문제해결 또는 비판적 사고를 포함하는 활동들이다. 아울러 수리-논리력은 외향형보다는 **내향형**과 더 연계된 것으로 보인다.

한편 명리학에서는 일반적으로 숫자와 관련된 십성으로 정재나 편재가 거론되는데, 정재가 꼼꼼하고 치밀한 심리 특성이 있다는 것은 합리적 판단이지만, 재성을 숫자 또는 수리 개념과 관련시키는 것은 어디에도 그 근거를 찾을 수 없다.

▶ 해당하는 심리기능 : Ti/Te
▶ 해당하는 사주 십성 : 편관/정관
▶ 해당 MBTI 성격유형 : ISTP/INTP ‖ ISTJ/INTJ > ESTP/ENTP ‖ ESTJ/ENTJ (ITP와 ITJ 유형/내향형 우선)

(8) 자기성찰능력(자기이해능력)

자기성찰능력은 자신의 생각과 감정을 알며, 자신을 돌아보고 감정을 조절할 수 있는 능력을 말한다. 이러한 능력은 **내향형**과 관련될 것이라 유추할 수 있지만, 특히 내향적인 감정은 자신만의 세계관, 즉 개인화된 가치 체계를 형성하는 데 작용하며 이는 자기 이해와 의사결정을 위한 플랫폼 역할을 할 수 있다. 또한 FP는 자신이 다른 사람들을 거의 통제할 수 없다고 느낄 수 있지만, 자신이 통제하고 조절할 수 있는 유일한 것은 자신의 내적 세계, 즉 그들 자신의 감정, 가치, 결정이라고 느낀다.

그리고 내향적 사고기능인 Ti도 Fi와 같이 내향적 판단기능으로,

둘 다 내적 질서와 구조에 대한 감각이 있고, 둘 다 철저하고 집중적이며, 둘 다 보다 개별화되거나 주관적인 판단 과정을 포함한다. 또한 Ti가 내부 구조를 구축하고 수정하는 과정을 포함하고 있다는 점에서 Fi와 비슷하다.

한편 명리학의 십성에 있어 심리적 특성을 논할 때, 자기성찰 또는 자기 이해에 해당하는 십성의 개념은 정립되어 있지 않으므로, 이 책을 통해 새로이 정립하는 의미가 있다.

▶ 해당하는 심리기능 : Fi > Ti
▶ 해당하는 사주 십성 : 식신 > 편관
▶ 해당 MBTI 성격유형 : ISFP/INFP > ISTP/INTP (IFP 유형/내향형 우선)

(9) 대인관계능력

대인관계능력은 다른 사람들과 더불어 살아가는 능력을 말한다. 대인관계라는 어휘에서 명시하듯이, 대상이 상대방인 객체가 되므로 **외향형**이 주로 해당한다고 보는 것이 합리적이다. 이러한 능력을 떠올리면 제일 먼저 생각나는 심리기능은 외향적 감정기능인 Fe이다. Fe는 사회적 환경, 정황, 배경에 맞게 감정을 조정하는 것 외에도, 다른 사람의 감정을 읽고 반영하는 데 탁월하다. 즉 Fe는 FJ가 다른 사람의 요구를 알아차리고 충족하도록 영감을 준다. 또한 그들은 관계 형성과 정서적 조화에 대한 만족감으로 인해, 정신적, 개인적 또는 대인관계 문제에 관해 상담과 조언을 제공하는 것을 좋아한다.

한편 명리학에서도 이러한 능력과 관련한 십성으로 상관을 꼽는데, 상관은 외향적 감정기능인 Fe와 매우 유사하다.

▶ 해당하는 심리기능 : Fe > Fi
▶ 해당하는 사주 십성 : 상관 > 식신
▶ 해당 MBTI 성격유형 : ESFJ/ENFJ > ESFP/ENFP (EFJ와 EFP 유형/외향형 우선)

(10) 자연친화력

자연친화력은 새로운 환경에 빠르게 적응하고 익숙해지며 편안함을 느끼는 능력이다. 이 지능은 개인이 새로운 환경에 빠르게 적응하고, 주변 세계와 상호작용하는 방법을 본능적으로 알 수 있게 한다.

또한 자연친화력은 외향적 감각(Se)과 연결되어 있는데, 외향성이 매우 강하고 경험에 대한 개방성이 낮은 사람들은(Se) 매우 주의 깊고 현재에 집중하는 경향이 있으며, 빠르게 움직이는 환경에서도 활동적으로 참여할 수 있다. 자연친화력은 소방과 같은 분야에서 개인에게 매우 가치가 있는데, 이러한 분야에서는 빠른 생각과 적응력이 필수적이다. 그러나 이러한 지능은 야외에서의 교육, 스포츠 및 호스피탈리티와 같이 자연 세계에 대한 깊은 이해와 새로운 환경에 빠르게 적응하는 능력이 중요한 다른 분야에서도 유용할 수 있다. 게다가 자연을 세밀하게 관찰하기 위해 하나 이상의 본질적 감각을 사용하는 Se와 자연에서 캠핑하고 요리하기 또는 정원 가꾸기 등의 감각적 체험과 관련한 Se 또한 자연 친화의 실천적 활동으로 간주할 수 있다.

한편 자연 친화라는 어휘에서 떠오르는 심리기능은 가치를 소중히 여기는 내향적 감정기능인 Fi인데, Fi는 자연, 어린이, 동물 같은 생명 자체에 대해 타고난 천성의 감사함과 신성함 그리고 존중심을 가지고 있다. 이러한 성향은 자연 친화의 가장 기본이 되는 천성이라고 생각한다.

그리고 외향적 직관기능인 Ne는 아이디어, 사실 또는 경험들에서 관계나 패턴을 찾기 위해 유심히 살피는데, 이러한 정보들은 오감을 통해 입수되는 정보 데이터를 넘어서거나 그 뒤를 보는 것이다. 또한 NP는 독서, 대화 및 자연 또는 예술에 참여하거나 관여하는 등의 활동에 Ne를 사용한다. 이러한 Ne는 자연에서 패턴과 관계성을 찾아내는 능력에 이바지한다. 일차적으로 패턴과 관계성이 찾아지면 이들 정보를 분류하고 체계화해야 하는데, 이때 내향적 사고기능인 Ti가 내면에 구축된 논리적 틀을 중심으로 자료, 아이디어를 범주화, 분류화, 체계화한다.

그러나 명리학에서는 이러한 능력이 기존의 문헌상에서 언급되거나 연구 대상이 된 사례는 찾아 볼 수 없으므로, 이 책에서 새롭게 정립하는 의미가 있다.

▶ 해당하는 심리기능 : Se ‖ Fi > Ne
▶ 해당하는 사주 십성 : 정재 ‖ 식신 > 정인

▶ 해당 MBTI 성격유형 : ESFP ‖ ISFP > INFP > ENFP

※ 자연친화력이 어떤 심리기능이나 사주 십성에 해당하는가를 명확하게 규정짓기가 어려워 보인다. 자연친화력의 개념상 다수의 심리기능이나 사주 십성이 관여되어 있으므로, 가치관이나 시각에 따라 어떤 부분에 가치를 더 두느냐는 다를 수 있다. 저자는 자연을 세밀하게 관찰하고 캠핑, 요리 등의 감각적 체험과 관련한 Se와 자연의 가치와 존중심, 생명의 신성함과 소중함의 천성인 Fi를 같은 비중으로 두었으며, 자연에서 패턴과 관계성을 찾는 능력인 Ne를 제3으로 보았다. 여기에서 Ti는 범주화, 분류화, 목록화와 관련이 있다. 독자분들의 의견이 궁금하다.

(11) 예술시각능력

예술시각능력은 선, 색, 공간, 영상 등에 민감하게 반응하고 조화롭게 재구성할 수 있는 능력을 말한다. 예술 시각은 말 그대로 오감 중의 하나인 시각에, 예술적 감각이 더해진 어휘로 판단된다. 외향적 감각기능인 Se는 특별히 시각적 입력에 초점이 맞춰져 있으며, 감각적인 세부 사항을 알아차리는 데 뛰어나다. 또한 Se의 미학적 선호는 인기가 있거나 유행하는 것을 반영하는데, 여기에는 트렌드, 패션, 스타일 등이 포함된다.

한편 외향적 직관기능인 Ne는, Se를 통해 입력된 시각적 정보 또는 감각적 세부 사항을 넘어서거나 그 뒤를 본다. 이를 통해 NP는 시각적 입력 정보에 숨겨진 패턴이나 관계를 식별할 수 있게 하는데, 따라서 그들은 Ne를 사용하여 예술에 직접 참여하거나 관여하게 된다. 또한 내향적 직관인 Ni, 특히 INJ는 말보다는 이미지를 통해 생각하며, Ni의 시각적 본질을 생각하면 아름다움(시각적 또는 은유적)에 매우 민감하다는 점이나 미학을 중시한다는 점에서 예술시각능력의 한 부분으로 볼 수 있다.

마찬가지로 명리학에서는 예술시각능력이 기존의 문헌상에서 언급되거나 연구 대상이 된 사례는 찾아 볼 수 없으므로, 이 책에서 새로이 정립하는 계기가 될 것이다.

▶ 해당하는 심리기능 : Se > Fe/Fi > Ne/Ni
▶ 해당하는 사주 십성 : 정재 > 상관/식신 > 정인/편인
▶ 해당 MBTI 성격유형 : ESFP > ISFP > INFP > ENFP

※ 예술시각능력의 경우 외적이든 내적이든 모두 감각기능과 연관되므로, 한둘의 MBTI 성격유형으로 해당 적성 유형을 결정하는 것은 합리적이지 않다. 따라서 이같이 복수의 인식기능이나 판단기능으로만 이루어진 예술시각능력과 같은 적성 유형의 경우에는, MBTI 성격유형보다 사주 십성으로 해당 유형을 정하는 것이 훨씬 유용하다.

이상과 같이 11가지의 커리어넷 적성 유형과 유형별 MBTI 심리기능 및 성격유형, 사주 십성 간의 상관관계에 대해 살펴보았다. 그 결과를 일목요연하게 비교하고 활용할 수 있도록 다음의 표로 정리하였다.

직업 적성 유형별 MBTI 심리기능 및 성격유형과 사주 십성 간의 상관관계

커리어넷 적성 유형	해당 심리기능	해당 사주 십성	해당 MBTI 성격유형
신체-운동능력	Se > Ti	정재 > 편관 > 비견/겁재	ESTP > ESFP > ISTP > ISFP (SP 또는 STP 유형)
손재능	Se ∥ Ti	정재 ∥ 편관	ESTP ∥ ISTP > ESFP > ISFP (SP 또는 STP 유형)
공간지각력	Si ∥ Ti > Ne	편재 ∥ 편관 > 정인	ISTJ/ISFJ ∥ ISTP/INTP
음악능력	Fe ∥ Fi	상관 ∥ 식신	ENFJ > ESFJ ∥ INFP > ISFP (감정기능)
창의력	Ne > Ni	정인 > 편인	ENTP/ENFP > INTP/INFP > INTJ/INFJ > ENTJ/ENFJ (직관기능/인식형 우선)
언어능력	Fe/Fi ∥ Ne	상관/식신 ∥ 정인	INFP/ENFJ ∥ ENFP/INFJ (NF 유형)
수리-논리력	Ti/Te	편관/정관	ISTP/INTP ∥ ISTJ/INTJ > ESTP/ENTP ∥ ESTJ/ENTJ (ITP와 ITJ 유형/내향형 우선)
자기성찰능력	Fi > Ti	식신 > 편관	ISFP/INFP > ISTP/INTP (IFP 유형/내향형 우선)
대인관계능력	Fe > Fi	상관 > 식신	ESFJ/ENFJ > ESFP/ENFP (EFJ와 EFP 유형/외향형 우선)
자연친화력	Se ∥ Fi > Ne	정재 ∥ 식신 > 정인	ESFP ∥ ISFP > INFP > ENFP
예술시각능력	Se > Fe/Fi > Ne/Ni	정재 > 상관/식신 > 정인/편인	ESFP > ISFP > INFP > ENFP

<주기>

1. 적성 유형별로 복수의 심리기능, 사주 십성 및 MBTI 성격유형의 경우, 크기 부호인 '>'를 사용하여 우선순위를 나타내었다. 우선순위는 각 적성 유형에서 본 저자가 중요도나 기여도를 고려하여 결정하였다. 또한 '∥' 부호는 적성 유형별 해당 심리기능들의 우선순위가 동등함을 나타낸다.

2. 적성 유형별로 복수의 심리기능과 사주 십성의 경우, 해당하는 MBTI 성격유형은 주기능으로 순위를 결정하였다.
3. 음악능력의 경우, 해당하는 MBTI 성격유형에서 NF를 SF보다 우선하도록 결정하였는데, 이는 창의성 N을 고려하였기 때문이다.

지금까지 개인의 성격유형, 직업 흥미 유형, 직업 적성 유형별 특성과 적합한 직업군에 대해 비교적 상세히 설명하였다. 또한 이상의 각 유형에 대해 MBTI 심리기능 및 성격유형, 사주 십성을 적용하여 상관관계를 정립함으로써, 독자분들이 MBTI와 사주로 진로를 찾을 수 있는 기초 자료를 마련하였다.

이 책의 마지막 부록에는, 한국직업능력개발원이 2018년에 발간한 『제4차산업혁명시대 미래직업 가이드북』에 수록된 50가지의 미래직업에 대해, MBTI 심리기능 및 성격유형, 사주 십성을 적용하여 직업 흥미 유형과 직업 적성 유형을 분석한 내용을 실었다.[9] 이러한 분석 결과는, 미래 세대가 변화하는 직업군에 맞춰 진로를 결정하는 데 도움을 주고자 하며, 특히 선천적으로 개인에게 주어지는 사주로 직업별 진로 찾기의 핵심 요소인 성격, 직업 흥미, 직업 적성 등을 파악할 수 있다는 점에서 의의가 크다고 할 수 있다.

주지하는 바와 같이, MBTI 성격유형은 외향형 또는 내향형 태도와 인식형 또는 판단형 태도에 따라 여덟 가지 심리기능 중 단지 하나의 주기능과 하나의 부기능으로만 구성되어 있다. 또한 각 성격유형에서 주기능과 부기능은, 외향성과 내향성이 서로 다른 하나의 인식기능과 하나의 판단기능으로만 구성되어 있다.

따라서 각 흥미 유형이나 적성 유형에 해당하는 복수의 심리기능이 모두 인식기능(감각기능 또는 직관기능)이거나 모두 판단기능(사고기능 또는 감정기능)인 경우에는, 주기능과 부기능으로 구분하여 성격유형이나 우선순위를 정할 수 없는 단점이 있다. 그러므로 각 흥미 유형이나 적성 유형에 해당하는 심리기능을 주기능이나 부기능에 배속시키기 위해서는, 복수의 성격유형이 관여하게 되므로 그만큼 선명성은 떨어지게 된다.

그러나 사주 구성의 경우에는 인식기능이나 판단기능과 무관하게, 일간과의 친밀도나 사주를 구성하고 있는 십성의 강도로 직업 흥미나 적성의 유형을 결정할 수 있으므로, 선명성 면에서 더 우수하다고 할 수 있다.

다음 장에는 독자분들이 사주로 진로를 찾기 위해, 저자의 책 『사주로 MBTI 엿보기』에서 다룬 성격 분야를 비롯하여, 직업 흥미와 적성을 사주로 분석하는 과정과 방법에 대해 상세히 다루고자 한다.

제3장
사주로 진로 찾기

독자분들이 각자의 사주로 진로를 찾기 위해서는, 진로 찾기에 핵심적인 요소인 개인의 성격, 직업 흥미, 직업 적성을 사주의 십성으로 분석할 수 있는 수단과 도구가 마련되어야 하며, 이들 요소에 해당하는 직업군에 대해 가능한 한 많은 정보가 제공될 필요가 있다.

그러므로 제2장에서는, 먼저 저자의 책 『사주로 MBTI 엿보기』에서 설명했던 과정과 방법에 따라서 자신의 사주로 선천적인 MBTI 성격유형을 파악한 후에 필요한, 성격유형별 직업적 특성과 해당하는 직업군에 대해서 비교적 상세하게 분류했다. 또한 비견과 겁재를 제외하고, 나머지 여덟 가지 십성에 대응하는 MBTI의 여덟 가지 심리기능의 특징과 역할을 심층적으로 분석함으로써, 직업 흥미와 직업 적성의 각 유형에 가장 적합한 사주의 십성을 결정하였다. 또한 성격유형에서와 마찬가지로, 직업 흥미와 적성에 대해서도 각 유형에 해당하는 직업군을 비교적 상세하게 분류하여 수록하였다.

그러나 일차적인 과정으로, 직업 흥미와 적성의 유형들에 대응하는 사주 십성을 결정한 후에는, 사주로 MBTI 성격유형을 파악할 때 특별한 과정과 방법이 필요하였듯이, 사주로 직업 흥미와 적성 유형을 찾을 때도 합리적인 절차와 방법이 필요하다.

따라서 본 장에서는 사주로 직업 흥미와 적성 유형을 찾아, 개인이 진로를 찾아가는 절차와 방법에 대해 상세히 설명하고, 또한 이러한 방법과 절차에 따라 진로를 찾는 사례를 소개함으로써, 독자분들의 이해를 돕고자 한다.

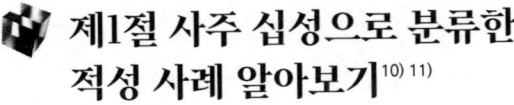 제1절 사주 십성으로 분류한 적성 사례 알아보기[10) 11)]

우선 본론으로 들어가기 전에 독자분들의 이해를 돕기 위해, 명리학에서 십성별 진학(학과) 적성과 직업 적성을 연구 분석한 사례를 소개하고자 한다. 저자는 이들 사례에 대해, 각 십성의 기능, 능력 및 역할과 적성의 연관성을 위주로, 간략한 설명과 함께 개인적인 의견을 추가하였다. 또한 저자는 MBTI의 심리기능별 특성과 역할, 그리고 실제로 MBTI 검사를 통해 학과, 직업을 분류한 미국의 통계를 사례로 들어 비교, 설명하였다.

1. 십성의 적성 분석

(1) 비견의 적성 분석

비견은 자존심과 책임감, 자신감이 강하다. 행동하는 직업인 프리랜서에 적합하고, 식신이 좋은 경우 연구에 몰두하는 형이다. 정당한 자신의 주관을 지키며, 사주에 편관이 있으면, 누구보다 관공직에서 투철한 사명 의식으로 성공하게 된다.

① 학업 분야

　비견은 학업의 분야를 나눌 수 없는데, 비견은 적성 분석에서 제외해야 할 십성으로 본다. 저자도 같은 의견인데, 단 신체-운동능력을 발휘해야 하는 운동선수의 경우에는 일간의 신체 능력을 강화하는 성분으로 작용할 수 있을 것으로 본다.

② 직장 분야

　비견이 강한 사람은 남의 지시에 따라 일을 하는 것이 맞지 않으며, 자신이 중심이 되는 일, 독립적으로 추진하는 일에 어울린다.

(2) 겁재의 적성 분석

　겁재는 대체로 비견과 같은 성향이다. 겁재의 특성은 자존심과 경쟁심이 강하므로, 자신의 체력을 활용하는 직업이나 학과가 좋다.

① 학업 분야

　겁재는 비견과 달리 경쟁심에 해당하는 십성으로, 경쟁적인 상황에서 더 분발하는 모습을 보이는 성분이다. 또한 겁재는 비견과 마찬가지로 다른 십성에 비해 주체성을 강화하는 성분으로 작용한다.

② 직장 분야

　겁재의 경쟁심으로 인해 상대 또는 동료가 있을 때 더 분발하는 장점도 있지만, 경쟁 우위에 있지 않을 경우, 상대적 박탈감의 원인이 되기도 한다. 따라서 겁재는 주변의 다른 십성의 동태에 따라 직장 생활에 잘 적응할 수도 그렇지 않을 수도 있다.

(3) 식신의 적성 분석

식신은 연구하는 십성으로서 정해진 일에 충실하고 능률적이다. 또한 미래에 대한 관심이 많고 자기 기여도가 높은 공적 희생과 봉사 정신이 크며, 이타적 실현성이 크다. 따라서 어느 직종에서나 맡은 바 임무에 창의성을 발휘하는 것에서 대단한 만족감을 느끼므로, 이에 적합한 학과나 직업을 선택하는 것이 좋다.

① 학업 분야

식신은 자신이 선호하는 분야에 깊이 파고 들어가는 십성으로서, 연구와 창의적인 방향으로 목적을 삼게 된다면 크게 성공할 수 있을 것이라 본다. 식신에 편인이 더해지면 의학 분야가 되고, 정인이 있으면 교육학이 되며, 정관이 같이하면 행정연구원이 될 수도 있다.

저자는 식신이 일간을 생하는 성분으로, 일간이 삶을 영위하기 위한 수단과 수단을 마련하기 위해 궁리하는 십성으로 볼 수 있으나, 과학적인 연구나 특히 창의적인 분야와 연관시키는 데는 다소 의문이 있다. 이론적 또는 과학적인 연구는 정관의 사고기능이 개입되어야 하며, 창의성은 전적으로 직관의 영역으로, 정인이나 편인으로 보는 것은 오히려 타당하다고 본다. 물론 식신이 이론적이거나 과학적이거나 창의적인 분야가 아닌, 이들 분야에서 파생된 응용 기술과 주변의 생활을 유용하고 편리하게 하는 수단에 대한 고안 등으로 좁혀 생각할 수도 있으나, 이 또한 식신 즉 Fi(식신)가 내향적 감정기능이라는 점을 중심에 놓고 보면, 고개가 갸우뚱해진다.

오히려 응용과학 분야는 재성과 관성으로 조합된 ST에 해당한다고 보는 것이 더 합리적이다. 물론 MBTI 성격유형별 적합한 직업군에는 Fi(식신)가 Ne(정인)와 결합할 때(ENFP, INFP), 직관기능의 영향으로 과학 기술 분야와 관련한 직업들이 있다. 또한 NJ의 경우(ENFJ, INFJ)에 F가 결합하면, NJ의 영향으로 F가 사고기능(T)의 성향을 가져, 과학 기술 분야와 관련한 직업들이 있다고 보고된 바가 있다. 그러나 이 경우에 F는 Fe(상관)로, Fi(식신)와는 무관하며, 창의성의 직관기능이 절대적으로 영향을 미친 결과라는 점을 명심해야 한다. 이러한 점에서 저자는 식신과 MBTI의 Fi(식신)를 철저하게 대응시키면서도 특징이나 역할에 있어 분명한 차이가 있으므로, 무엇을 수용하고 무엇을 배제할 것인가를 고민한 적이 있으며, 독자분들의 의견이 궁금한 대목이기도 하다.

한편 MBTI에서는 식신에 대응하는 Fi(식신)는 내향적 감정기능으로, 자신의 내적 세계를 표현하거나, 나아가 예술적 표현으로 승화시키거나, 사람과 자연의 생명 가치를 존중하고 소중히 여기는 것과 연관이 있다. 따라서 Fi(식신)는 예술 분야나 인도주의적 성향이 요구되는 교육, 사회사업, 의사 등에 적합한 기능이며, 실제로 그러한 결과들이 보고되고 있다. 한강 작가가 "문학은 생명을 해치는 모든 행위를 반대한다"라고 했는데, 전형적인 Fi(식신)에 대한 표현이라 저자는 생각한다.

② 직장 분야

식신이 직장을 가지게 된다면 연구실에 종사할 가능성이 크다. 식신은 장인의 정신을 살려 뭔가 연구하고 발명하는 일이 잘 어울리므로, 도공(陶工)이나 소프트웨어 개발을 하는 일이 잘 어울리는 영역이다.

저자는 위의 학업 분야에서와 마찬가지로, 연구개발과 발명, 도공 등의 장인(匠人)과 식신을 연관시키는 것에 대해 궁금증을 가지고 있다. MBTI의 여덟 가지 심리기능과 이들에 대응하는 여덟 가지 십성을 고려하면, 창의성의 정인과 관련된 발명, 정재와 편관의 손재주와 손과 눈의 협응과 관련된 장인, 직관과 사고기능(특히 정관)이 관련한 과학자 등을 고려할 때, 식신에 대한 새로운 개념 정립이 필요하다고 생각한다.

(4) 상관의 적성 분석

상관은 자신을 표현하고 상대를 설득할 능력이 있으며, 주제를 설명하고 이해시키는 탁월한 능력이 있다. 순간 발상이 뛰어나 발명과 예능계에 소질을 보인다. 독창성이 강한 성향이므로 창의적이고 자유로운 업무에 좋다.

① 학업 분야

상관은 명문 고등학교에서 공부하고 일류 대학교에서 학위를 받아야 행복한 성분이다. 상관의 자기표현 욕구가 지나치게 표출될 때 나타나는 과시욕과 허영심을 대변한 해석이라 생각한다.

② 직장 분야

상관은 남들에게 자신을 보여 주고 인정을 받는 것에 관심이 많은 성분이어서, 직장 생활에 비중을 많이 두기도 하며, 조직에 대해 충성도가 높기도 하다. 그러나 상관에게는 누구라도 회사의 이름만 들으면 바로 알아주는 대규모, 명문 회사라야 하며, 그렇지 않으면 바로 미련 없이 직장을 떠날 수 있다. 또한 자신의 노력을 상관이 알아주지 않거나 노력에 상응하는 보상이 따르지 않으면 다른 방향으로의 전환도 꾀하는데, 이때 그 대가(代價)로 회사에 손해를 끼칠 수도 있다.

(5) 편재의 적성 분석

편재는 수단이 좋고 영역을 확보하려는 성향이 강하여, 관심이 있는 곳에는 물질적으로나 물리적으로 이해하려 한다. 수리 계산이 빠르고 실현을 목적으로 행동하기 때문에, 이상과 공상은 어울리지 않는다. 그러므로 편재는 설계하고 시공함과 동시에 개척하며, 물리적인 변화에 매력을 느끼는 학과나 직업이 좋다. 경제도 물리적 변화에서 오는 수치라고 볼 때 사업에 능하다.

① **학업 분야**

편재는 당장 필요한 것만 배우려는 실용주의적 성분이다. 따라서 편재는 학교의 정규교육보다 학원의 단기 교육에 매력을 느끼며, 마음이 학업보다는 삶의 현장에서 부대끼면서 경험하고 배우는 것에 더 비중을 둔다. 또한 편재는 결과주의적인 관념이 자리 잡고 있어 과정이나 방법에는 큰 비중을 두지 않으므로, 학업의 목적이 뚜렷하지 않으면 꾸준하게 공부해서 졸업하는 데 비중을 두지 않는다. 그래서 편재는 공부하는 성향으로는 어울리지 않는 성분이다.

② **직장 분야**

편재는 직장보다는 자신의 마음대로 개·폐업할 수 있는 사업 분야에 더 큰 매력을 느낀다. 만약 직장 생활을 한다면 자신의 의지대로 조종하고 통제할 수 있는 역할을 선호하며, 대체로 감독과 같은 역할을 맡으면 수행이 가능할 것이다.

저자가 편재의 특성과 역할을 판단할 때 식신과 마찬가지로 다소 애매한 부분이 있다. 편재는 명리학에서는 내가 극하는 십성이기 때문에, 내가 제어하고 통제한다고 보는 것이 타당한 것으로 판단된다. 그러나 MBTI의 외향성과 내향성의 측면을 고려하면, 편재는 나와 음양이 같은 내향성 십성으로 객체인 외부의 사람이나 사물을 통제한다는 것이 모순이 있으며, 오히려 자신의 내부 감각을 통제한다고 보는 것이 더 합리적이라고 생각한다.

(6) 정재의 적성 분석

정재는 신용과 치밀한 관리력이 있으므로 행정직이나 급여 생활에 적합하며, 물질적인 면에서 편재보다는 가공한 완제품이나 차려진 밥상의 음식을 다루는 일에 민감하다. 편인이 함께한다면 실리적인 이익 창출에 탁월한 능력이 있다. 현금이나 재무를 담당, 관리하는 학과나 직업에 종사하면 발전할 수 있다.

① 학업 분야

정재의 비중이 큰 사람은 매우 경제적으로 공부하므로, 치밀한 시간표를 만들어 가장 효과적인 방법을 찾는다. 또한 정재는 치밀한 성향으로 숫자로 표현할 때 교감이 빠르고, 늘 투자 대비 결과를 따지는 실리적인 성분이다.

한편 정재는 복제하는 능력은 뛰어나지만, 창의력이 약해 새로운 것을 시도하는 일에는 부담스러워할 수 있다. 따라서 구체적인 지시가 있으면 문제가 없지만, 알아서 해야 하는 부분이 많으면 어렵다고 생각한다.

② 직장 분야

정재의 비중이 큰 사람은 자신의 노력에 대한 보상에 관심이 많으며, 꼼꼼하고 수치에 강해 관리자의 역할 수행에 일가견이 있다. 또한 이러한 성분은 한 직장에서 오래도록 일을 하는 경우가 많고, 그 결과 안정적인 가정생활을 영위할 수 있다.

한편 정재는 편재와 같이 결과 지향적인 성향이지만, 그 결과가 수치로 나타나야 한다는 것이 다르다.

(7) 편관의 적성 분석

편관은 도전하는 기분을 즐기므로, 새로운 것에 대한 도전과 모험을 추구한다. 이론보다는 행동을 원하므로 신속하고 수단이 좋다. 상당히 담백하고 화끈한 성정이다. 따라서 군인이나 경찰 등, 힘을 사용하여 자신의 명예를 얻고, 많은 사람을 지키는 것에 만족감을 느낀다. 무기를 다루는 일에 적합하며, 군중의 리더로서 활동하기 위한 소양을 닦는 학과나 관련 직업이라면 무난할 것이다.

① 학업 분야

편관의 비중이 큰 사람은 굉장한 인내력의 소유자이며, 스스로 알아서 하는 것은 잘 안되는 까닭에 주변의 안내자에 따라서 변수가 많이 발생하게 된다. 이처럼 언제나 안내자가 필요한 것은 수동적인 형태이기 때문이며, 극히 수동적인 성분이므로 안내자를 잘 만나기만 하면 크게 성공할 수가 있다.

한편 편관은 법대가 잘 어울린다고 말할 수 있는데, 왜냐하면 법관이 되어 판결해야 할 때, 과거의 판례를 찾아 참고하여 결과만 내려 주면 되기 때문이다. 또한 편관의 비중이 큰 사람은 변수가 없는 분야를 공부한다면 만족할 것인데, 이런 분야는 수학이 대표적으로 이는 수치에 탁월해서가 아니라 변수가 없는 방향으로 길을 찾기 때문이다.

저자는 편관에 해당하는 학업 분야로 법학이나 수학을 대표적인 예로 든 것에는 동의하지만, 그 이유에 대해서는 다소 다른 의견을 가지고 있다. 즉 편관의 특성이나 역할(능력)을 고려할 때, 편관이 논리적 과정을 통해 생각하고, 이해하고, 판단하는 추론의 성분이다. 또한 편관은 논리적 추론의 측면에서 공간개념이나 숫자 감각 또는 숫자 개념이 뛰어난 성향으로 판단하는 것이 더 합리적이라 생각한다.

② 직장 분야

편관의 비중이 큰 사람은 꾀를 부리지 않고 주어진 일을 묵묵히 성실하게 수행하므로, 사용자가 환영할 직원이다. 또한 누가 알아봐 주기를 바라지 않으므로 경쟁에서도 남과 다툴 일이 적고, 보이지 않는 곳에서 열심히 일하므로 언젠가는 두각을 드러낼 것이고, 그에 합당한 대우를 받을 수 있다.

저자는 MBTI의 여덟 가지 심리기능의 특성과 역할을 이해한 후, 지금까지 편관에 대해 소위 칠살이라는 오명하에 많은 부정적 편견이 있었다는 점을 새삼 깨닫게 되었으며, 다른 한편으로는 편관의 심오하고 다양한 역할이나 능력에 대해 놀라움을 감출 수가 없었다. 따라서 지나치게 과소 평가된 편관의 개념에 대해 새롭게 정립할 필요성을 절실히 느낀다.

(8) 정관의 적성 분석

정관은 명예와 권위를 중시하고 원리 원칙을 고수하며, 행정상 올바른 이론을 추구한다. 또한 시시비비를 잘 가려 옳고 그름에 대한 답을 내는 군자의 성향이다. 그러므로 교육이나 행정학, 법학과 등에 관심이 많고, 약자를 보호하는 봉사 정신도 강하다. 이런 성격에 부합하는 학과나 직업을 선택하면 역량을 발휘할 수 있다.

① 학업 분야

정관은 모범생의 성분이고, 무엇이 옳고 무엇이 그른지 판단이 분명하다. 또한 정관의 비중이 큰 사람은 합리적으로 생각하고 행동하며 성실하다는 표상이므로, 공무원의 적성으로 행정관의 면모를 갖추고 있다.

한편 정관의 비중이 큰 사람은 상식이 법이라 생각하고 상식을 준수하는 사람이므로, 교육자와 같은 역할을 준비하는 공부라면 적성에 잘 어울릴 것이다. 이러한 성향의 사람은 문과(文科)에서 교육 관련으로 방향을 잡는 것이 더 좋을 것인데, 혹 이공 계열(理工系列)로 연결이 된다면 적응이 되지 않아서 고통스러워할 수 있음을 참고하게 된다.

② 직장 분야

정관은 문관(文官)이 잘 어울리는 직장이다. 관리의 적성이 좋은데, 그것은 정관이 공복(公僕)이라는 말이 잘 어울리는 성분을 갖고 있으면서, 남의 고충을 마치 자기의 일처럼 돌봐 주기 때문이다. 따라서 가장 좋은 직장은 뭔가 애환을 들어 주고, 공익적인 관점에서 답을 구할 수 있는 일을 할 수 있는 공무 기관이 좋다.

또한 정관의 비중이 큰 사람은, 이해타산을 따지고 실적으로 앞을 다투는 일반 직장에서는 부담을 느낄 수 있으나, 총무과와 같이 전체적인 관리에 비중을 두고 맡을 수 있는 일이 있다면 잘 적응할 수 있다. 그렇지만 경찰관을 하더라도 공무원의 역할이 잘 어울리므로, 개인기업의 선택은 신중히 결정하는 것이 좋다.

한편 정관은 논리적인 사고가 외부로 향하는 것으로, 정관의 비중이 큰 사람들은 상황을 객관적으로 분석하고 구체적인 목표를 세운 다음, 그 목표를 달성하기 위해 사람, 시간, 공간 등의 자원을 조직적으로 활용한다. 또한 그들은 최소한의 시간과 노력으로 목표에 도달할 수 있는 효율적인 업무 프로세스를 설계하기를 좋아하므로, 이들을 '행정가'라고 부른다. 이러한 관점에서는 그들이 행정관의 면모를 갖추고 있다는 설명이 이해가 간다.

그렇지만 한편으로 정관의 비중이 큰 사람들은, 명시적이고 합리적으로 어떠한 사안에 접근하여 계획하기, 조직하기 또는 정량화, 수량화와 같은 구조화 활동을 능숙하게 수행하므로, 그들과 관련된 직업군, 즉 법률, 비즈니스, 금융, 과학, 경영, 기술 등과 같은 광범위한 분야에서 능력을 발휘할 수 있다. 특히 과학이 공식적인 실험, 측정, 정량화 및 표준화된 방법에 대한 의존도가 높다는 점에서, 과학은 정관의 전형적인 구현이다.

그러나 일반적으로 명리학 관련 서적에서는 정관이 특성적으로 보수적인 성향으로, 학문적으로는 문과 성향으로 일률적으로 분류하고 있는데, 이는 과거 문관을 선호하고 우대하던 시대적 영향으로 이해된다. 이상에서 논한 바와 같이, 정관의 논리성, 합리성, 체계성, 능숙한 구조화 등은 거의 모든 직업군에서 요구되는 특성과 역할로서, 학과나 직업군에서 필요로 하는 적성에 대한 정관의 기능을, 문과나 문관과 같이 일부 영역에 국한하지 말고 더욱 확장하여 적용할 필요가 있다.

(9) 편인의 적성 분석

편인은 재치 있고 순발력이 있으며, 신비주의적 성향이 강해 다소 비현실적, 비구상적(非具象的)인 면이 많다. 그러므로 정신적 성향이 깊은 종교에 심취하거나 예술적 성향이 많고, 보이지 않는 곳에 흥미를 느낀다. 항상 두 가지 이상을 동시에 생각하기 때문에, 이런 면에서 장점을 두는 학과나 직업에 유리하다.

① 학업 분야

편인은 본과보다는 이면의 학문에 관심을 더 기울일 수 있는 성분이다. 따라서 종교 분야나 철학 분야에 관심을 가지게 되고, 순수학문보다는 답이 없는 영역에 관해 관심을 가지게 되는 형태이다. 이러한 것은 영혼이나 초능력과 같이 신비한 것에 관한 관심이기도 하고, 보이지 않는 것에 관한 두려움이라고 할 수도 있으므로, 철학의 영역에 포함을 시키게 된다.

② 직장 분야

편인은 이익을 추구하는 직장에서는 왠지 '물에 기름이 뜨듯이 현실과의 거리가 있는 성분'이다. 또한 자신은 뭔가 남들보다 다르므로, 다른 세상에서 살아가야 한다고 생각을 하면 점점 현실로부터 멀어지게 된다. 그래서 복지 기관이나 종교 단체 등에서 종사하는 것은 편안할 것이며, 자신의 사명감도 충족된다.

불가피하게 직장을 권해야 할 경우는 종교와 철학을 생각하게 되는데, 이것은 답이 없는 답을 추구하는 사람들에게 안성맞춤이기 때문이다. 그러나 같은 일을 반복하고 월급을 타는 일에는 도무지 어울리지 않는 성분이라는 것은 명확하다.

저자도 일반적으로 명리학에서 논하는 편인의 특성에 대해서는 대부분 동의한다. 그러나 편인의 통찰력이 사고 리더(Thought Leader), 이론가, 경영진, 상담가, 고문, 컨설턴트 등의 효율성에 지대한 영향을 미치므로, 편인의 기능이나 능력을 어느 특정한 분야에 국한하기보다 매우 중요한 심리기능으로 재평가할 필요가 있다.

※ 사고 리더(Thought Leader) : 차별화된 독창적인 아이디어, 독특한 관점 및 새로운 통찰력을 가진 비즈니스 리더를 말한다.

(10) 정인의 적성 분석

정인은 숭고한 계승을 원칙으로 하며, 학업능력이 우수하다. 자유분방한 것은 싫어하고 보수적 성향이 강하며, 한결같이 정확하게 받고 정확하게 주려는 습성이 있어서 교육자에 적합하다. 식신과 상관이 있으면 아이디어가 풍부하고 직관성을 발휘하여 글을 잘 쓰니, 작가나 논설 능력이 필요한 신문 방송 관련 학과도 좋다.

① 학업 분야

정인은 직관적인 수용성이 탁월한 성분으로, 곧바로 수용하고 받아들이는 것에 능력을 발휘한다. 그리고 긴말을 한마디로 줄여서 정리하고 간결한 것을 좋아하므로, 소설보다 시에 가깝고 과학보다는 수학에 더 근접하다고 본다. 또한 정인의 비중이 큰 사람들은 논리적인 이야기보다 직관으로 감지하는 것이 더 편하므로, 일반적인 교육 과정은 너무 지루하다고 생각할 수 있다.

한편 타고르는 교육에 대해 논하기를, 지식을 주입하는 서양적인 교육 방식을 거부하고, 동양 고유의 형식으로 인간의 내면에 들어 있는 전생의 경험을 꺼내 주는 교육 방법을 제시했는데, 이것이야말로 정인의 성향으로 관찰된다.

그리고 정인의 비중이 큰 사람들은 감수성이 예민하여 환경이 변하면 적응하는 데 시간이 걸리므로, 안정적인 교육 환경이 매우 중요하다. 따라서 그들은 안정적인 환경에서는 직관이 발휘되지만, 혼란스러운 환경에서는 오히려 망상이 들끓게 되므로, 부모들은 안정적인 환경을 조성해 주는 것이 중요하다.

② 직장 분야

정인의 비중이 큰 사람들은 너무 급하게 돌아가는 환경에서는 적응이 되지 않으므로 비교적 안정적인 직장을 고려하게 되고, 그래서 떠오르는 제1순위는 교육기관이 된다. 또한 훈장은 항상 과거의 지식을 가르치고, 모든 교육기관에서는 어제의 지식을 전달하고 있는데, 여기에는 새로운 것은 위험해서 건드리지 않으려고 하는 심리가 내재하고 있다. 따라서 느슨한 교육기관의 운영 방식은 적응하기 매우 편하므로, 직장을 고려하는 경우 교사의 방면으로 방향을 잡게 되는데, 물론 교육을 제외하고는 세상에 적응하는 방법은 별로 알지 못한다고 해도 과언이 아니다.

명리학에서 일반적으로 정인의 특성으로 거론하는 직관성, 간소화, 간결성 등에 대해서는 동의하지만 지나치게 보수성, 안정성, 수용성, 나아가서는 나태함까지를 강조하고 중심에 둠으로써, 직업 찾기의 경직성을 초래하게 된다.

그러나 사실 정인의 비중이 큰 사람들은 미래의 가능성을 상상하는 데 관심이 많은데, 따라서 가장 미래지향적인 사람들로 보수적 성향과는 거리가 멀다. 따라서 이러한 성향은 그들에게 예술, 디자인 마케팅, 발명 및 창업과 같은 분야에 뛰어난 감각을 제공한다. 또한 그들은 숨겨진 패턴, 가능성 및 잠재력을 식별하는 능력이 있어, 독서, 대화 및 자연 또는 예술에 참여하거나 관여하는 활동에 정인을 사용한다. 이처럼 정인의 기능과 능력은 깊게 이해할수록 놀라울 정도이다. 따라서 정인에 대한 깊은 이해와 직업 흥미나 적성에 있어 정인의 적용에 대한 심도 있는 숙고가 필요해 보인다.

다음 표들은 십성별로 적합한 학과와 직업을 분류하여 정리한 예를 나타낸 것으로, 관심이 있는 독자분들은 참고하면 되겠다.

각 십성에 적합한 전공 학과[11]

구분	전공 학과
비견	경제학과, 경호학과, 관광학과, 기계공학과, 방사선과, 보건학과, 수의학과, 안경학과, 약학과, 의학전공, 이비인후과, 인류학과, 자동차공학과, 장의사학과, 체육과, 치의학과, 한의학과 등
겁재	경제학과, 경호학과, 광고홍보학과, 국제금융학과, 국제변호사학과, 국제정치학과, 수의학과, 안경학과, 약학과, 외과, 외식산업학과, 장의사학과, 조소학과, 체육학과, 치과 등
식신	경영학과, 교육학과, 문예창작과, 미래과학과, 미생물학과, 미술학과, 사회복지학과, 사회심리학과, 섬유공학과, 식품공학과, 아동심리학과, 어문학과, 유아교육, 의학과, 작곡과 등
상관	관광통역과, 무역학과, 문예창작과, 사진예술학과, 성악과, 어문학과, 언론정보학과, 언론학과, 연극과, 영상학과, 의상학과, 정보통신학과, 정신과, 정치외교학과, 종교학과, 천문기상학과, 호텔학과 등
편재	건축공학과, 경영학과, 국제금융학과, 무역학과, 물리학과, 산부인과, 설치미술학과, 섬유공학과, 수학과, 실내건축학과, 외교학과, 정형외과, 철도학과, 체육학과, 토목공학과, 항공학과 등
정재	가정관리학과, 건축공학과, 경제학과, 경영학과, 금융학과, 내과, 물리학과, 분석심리학과, 성형외과, 식품영약학과, 원예학과, 재료분석학과, 토목공학과, 통계학과, 회계학과 등
편관	경찰대학교, 경호학과, 국방대학교, 국제정치학과, 사관학교, 신학대학, 요리학과, 정치외교학과, 체육학과, 해양학과 등
정관	경찰행정학과, 교육학과, 대기과학과, 독서지도학과, 법학과, 비서학과, 사무자동학과, 사회과학과, 정치학과, 지구시스템과학과, 행정학과 등
편인	교육학과, 디자인학과, 무용학과, 문헌정보학과, 사학과, 신문방송학과, 심리학과, 약학과, 외국어 전공, 음악과, 정보학과, 정신과, 종교학과, 철학과 등
정인	교육학과, 국문학과, 그래픽디자인학과, 문예창작과, 문화인류학과, 사학과, 신문방송학과, 심리학과, 어문학과, 유아교육학과, 전산정보학과, 종교학과, 행정학과 등

각 십성에 적합한 직업군[11]

구분	직업군
비견	건축업, 기자, 납품업, 대리점, 물류유통업, 미용사, 변호사, 사진사, 스포츠선수, 언론사, 예술가, 의사, 작가, 조경업, 종교지회지부, 주유소, 출장소, 프리랜서
겁재	경비원, 경호원, 구매직, 기술직, 기자, 보석세공업, 수금업, 스포츠선수, 요리사, 요식업, 운수업, 유흥업, 조각가, 증권투자가, 창고관리직, 투기업
식신	교사, 농산업, 도매업, 보육사, 사회복지사, 생산직, 서비스업, 소매업, 식료품업, 연구원, 예능인, 요식업, 유치원교사, 의사, 제조업, 종교인, 호텔업
상관	가수, 강사, 과학자, 대변인, 디자이너, 문필가, 발명가, 배우, 변호사, 수리업, 아나운서, 연극인, 연설가, 역술가, 예체능종사자, 외판업, 유통업, 제조업, 종교인, 중개업, 코디네이터, 평론가
편재	경영자, 금융업, 무역업, 부동산업, 사업가, 생산제조업, 약물업, 여행사, 요식업, 유흥업, 전당포업, 증권사, 축산업, 투자사, 판매업
정재	건축업, 경리, 관리자, 금융업, 도매업, 무역업, 부동산업, 상업, 생산제조업, 세무사, 신용사업, 운수업, 특허인증대행업, 학원, 회계사
편관	경비원, 경찰관, 경호원, 교도관, 군무원, 군인, 군장성, 기술직, 별정직공무원, 부사관(副士官), 정치가, 종교지도자, 형무관
정관	경찰관, 공무원, 관공(官公)계통, 군인, 비서직, 사법관, 양복점, 양품점, 위탁관리업, 지배인, 총무직, 통계직, 학자, 행정관, 회사원
편인	고전연구가, 골동품상, 디자이너, 미용업, 배우, 보석상, 소개업, 숙박업, 언론인, 여행업, 역술가, 예능인, 예술가, 오락업, 요식업, 의사, 인쇄업, 인테리어업, 전문기술자, 정보조사원, 종교인, 철학자, 출판업, 학자
정인	교수, 교육계종사자, 문화사업, 방송작가, 번역사, 언론인, 예술가, 육영사업, 응용미술가, 일반예술가, 저술가/작가, 정치가, 창작관련종사자, 종교인, 출판업, 컴퓨터관련직종, 통역사, 학원업, 행정관

2. 진학 적성 분석[10]

(1) 교육학과의 적성

☞ **정인, 정관, 식신 상관의 혼합 구조** : 교육자의 적성이기도 하며, 통상적으로 문과의 적성이기도 하다.

▶ 유아교육 : 정인과 편관이 필요함
▶ 초등교육 : 정인과 편재가 유력함
▶ 중등교육 : 정인과 정관이 필요함
▶ 고등교육 : 정인, 정관에 식신이 추가됨
▶ 대학교육 : 식신의 영역이 절대적임
▶ 특수교육 : 장애아동 교육에는 정인이 절실함

한편 MBTI에서 교육과 관련한 심리기능이나 성격유형의 중심을 어디에 두느냐는 명리학과 다소 차이가 있다. 우선 교육이나 훈련의 역할에 관심이 많은 유형은 TJ 유형으로, 특히 Te, 즉 정관의 여러 다양한 특성과 역할을 교육의 기반으로 본다. 따라서 초등교사는 ISTJ가 많으며 대학교수는 INTJ가 흔하다. 초등교사의 유형에서 Si, 즉 편재가 유용한 것은, 편재가 세부 사항에 대한 주의나 확립된 규칙과 절차를 준수한다는 면에서 이해를 할 수 있다. 대학교수의 경우에는 정관을 바탕으로, 편인의 통찰력을 기반으로 한 사고 리더, 이론가 등을 생각할 때 충분히 짐작할 수 있는 부분이다.

또한 아동에 대한 교육에는, 관계 형성과 정서적 조화에 능해 지원과 상담을 즐겨 하는 Fe(상관)와 어린이에 대한 생명의 가치를 존중하는 Fi(식신)가 매우 필요한 심리기능이라 판단한다. 특히 장애가 있는 약자에 관심을 기울이는 Fi(식신)는 특수교육 분야에서 필수 심리기능으로 보인다.

결론적으로 명리학에서 분류하는 교육학과의 적성이 MBTI의 분류와 크게 다르지는 않다. 그러나 명리학에서 정인을 교육의 중심에 두는 점이나 식신을 창의성으로 보는 관점이, MBTI에서는 교육의 중심을 정관에 두고, 교육 수요자의 계층에 따라 창의성의 직관기능과 피교육자의 가치를 중시하는 감정기능을 부가하는 관점과 분명한 차이가 있다. 따라서 명리학에서의 식신과 MBTI에서 내향적 감정기능으로서의 Fi에 대한 특성과 역할에 대한 개념 정립이 절실히 요구된다.

(2) 의학과의 적성

☞ **편인, 편재(또는 정재), 편관의 혼합된 구조** : 오래전부터 명리학에서 의약업은 편인이라 했는데, 지금에도 편인을 적용하는 것은 무리가 없다. 여기에 과단성의 편재와 인내심의 편관이 추가되면 좋다.

▶ 내과 : 정인, 편인, 정재가 좋음
▶ 외과 : 정재, 편인이 있으면 수술하기에 좋음

▶ 전문의 : 식신, 편인이 있으면 유력함
▶ 신경정신과 : 식신, 편인, 정재로 감당함
▶ 한의학과 : 종합적인 부분으로 편인, 정관이 유력함
▶ 침구과 : 편인과 편재가 있으면 유력함

 이상과 같이 의학과 적성의 기반이 되는 십성으로서 편인을 삼은 것은, 다음과 같이 생각해 볼 수 있다. 명리학에서 일반적으로 인성은 나를 생해 주는 성분인데, 나를 생해 주는 두 가지 수단으로서, 하나는 생명을 유지하기 위해 섭취하는 음식물이고, 다른 하나는 나를 정신적으로 길러 주는 교육과 학문 분야를 들 수 있다. 섭취하는 대상으로 분류할 때, 인성 중 정인이 매일 섭취하는 밥과 같은 주식에 해당한다면, 편인은 특별한 목적을 위해 섭취하거나 복용하는 건강식품이나 의약품에 해당한다고 할 수 있다. 또한 나를 길러 주는 학문 분야를 예로 들 때, 정인을 예로부터 정통성이 있는 학문 분야라고 한다면, 편인은 동양의 오술(五術)이나 삼원(三元)에 해당하는 명리학, 한의학 및 풍수학 등과 같이 비정통적인 학문 또는 술을 지칭하는 것으로 추정할 수 있다. 조선 시대에도 이러한 분야의 인재들을 중용하여 활용하였으나, 그들은 중인(中人) 신분으로서 우대받지는 못했으며, 자연히 학문으로 인정받기보다는 술(術)로 치부하였을 것이라 이해된다. 따라서 이상에서 언급한 오술은 모두 편인의 통찰력이 요구되는 분야라 이해할 수 있고, 특히 이들 중 한 분야인 한의학도 당연히 편인으로 볼 수 있는데, 예전에는 진단 검사 장비

없던 때라 문진이나 맥진으로 병세를 진단했다는 점에서, 마음의 눈이 절실히 필요했을 것이라 충분히 짐작할 수 있다.

그러나 저자가 생각하기에는, 편인의 편(偏)을 정(正)에서 벗어난 뜻으로 풀이하여, 편인에 해당하는 적성을 고려하는 것도 하나의 방법이 될 수 있으나, 의학에 필요한 적성으로서 편인에 해당하는 마음의 눈, 즉 통찰력이 중심이 되기 때문이라 생각한다.

한편 MBTI에서 의사는 과학자이거나 인도주의자 또는 과학자이면서 인도주의자라고 본다. 예를 들어 일반 개업의는 깊은 온정이 필요하므로 감각기능과 감정기능이 혼합된 구조로 보고, 정신과 학생을 가르치는 분야는 직관기능과 감정기능이 혼합된 구조이면서, 특히 통찰력(Ni/편인)을 갖춘 유형이 적합하다고 본다. 또한 외과는 감각과 사고가 혼합된 구조이면서, 물체를 다루기를 좋아하는 유형이 적합한데, Se(정재)와 Ti(편관)로 이루어진 유형이 유력하다.

그리고 외향, 내향과 감각기능(감각과 직관기능)의 조합으로 분류해 보면, IN 유형은 정신과, 연구직, 신경과, 의과대학 학부, 병리학 등이 해당하는데, 내향적 성향의 지적(知的)인 접근 방식, 그리고 복잡한 문제를 해결하는 능력이 뛰어나고, 복잡한 문제에 대해서도 인내심을 가진 내향적 직관형의 특성이 그 동기가 되는 것으로 보인다. 또한 ES 유형은 외과와 산부인과에 적합한데, 외향적 성향이 시시때때로 변화하는 인간의 신체 조건을 예민하게 감지하는 능력이 요구되는 데 부합하고, 숙달된 동작과도 연관이 있다.

이상의 의학 분야에 대한 개관을 종합하여, 각 분야의 전문의에 대한 성격유형을 분류하면 다음과 같다.

※ 오술(五術) : 역학(易學)의 원리를 실제 현실에 적용한 다섯 가지 실천 분야로, 命(命理學), 相(人相, 風水, 名相), 卜(占學), 醫(韓醫學), 山(仙道)을 이름

※ 삼원(三元) : 우주 만물을 이루는 세 가지 근본으로, 모든 사물과 현상을 일컫는다. 天地人을 삼원이라 하며, 天은 명리학을, 地는 풍수학을, 人은 한의학으로 봐도 무방할 것임

1) 감각형 전문의[3)]

① 사고-감각형 전문의

▶ 병리학과, 산부인과 : ISTJ → Si(편재)/Te(정관)

▶ 마취과 : ISTP → Ti(편관)/Se(정재)

▶ 외과 : ESTP → Se(정재)/Ti(편관)

▶ 일반 개업의 : ESTJ → Te(정관)/Si(편재)

※ 주기능/부기능

② 감정-감각형 전문의

▶ 마취과 : ISFJ → Si(편재)/Fe(상관)

▶ 마취과, 일반 개업 : ISFP → Fi(식신)/Se(정재)

▶ 산부인과 : ESFP → Se(정재)/Fi(식신)

▶ 소아과 : ESFJ → Fe(상관)/Si(편재)

2) 직관형 전문의

① 감정-직관형 전문의

▶ 내과 : INFJ → Ni(편인)/Fe(상관)
▶ 정신과 : INFP → Fi(식신)/Ne(정인)
▶ 정신과 : ENFP → Ne(정인)/Fi(식신)
▶ 의과대학 학부 : ENFJ → Fe(상관)/Ni(편인)

② 사고-직관형 전문의

▶ 신경과, 연구실, 병리학과, 내과 : INTJ → Ni(편인)/Te(정관)
▶ 신경과, 연구실, 정신과, 병리학과 : INTP → Ti(편관)/Ne(정인)
▶ 내과 : ENTJ → Te(정관)/Ni(편인)

정리하면,

▶ 내과 : INFJ, INTJ, ENTJ와 같은 NJ에 적합하다(NJ들에게 F가 결합하면 T 성향을 보임).
▶ 마취과 : ISTP, ISFP와 같은 ISP에 적합한데, 그들은 SP 성향인 예리한 관찰력과 오랫동안 집중하는 내향형의 능력으로 빛을 발하게 된다. ESTP, ESFP가 마취과에 매력을 느끼지 않는 것은, 주의력을 약화하는 외향적 성향 때문으로 추정한다.
▶ 병리학과 : ISTJ, INTJ, INTP
▶ 산부인과 : ISTJ, ESFP

▶ 소아과 : ESFJ와 같은 SF에 적합하다.
▶ 신경과 : INTJ, INTP와 같은 INT에 적합하다.
▶ 연구실(병리학과 연구실 등) : INTJ, INTP와 같이 INT가 적합한데, 직접 환자의 얼굴을 마주하지 않으면서도 생명과 죽음에 결부된 문제에 대처할 수 있다.
▶ 외과 : ESTP
▶ 의과대학 전임교수 : 직관이 연관되는 ENFJ와 같이 NF에 적합한데, 젊은이들을 육성하는 역할은 마찬가지이지만, 그들은 어린이들의 육신을 보살피고 돌보는 일보다는 젊은이들에게 지적인 결핍을 채워 주는 쪽을 선호하는 편이다.
▶ 일반 개업 : ESTJ, ISFP
▶ 정신과 : INFP, ENFP, INTP와 같은 NP에 적합하다.

이상과 같이, 세분화한 의학과의 적성은 크게 감각형과 직관형으로 나눌 수 있으며, 어린이들과 관계를 형성하는 소아과와 젊은이들을 상대로 관련 지식을 전달하고 육성하는 의과대학 전임교수를 제외하면, 대부분 내향형 적성으로 정리할 수 있다. 또한 산부인과, 소아과, 외과와 같이 세밀한 관찰과 보살핌이 필요한 분야(SF)나 물체를 다루기를 선호하는 분야(ST)를 제외하고, 대부분이 마음의 눈인 통찰력(Ni)이 필요한 적성으로 파악된다.

결론적으로 의학과의 세분화한 전문 분야의 분야별 적성에 해당하는 사주 십성과 MBTI의 심리기능은, 큰 틀에서 비슷해 보이지만 분야별 특성에 부합하는 더 합리적인 근거가 요구되므로, 십성과 심리기능의 개념적 통합이 필요하다고 생각한다.

(3) 공학과의 적성

☞ **식신, 정재(또는 편재)가 혼합된 구조** : 공학 분야의 적성으로는 창의력과 제조 분야에 관한 관심을 들 수 있다. 식신은 창의적 궁리를 잘하는 능력이고, 정재는 정밀하게 저울질을 하는 능력이며, 편재는 전체를 관찰하는 부분에서 탁월하다. 여기에 성공을 위해 반복적인 실수를 감내해야 하는데, 편관이 있으면 제격이다.

▶ 전자공학 : 식신에 정재가 추가됨
▶ 기계공학 : 식신, 편재가 감당함
▶ 컴퓨터공학 : 식신, 정재가 필요함
▶ 유전자 공학 : 식신, 정인과 편인이 필요함

여기에서도 마찬가지로 명리학에서는 일반적으로 창의성을 식신으로 보고, 공학의 적성으로 식신을 중심에 놓고 있다. 따라서 문제의 핵심은 창의성에 해당하는 십성과 MBTI 심리기능 간의 괴리로 이에 대한 통합이 필요하다.

한편 공학의 적성과 관련한 MBTI의 심리기능은, 명리학에서 식신을 중심에 둔 것처럼 창의성에 해당하는 직관기능(N)을 중요한 적성 요소로 본다. 특히 공학의 적성 요소로 강조되는 기능과 태도로는, N과 J이다. 또한 NJ에 F가 결합할 때는 T처럼 공학에 매료되기도 한다는 미국의 통계가 있는데, 이러한 결과에 대해서는 유념하고 활용할 필요가 있어 보인다.

저자가 이해하는 바로는, 공학 분야는 졸업 후 주로 해당 분야의 엔지니어로 진출하는 경우가 많은데, 과학 분야와는 현장성, 실용성 및 응용성 측면에서 차이가 있다고 할 수 있다. 이러한 측면에서 우선 Si(편재), 특히 SJ들은 세부 사항에 대한 주의, 확립된 규칙 및 절차 준수, 품질관리 등에 두각을 나타낸다. 또한 Te(정관)는 경험적 데이터와 확립된 방법과 절차를 활용하며, 계획하기, 조직하기(정리하기, 체계화하기), 정량화(계량화), 수량화와 같은 능숙한 구조화 활동들은 특히 TJ들의 성공에 이바지한다. 따라서 공학 분야는 이론과학이나 실험과학을 기반으로 한 실용 학문의 성격으로서, 감각기능인 Si(편재)와 사고기능인 Te(정관)가 필요하다고 생각한다. 미국 공학과 학생에 대한 성격유형 분석 통계에서도, 과학 계열과는 달리 ISTJ와 ESTJ가 상당 부분을 차지하고 있다.

여기에 예를 들어 컴퓨터공학이나 인공지능 분야는 추론의 능력이 요구되므로 Ti(편관)를 비중 있게 고려해야 하며, 유전자 공학은 공학을 넘어선 과학의 영역으로, 더더구나 창의성이나 통찰력에 해당하는 직관기능이 중요한 고려 요소라 생각한다.

앞에서 언급한 바와 같이, 공학의 주요 적성 요소로 강조되는 기능과 태도로 각각 N과 J를 들었는데, 특히 J는, 저자의 책 『사주로 MBTI 엿보기』에서 강조하였듯이, 감각기능(S)과 사고기능(T)를 포함하고 있다. 따라서 저자는 만약 사주로 적성을 분석하고 탐색할 경우, 창의성의 N을 비롯하여 S와 T를 모두 반영할 수 있으므로, MBTI보다 정확하고 다양하게 적성을 분석할 수 있을 것이다.

결론적으로 공학에서도 마찬가지로, 해당 분야의 적성을 분석할 때 사주 십성과 MBTI 심리기능 간에 유사한 부분도 있으나, 특히 기반이 되는 적성 요소에서 서로 큰 차이가 있어 혼란을 초래할 수 있다. 따라서 저자는 MBTI의 심리기능 또는 성격유형을 중심으로 사주 십성과의 통합이 필요하다고 생각한다.

(4) 경제학과 적성

☞ **비견과 겁재, 정재와 편재, 식신, 인성 등이 필요한 구조** : 경제 관련 적성으로는 주체가 강해야 하므로 비견이 필요하고, 경쟁에서도 강해야 하므로 겁재도 필요하다. 아울러 결정을 내려야 할 일이 많으므로 정재와 편재가 함께 있어야 한다. 또한 새로운 돌파구를 늘 모색해야 하므로 식신도 중요하게 작용한다. 그리고 경제계통은 경기의 흐름을 잘 파악하는 것이 매우 중요하므로, 사전에 파악하기 위해서는 인성의 도움이 필요하다.

▶ 교수직 : 정재, 식신, 정관이 있으면 좋음
▶ 금융직 : 정재, 편관, 무식상(無食傷)이면 좋음

일반적으로 명리학에서는, 실물 재산, 특히 금전과 관련한 십성은 재성(財星)이므로, 경제학과의 중심 성분은 재성으로 본다. 은행원과 같은 금융직의 경우, 편관은 정해진 내부 규칙을 무조건으로 준수해야 금융사고를 미리 방지할 수 있다. 무식상이 필요한 이유는 세밀하고 정밀한 업무 처리가 요구되는 금융 분야에서 융통성이란 있을 수 없는 일이기 때문이다. 물론 편관은 매일매일 원 단위까지 정확하게 일치시키기 위해, 지루한 과정을 인내해야 하는 것과 관련이 있어 보인다. 이러한 일련의 관련한 십성은 해당 분야에 필요한 적성이라기보다, 업무 수행에 필요한 성격과 더 관련이 있어 보인다.

한편 경제학과의 적성과 관련한 MBTI의 심리기능을 살펴보면, 우선 현실적이고 실용적인 Se(정재)와 세부 사항에 대한 주의, 확립된 규칙과 절차를 준수하는 등의 성향인 Si(편재)가 필요하고, 또한 숫자 개념 또는 소위 숫자 감각이 뛰어나야 하는데, 이는 Ti(편관)에 해당한다. 많은 경제학자가 수학에 일가견이 있다는 사실은 이미 알려진 사실이다. 더 중요한 적성 요소로 Te(정관)를 들 수 있는데, 정량화, 수량화는 Te(정관)의 접근 방식으로 객관적인 측정, 벤치마크 및 통계 등을 활용하는 등 정량적 연구와 동의어이며, 특히 TJ는 "숫자는 거짓말을 하지 않는다"라는 말에 맞는 유형이다. 따라서 경제학과 적성의 주요 요소를 가진 ST는 관심 영역이 사실 쪽에 있으며, 그들은 객관적인 분석으로 빈틈없이 그리고 실제적인 방법으로 사실에 접근한다. 또 다른 유형인 ES는 가장 실용적이며 현실적인 유형들로, 은행의 사무직 관리자에서 많이 볼 수 있다.

더 나아가서 감각 데이터를 넘어서서 숨겨진 패턴, 가능성, 잠재력을 식별하는 것이 경제 관련 분야에서 너무나 중요한 적성 요소인데, 이는 Ne에 해당하며, 특히 NP에게서 돋보이는 특성이다. 또한 Ni는 미래를 보는 예언자 또는 선견자라고 할 수 있는데, 이러한 마음의 눈, 즉 직관적 통찰력은 미래의 경제 추이나 흐름을 예측하는 데 뛰어난 능력을 발휘한다(특히 NJ). 이러한 심리기능은 최고 경영자가 가져야 할 필수적인 능력이라 판단한다. 따라서 종합적인 학문으로서의 경제학에 필요한 적성은 그만큼 다양하고 그에 따라 해당하는 MBTI 심리기능과 유형도 다양하다.

결론적으로 명리학에서 다루는 경제학의 적성 성분과 MBTI의 해당 심리기능이 겹치는 부분도 있으나, 이는 엄밀히 말해서 지능이나 능력에 해당하는 적성에 관한 것이라기보다는, 관련 업무를 수행하는 데 필요한 성격이나 태도와 연관되는 것이라 볼 수 있다. 따라서 MBTI의 심리기능과 유형들을 중심으로 적성에 대한 개념을 정립하고자 한다.

(5) 법학과 적성

☞ **편관, 편인, 식신과 상관이 있으면 유리한 구조** : 법률을 다루는 사람은, 충실하게 법을 적용하는 것이 중요하므로 정관보다는 편관이 필요하다. 또한 식신과 상관이 있으면 법을 새롭게 해석하고 만들기도 하는데, 이러한 의미보다는 법을 지키는 것이 본래의 목적이므로 편관을 우선으로 요구한다. 그리고 남들이 법대로 살아가는지 살피는 것이 중요하므로, 의심하는 마음으로 작용하

는 편인이 도움을 주면 좋다.

▶ 판사 : 식신이 편관을 극하면 적격임
▶ 검사 : 편인과 상관이 있으면 어울림
▶ 변호사 : 상관이 정관을 극하면 적성임
▶ 법무사 : 정관, 식신, 정재 및 편재면 유력함

일반적으로 명리학에서는, 법은 무조건 지켜야 하는 대상이므로, 법 관련 직업군의 경우 편관을 우선으로 하고 중심에 둔다. 또한 편인은 의심하는 마음으로 작용하므로, 수사를 담당하는 검사의 중요한 적성 요소로 삼는다. 그리고 상관은 주로 구두로 표현하는 성분이므로, 변호사의 적성으로 필요한 성분이라고 본다.

한편 MBTI에서는 법학을 공부하기 위해 필수적인 것을 사고력으로 보는데, 특히 Te(정관)가 명시적, 논리적, 합리적, 체계적으로 사안에 접근하여 구조화하는 특성으로, 법률의 제정이나 법률의 적용과 활용에 있어 법률 관련 적성의 중심에 두고 있다. 또한 법과 법의 사이에 미세한 차이를 간파한다든지, 경청하고 중재하는 데 능한 직관기능도 중요한 역할을 차지한다. 게다가 본 저자가 판단하기에, Ni(편인) 또는 Ne(정인)는 검사의 초동 수사에 있어 의심이 출발점이라 편인과 같이 볼 수 있으며, 이러한 직관 기능은 감각적 사실과 데이터(증거 자료)를 넘어서거나 그 뒤를 볼 수 있는 능력으로, 수사에 있어 필요한 성분으로 볼 수 있다. 물론, 검사도 공소 유지를 위해 치열하게 법리를 다툴 때는 Te(정관)가 필요한 역할을 한다. 그리고 법률가들은 무장(武裝)한 상대편들과 줄기차게 말로써 대응해야 할 뿐만 아니라, 진행되는 모든 법적 과정에는 문서가 오가기 때문에, 언어적 표현에 능한 Fe(상관)나 Fi(식신)가 중요한 적성 요소로 판단된다.

미국의 법학부 학생들의 통계를 보면, 예상대로 T나 TJ가 많으며, 제법 비중을 차지하는 TP는 중퇴자 비율이 높다는 점이 주목할 부분이다. TP는 추론이나 이론이 중심이 되는 Ti(편관)가 작동하는 유형들로, 본 저자가 판단하기에 TP는 일반적인 법률가보다는 법학자나 법 이론가에 더 적합한 적성으로 판단한다. 또한 이 통계에서 STJ도 상당한 비중을 차지하는데, 이것은 구체적 사실과 세부 사항에 시각이 맞춰진 Se(정재)나 세부 사항에 대한 주의, 확립된 규칙과 절차 준수 등의 특성을 가진 Si(편재)가 관련한 것으로, 저자는 이러한 유형들은 오히려 법무사, 법원 서기, 법률보조원 등과 같이 법률 행정 분야의 적성에 적합하다고 판단한다.

이에 반해, 경찰관들은 대다수가 S이다. 또한 경찰관들은 계속되는 구체적 상황에 부딪히고, 말보다는 결단력과 행동이 앞서야 하므로, 법학부 학생들과 비교하여 판단형이 더 많으며, 그들 가운데서 제법 많은 이들이 감정형(F)이었다. 이는 법정에서보다는 현장에서 더 동정적일 수 있다는 표시일 것이다.

결론적으로 법학과와 법률가의 적성을 고려할 때, 일반적인 사주 십성이나 MBTI의 심리기능과 유형들이 유사한 측면이 있지만, 적성 요소의 중심을 차지하는 편관과 Te(정관)의 차이나 직관기능의 역할에 있어, 중요성이나 적용 범위 면에서 다소 차이가 있다. 이들 적성에 있어 중심이 되는 편관과 Te(정관)의 역할과 비중에 대해서는 통합적 관점에서 개념의 정립이 필요하다.

(6) 과학계열 적성(물리학과 적성)

☞ **식신, 편재, 정재, 정관, 정인이 있으면 유리한 구조** : 물리학을 연구하기 위해서는, 늘 살피고 관찰하는 것이 필요하여 편재를 요구하고, 얻어진 데이터를 근거로 궁리를 해야 하니 식신도 필요하다. 실험하는 과정은 치밀해야 하므로 정재의 도움이 있으면 좋고, 결과물을 객관화하기 위해서는 정관의 도움도 요구된다. 그리고 연구하는 과정에서 영감이 요구되기도 하므로 정인이 있으면 더욱 좋다.

▶ 기초물리학 : 식신이 절실히 요구됨
▶ 응용물리학 : 식신에 정재나 편재가 필요함

일반적으로 명리학에서는 과학 분야, 특히 물리학의 적성은 식신의 창의성을 중심으로 두고, 세부 분야별로 요구되는 다른 십성 성분을 부가하는 구조를 취하는 것으로 이해한다. 여기에서도 마찬가지로 과학의 적성에 있어 기반이 되는 요소로 창의성을 거론하는데, 이 점에 대해서는 이론(異論)의 여지가 없으나, 문제는 창의성을 식신의 영역으로 보느냐 아니면 정인이나 편인과 같은 인성으로 보느냐이다. 여기에 명리학과 MBTI의 가장 큰 괴리가 있으므로, 이에 대한 개념 정립이 무엇보다 필요하다.

한편 MBTI에서 과학 계열 학생들에게 필요한 적성은 직관(N)과 사고(T)로, 이들로 구성된 NT는 직관적 상상력과 통찰력을 통해 수립한 이론을, 논리적 추론 또는 정량화/수량화를 거쳐 이론을 검증하는 과정에 능숙한 사람들이다. 또한 NT는 가능성과 그들의 문제 해결에 관련되는 원리들에 초점을 맞추는 이들이다. 그리고 IN은 가장 지적인 이들로서, 대부분 사람이 통찰할 수 있는 세계보다 더 먼 미지의 세계까지 간파하는 능력이 있는 이들이다.

저자는 예를 들어 MBTI 심리기능과 성격유형으로 이론물리학과 실험물리학에 대한 적성을 구분한다면, INTP는 아이디어와 이론을 만지작거리며 논리적 추론 기능인 Ti(편관)를 보다 추상적으로 적용하므로, 이론물리학에 더 적합한 유형으로 판단한다. 그러나 INTJ는 정립된 명제나 이론을 공식적인 실험, 측정, 정량화를 통해 검증하는 전형적인 과학의 과정으로서, 실험물리학에 최적화된 유형이라 판단된다. 이러한 연유로, 대표적인 과학 관련 유형으로 INTJ와 INTP를 들 수 있으나, Te(정관)가 전형적인 과학의 구현(具現)이라는 점에서, INTJ를 과학의 전형적인 유형으로 볼 수 있다.

결론적으로 과학 분야에서도 마찬가지로, 적성의 중심이 되는 요소가 아이디어, 가능성, 통찰력, 상상력 등과 연관된 직관기능이 되느냐, 아니면 식신이 되느냐가 핵심적인 쟁점이 된다. 저자는 과학 분야의 적성에 중심이 되는 요소로 직관기능과, 이를 검증하기 위한 사고기능의 조합을 우선으로 고려하여, 앞으로 진로 탐색의 방향을 정하고자 한다.

(7) 예술 계열 적성

1) 음악의 적성

☞ **정인과 편인, 식신이 있으면 음악 적성으로 유력함** : 인성의 창조력, 영감과 식신의 창의력에 비중을 둠

- ▶ 작곡자 : 식신, 정인, 편인이 유력함(창조력 또는 영감과 창의력에 비중을 둠)
- ▶ 연주자 : 편관, 정재, 편재가 어울림(악보나 지휘자를 따르고, 악기를 다루는 성향이 요구됨)
- ▶ 지휘자 : 편재, 무식상(無食傷), 편관이 적성임(연주자를 통솔하고, 악보를 따르는 성향이 요구됨)

2) 성악의 적성

☞ **편관, 식신, 상관이 있으면 유력함** : 악보와 지휘자를 따르는 편관과 함께, 식신과 상관의 창의력과 興(또는 신명)이 필요하며, 분위기를 읽어 내는 식신과 상관이 필요함

3) 미술의 적성

☞ **정재, 편재, 식신, 정인, 편인이 유력함** : 공간성이 중요하므로 편재가 필요하고, 치밀한 부분을 묘사하기 위해서는 정재도 중요함. 창의적인 면을 강조하기 위해 식신의 도움이 필요하고, 작품의 영감을 얻기 위해 인성의 도움이 중요함

일반적인 명리학에서도 예술 계열의 학생이나 예술가의 적성에 있어서 중심이 되는 성분은 영감과 관련한 인성이다. 여기에 창의성의 식신과 세부 분야에 따라 공간성의 편재를 부가하거나, 섬세한 표현을 위해 정재가 요구되기도 한다.

여기에서도 반복적으로 언급하지만, 창의력의 성분을 식신으로 보는 점에 있어, 명리학의 십성과 MBTI의 심리기능 간에는 개념의 차이가 확연하게 드러난다.

한편 MBTI에서 음악, 미술, 시와 소설 등 예술 계열 학과의 적성으로 가장 비중을 두는 것은, 역시 상상력과 창의성과 관련한 Ne(정인)와 직관적 통찰력과 아름다움(시각적, 은유적으로)에 매우 민감한 Ni(편인)이다. 여기에 어떠한 연유에서든, 일반적인 언어적 표현 수단으로는 자신을 표현하기에 부족하다고 느끼는 Fe(상관)나 Fi(식신)와 같은 감정기능을 가진 사람들은 시, 음악, 미술 등을 통해 자신을 표현하는 데 능숙하므로, 예술 계열의 학생이나 예술가의 적성으로 중요한 부분을 차지한다. 또한 설치예술, 조각, 추상화 등에서 공간개념이 중요하므로 Si(편재)와 Ti(편관)가 필요하고, 나아가

Ti(편관)는 Se(정재)와 함께 손과 눈의 협응을 비롯한 손을 능숙하게 쓰는 분야에서도 중요한 역할을 한다.

본 저자는 물론 시나 소설을 문학이나 어학 분야로 분류할 수 있으나, 특히 시는 적성의 측면에서 문학을 넘어 예술이나 철학과 함께 궤를 하나로 한다고 생각한다. 최근에 한강 작가가 노벨 문학상을 받는 놀랍고도 자랑스러운 쾌거를 이루었는데, 노벨상 추진위원회에서 한강 작가를 시적으로 산문을 쓰는 혁신가라 발표하였으며, 저자는 이러한 발표를 듣고 한강 작가에 대한 가장 적절한 평가라고 생각했다. 한편 한강 작가는 맨 처음 시인으로 문학계에 등단한 것이라 알고 있다. 저자는 한강 작가와 같은 시인의 적성은 상상력과 창의성, 간결성, 함축성 등이 모두 녹아 있는 Ne(정인)와 마음의 눈으로 상상하고 이해하는 통찰력의 Ni(편인)가 그 중심이 된다고 생각한다. 여기에 더해 한강 작가는 세상의 가장 약자들을 보듬어 주는 진한 인도주의가 바탕에 깔려 있으며, 자연의 생명체에 대한 가치와 존중이 철저히 배어 있다. 저자는 한강 작가의 대표작인 『채식주의자』를 읽고, 전형적인 NF이며 INFP가 아닐까 하고 생각을 해 본 적이 있다.

결론적으로 예술 계통과 관련한 적성을 논하면서, 명리학과 MBTI의 관점에 차이가 있다는 것을 다시금 상기시키면서 상호 간 개념의 통합이 필요하다고 생각한다.

이상에서 독자분들의 이해를 돕기 위해 일반적인 명리학의 십성과 직업 적성 또는 학과 적성과의 연관성에 대해 간략히 살펴보았다. 또한 MBTI의 여덟 가지 심리 특성을 사주 십성과 1:1로 대응시켰을 때, 과연 이러한 연관성을 적용할 수 있는지에 대해서, 저자의 견해와 함께 살펴보았다.

제2절 사주로 진로와 직업 찾기

저자가 세운 가설을 중심으로 진로와 직업을 찾는 과정과 방법을 설명하기 전에, 저자에게 가설에 대한 영감과 정당성을 가져다준, 대만의 명리학자 하건충(何建忠) 선생의 '직업 인연(因緣) 보는 법'에 관해 간략히 소개한다. 본 내용은 매우 간결하지만, 선생의 혜안에 대해 놀라움과 함께 다시 한번 고개를 숙이게 된다.

1. 직업 인연 보는 법[12) 13)]

사회적으로 직업의 종류가 너무나 다양하므로, 팔자 본인이 어떤 직업에 종사하는지를 정확히 알아맞히는 것은 불가능하다. 그러나 그 사람이 어떤 종류의 직업 방향으로 쉽게 나아갈 것인지? 그 사람이 어떤 종류의 직업에 종사(從事)하기를 원하는지? 그 사람에게는 어떤 직업이 적합한지? 등의 물음에는 답할 수 있다. 이러한 문제에 답하려면 반드시 각 십성과 직업의 상관관계에 대해 먼저 이해할 필요가 있다. 다음에 관계에 대해 개략적으로 소개한다.

1) 정재 : 상업, 금전과 직접적인 관련이 있는 일을 좋아한다.
2) 편재 : 수공예업, 의료 관련 사업, 과학실험업, 사무처리 관련 사업

3) 식신 : 여행가이드업, 문예업, 노인/환자케어 사업, 광고홍보업
4) 상관 : 외교업, 언론표현 관련 사업, 문예업, 연극업, 투자 사업, 변동적인 사업, 사람들의 관심을 끌 수 있는 사업, 기발한 아이디어 사업
5) 정관 : 공무원, 윗사람이 있는 조직체의 일, 순서에 따라 하나하나 진행하는 사업
6) 편관 : 무술업(武術業), 권위적 특성이 있는 사업, 대뇌(大腦) 사색이 요구되는 사업, 공무와 관련이 있는 사업, 목숨을 걸거나, 저돌성이 요구되거나, 절제 및 자제력이 요구되는 사업(위험이 따르는 사업)
7) 정인 : 교사, 신부, 인내심이 필요한 사업, 철학/종교 관련 사업, 공무원, 안정적인 사업
8) 편인 : 교사, 철학/종교 관련 사업, 공무원, 학술연구, 분류하는 성격을 띤 사업
9) 비견 : 강건함과 지도력이 요구되는 사업, 체력단련과 관련된 사업, 공업, 외과의사
10) 겁재 : 모험적이고 자유성이 있는 사업, 자신이 지배할 수 있는 사업, 체력이 요구되는 사업, 즉각적이고 신속한 행동이 요구되는 사업, 엔지니어링 산업, 외과의사

통상 어떤 사람이 자연스럽게 어떤 직업에 종사하게 된다는 것은, 일간(日干)과 몇몇 십성이 매우 친밀하다는 것을 의미하므로, 팔자

본인은 이러한 십성들의 끌어당기는 영향으로 인해, **친밀한 십성들과** 관련된 직업에 종사하게 된다는 것을 뜻한다(저자의 책 『사주로 MBTI 엿보기』의 내용 중, 습관심성(習慣心性)에 해당함).

같은 이치로, 팔자 중에서 강도가 강한 십성들과 관련한 직업은, 바로 팔자 본인이 **사상과 관념**상으로 종사하고자 하는 직업을 의미한다(저자의 책 『사주로 MBTI 엿보기』의 내용 중, 영향심성(影響心性)에 해당함).

그리고 일간의 희용신(喜用神)과 관련된 직업은, 바로 팔자 본인에게 가장 적합한 직업을 의미한다(소위 적합하다는 뜻은 사람의 신체적, 정신적 균형에 도움이 되며, 흉(凶)을 피하고 길(吉)을 취한다는 의미이다).

또 하나의 직업 운(運)을 보는 방법은, 첫째, 일간의 오행(五行), 둘째, 국(局) 중에서 가장 세력이 강한 오행, 마지막으로, 팔자의 용신(用神) 오행의 관점에서 각각의 오행에 해당하는 직업을 찾아 비교하는 것이다. 이러한 과정을 통해 팔자 본인이 어떤 직업 방향으로 비교적 쉽게 향하게 되는지(일간 오행), 어떤 직업에 종사하고 싶은지(세력이 강한 오행), 어떤 직업이 가장 적합한지(용신 오행) 등을 추론해 보는 것이다. 그러나 주의해야 할 것은, 이러한 방법은 앞에서 소개한 다른 판단 방법들과의 비중과 중요도를 고려할 때, 소원칙(小原則)에 불과하다는 점이다.

2. 사주로 진로 찾기[12) 13)]

　제2장에서 진로를 찾을 때 필수적으로 고려해야 할 여러 요소 중, 가장 핵심이 되는 성격유형, 직업 흥미 유형, 직업 적성 유형과 관련하여, 유형별로 MBTI의 여덟 가지 심리 특성 및 성격유형, 사주 십성과 이들에 속하는 직업군에 대해 비교적 상세히 살펴보았다. 이러한 유형별 해당 직업군에 대한 자료들은, 앞으로 사주로 성격유형, 직업 흥미 유형 및 직업 적성 유형을 결정한 후, 독자분들이 자신의 유형에 맞는 직업군을 찾을 때 큰 도움이 될 것으로 기대한다.

　한편 진로와 직업을 찾기 위해서는, 당사자가 자신을 알아야 할 여러 가지 요소가 있으며, 지금까지 각 요소에 대해 객관적으로 평가할 수 있는 여러 검사 도구가 개발되어 활용되고 있다. 이 책에서는 그중에서도 가장 핵심적인 요소로 알려진 성격, 직업 흥미, 직업 적성을 선천적인 개인의 사주로 분석하고, 분석된 결과를 중심으로 각 요소에 해당하는 직업군을 찾아가는 과정과 방법에 대해 상세히 설명하고자 한다.

　우선 각 요소에 관한 탐색 과정과 방법을 설명하기 전에, 저자가 사주로 진로와 직업을 찾는 데 있어, 핵심이 되는 몇 가지 전제에 대해 간단히 언급하고자 한다.

▶ 사주로 진로와 직업을 찾기 위한 핵심 분석 요소로, 개인의 **성격, 직업 흥미, 직업 적성**을 선정(選定)하였다.

▶ 개인의 **성격**은, 저자의 책 『**사주로 MBTI 엿보기**』에서 설명한, 사주로 MBTI 성격유형을 분석하는 방법을 채택한다.
▶ 개인의 **직업 흥미**는, 저자의 책 『**사주로 MBTI 엿보기**』에서 설명한, 사주에서 일간과 다른 십성들 간의 정량적 **친밀도**를 분석하는 방법(J와 P의 분석 방법)을 채택한다.
▶ 개인의 **직업 적성**은, 저자의 책 『**사주로 MBTI 엿보기**』에서 설명한, 사주에서 일간을 포함한 모든 **십성의 강도**를 분석하는 방법(影響心性 분석 방법)을 채택한다.
▶ 개인의 사주에서 **용신(用神)**과 **희신(喜神)**을 찾은 후, 용신과 희신에 해당하는 십성과 오행을 적용하여 직업을 결정한다.

(1) 사주로 MBTI 성격유형 찾기

이미 제2장에서 MBTI 성격유형이 진로와 직업을 찾을 때, 매우 중요한 요소라는 점에 대해서는 충분히 설명하였다. 또한 사주로 선천적인 MBTI 성격유형을 찾는 과정과 방법에 대해서는, 저자의 책 『사주로 MBTI 엿보기』에서 상세히 설명한 바가 있다. 따라서 진로와 직업 찾기를 위해 필요한 과정의 제1요소인 MBTI 성격유형 찾기는, 물론 MBTI 검사를 통해서도 가능하지만, 독자분들은 『사주로 MBTI 엿보기』의 숙독을 통해, 자신의 선천적인 성격유형 찾기에 도전할 것을 권한다. 이 과정이 사주로 제2, 제3 요소를 분석하여, 자신의 진로와 직업을 찾아가는 과정과의 일관성 측면에서도 의미가 있다고 할 것이다. 일단 사주로 성격유형 찾기를 통해 자신의 성격유형이 정해지면, 제2장에서 MBTI 성격유형별로 상세하게 나열한 직업군을 참고하여, 제1차로 진로와 직업을 찾으면 된다.

(2) 사주로 직업 흥미 유형 찾기

Holland는 사람들이 외부와 접촉하는 과정에서, 개개인의 환경에 대처할 때 즐겨 사용하는 **습관적인 방식**, 즉 자신의 독특한 **적응방향(適應方向, Adjustive Orientation)**을 형성하게 되는데, 직업을 선택할 때 바로 자신의 적응 방향을 만족시켜 줄 수 있는 직업 환경을 선택하게 된다고 하였다. 저자의 책 『사주로 MBTI 엿보기』를 일독한 독자분이라면, Holland가 언급한 '환경에 대처할 때 즐겨 사용하는 습관적인 방식'이라는 문장이 왠지 낯설지 않다고 생각할 것이다. 이 책에서 사주로 심성을 분석하는 방법을 설명하면서, **'습관적 심성'**은 외부로 쉽게 드러나는 심성으로, 사주의 각 십성과 일간과의 친밀성 순위를 분석하여 판단하는데, 친밀성의 순위대로 습관적 심성이 드러난다고 하였다.

따라서 저자는 이러한 유사점에 착안하여, 일간과 다른 사주 십성 간의 친밀도를 분석함으로써, 직업 흥미 유형을 판단할 수 있겠다는 결론에 도달하게 되었다. 또한 이러한 사주 십성의 친밀도 순위가 직업 흥미 유형의 순위가 되므로, 제2장에서 표로 정리한 직업 흥미 유형별 사주 십성의 우선순위와 대조하면, 이러한 십성의 순위가 어느 직업 흥미 유형에 해당하는지를 쉽게 파악할 수 있게 된다.

일간과 각 사주 십성의 친밀도를 분석하는 방법은, 이미 『사주로

MBTI 엿보기』에서 J와 P를 결정하는 방법과 과정을 통해 상세히 설명한 바가 있다. 하지만 『사주로 MBTI 엿보기』를 접하지 않은 독자분들을 위해, 몇 가지 사례를 통해 친밀도 분석 결과와 직업 흥미 유형과 연결하는 과정을 설명하고자 한다. 우선 독자분들이 사주에서 일간과 각 사주 십성의 친밀도를 분석하거나, 다음에 언급될 일간을 포함한 십성의 강도를 분석하기 위해 반드시 숙지해야 할, 가장 기본이 되는 몇 가지 내용을 다음과 같이 표로 정리하여 나타내었다.

십성과 십 천간의 대응 관계와 십성의 뜻

십성 명칭	대응 관계	십성 형태의 함의
비견(比肩)	甲 대 甲	나를 도우나 나는 밀쳐 내는 관계
겁재(劫財)	甲 대 乙	나를 도우면서 나와 끌어당기는 관계
식신(食神)	甲 대 丙	내가 생하면서 밀쳐 내는 관계
상관(傷官)	甲 대 丁	내가 생하면서 끌어당기는 관계
편재(偏財)	甲 대 戊	내가 극하면서 밀쳐 내는 관계
정재(正財)	甲 대 己	내가 극하면서 끌어당기는 관계
편관(偏官)	甲 대 庚	내가 극을 받으면서 밀쳐 내는 관계
정관(正官)	甲 대 辛	내가 극을 받으면서 끌어당기는 관계
편인(偏印)	甲 대 壬	나를 생해 주나 나는 밀쳐 내는 관계
정인(正印)	甲 대 癸	나를 생하면서 나와 끌어당기는 관계

십 천간과 십성의 관계

	比肩	劫財	食神	傷官	偏財	正財	偏官	正官	偏印	正印
甲木	甲	乙	丙	丁	戊	己	庚	辛	壬	癸
乙木	乙	甲	丁	丙	己	戊	辛	庚	癸	壬
丙火	丙	丁	戊	己	庚	辛	壬	癸	甲	乙
丁火	丁	丙	己	戊	辛	庚	癸	壬	乙	甲
戊土	戊	己	庚	辛	壬	癸	甲	乙	丙	丁
己土	己	戊	辛	庚	癸	壬	乙	甲	丁	丙
庚金	庚	辛	壬	癸	甲	乙	丙	丁	戊	己
辛金	辛	庚	癸	壬	乙	甲	丁	丙	己	戊
壬水	壬	癸	甲	乙	丙	丁	戊	己	庚	辛
癸水	癸	壬	乙	甲	丁	丙	己	戊	辛	庚

일간의 십 천간과 십성 간의 상호 관계

天干	甲	乙	丙	丁	戊	己	庚	辛	壬	癸
十星	偏財	正財	偏官	正官	偏印	正印	比肩	劫財	食神	傷官

지지에 저장된 천간의 종류와 지지에 저장된 각 천간의 비율

지지 명칭	寅		巳		申		亥	
장간 명칭	甲	丙	丙	庚	庚	壬	壬	甲
장간 비율	0.7	0.3	0.7	0.3	0.7	0.3	0.7	0.3
지지 명칭	卯		午		酉		子	
장간 명칭	乙		丁		辛		癸	
장간 비율	1.0		1.0		1.0		1.0	

지지 명칭	辰			未			戌			丑		
장간 명칭	戊	癸	乙	己	乙	丁	戊	丁	辛	己	辛	癸
장간 비율	0.5	0.2	0.3	0.5	0.2	0.3	0.5	0.2	0.3	0.5	0.2	0.3

1) 사주 중 일간과 각 십성의 정량적 친밀도 판단법

일간과 다른 십성 간의 친밀성은 일간과 다른 천간, 지지의 상대적인 위치로 평가할 수도 있다. 그러나 친밀도에 합리성을 부여하기 위해, 저자가 『사주로 MBTI 엿보기』에서 J와 P를 결정하는 과정에서 상세히 설명한 바와 같이, 상대적인 위치에 위치별 **가중치**를 부여하여(아래 표 참조) 정량적으로 산정함으로써, '습관심성'에 해당하는 **정량적 친밀도를 결정**하고자 한다.

時干(0.8)　　日干(1.0)　　月干(0.8)　　年干(0.6)
時支(0.6)　　日支(0.9)　　月支(0.6)　　年支(0.4)

〈주기〉
1. **일간** 가중치 **1.0**을 중심으로 간지력(干支力)이 작용하는 **일지**는 가중치 **0.9**로 정하였다.
2. 일간과 인접한 **월간**과 **시간**은 일지 다음으로 인접한 천간으로 가중치를 같이 **0.8**로 정하였다. 다만 월간이나 시간이 **일간과 합**을 할 경우, 합력을 고려하여 가중치를 일지와 같이 **0.9**로 정하였다.
3. **연간, 월지** 및 **시지**는 가중치를 **0.6**으로 같이 정하였다.
4. **연지**의 가중치는 **0.4**로 가장 낮게 정하였다.
5. 지지의 경우에는 지지에 저장된 천간 비율에 각 지지의 가중치를 곱하여 산정하는 것을 원칙으로 한다.

그러면 독자분들의 이해를 돕기 위해 예를 들어 설명하겠다.

2) 실제 사례

예 1)			
乙0.8	丁1.0	己0.8	辛0.6
巳0.6	卯0.9	亥0.6	丑0.4
(丙庚)	(乙)	(壬甲)	(己辛癸)
0.7, 0.3	1	0.7, 0.3	0.5, 0.2, 0.3

⇒ 천간 : 일간 정관(1.0), 편인(0.8), 식신(0.8), 편재(0.6)
　지지 : 편인(0.9)
　　　　겁재(0.42), 정재(0.18)
　　　　정관(0.42), 정인(0.18)
　　　　식신(0.2), 편관(0.12), 편재(0.08)

⇒ 편인(1.70) > 정관(1.42) > 식신(1.00) > 편재(0.68)

⇒ 탐구형(I) > 사회형(S) > 관습형(C)

예 2)			
癸0.8	乙1.0	辛0.8	癸0.6
未0.6	丑0.9	酉0.6	亥0.4
(己乙丁)	(己辛癸)	(辛)	(壬甲)
0.5, 0.2, 0.3	0.5, 0.2, 0.3	1	0.7, 0.3

⇒ 천간 : 일간 정재(1.0), 편인(0.8), 편관(0.8), 편인(0.6)
  지지 : 편재(0.45), 편인(0.27), 편관(0.18)
      편재(0.3), 식신(0.18), 비견(0.12)
      편관(0.6)
      정인(0.28), 겁재(0.12)

⇒ **편인(1.67) > 편관(1.58) > 정재(1.00) > 편재(0.75)**

⇒ **탐구형(I) > 실제형(R) > 관습형(C)**

예 3]			
甲0.8	乙1.0	己0.8	庚0.6
申0.6	亥0.9	卯0.6	寅0.4
(庚壬)	(壬甲)	(乙)	(甲丙)
0.7, 0.3	0.7, 0.3	1	0.7, 0.3

⇒ 천간 : 정재(1), 겁재(0.8), 편재(0.8), 정관(0.6)
  지지 : 정관(0.42), 정인(0.18)
      정인(0.63), 겁재(0.27)
      비견(0.6)
      겁재(0.28), 상관(0.12)

⇒ 겁재(1.35) > 정관(1.02) > 정재(1.00) > 정인(0.81) > 편재(0.80)

⇒ 실제형(R) > 기업형(E)

(3) 사주로 직업 적성 유형 찾기[12) 13)]

제2장에서 언급한 바와 같이, 개인이 선천적으로 가지고 태어난 적성은 자연적으로 계발되지 않으며, 그것은 훈련과 지속적인 경험을 통해서만 현실적인 능력으로 발전된다. 일반적으로 적성은 **타고난 능력**이나 **소질**이라고 알려져 있듯이 **유전적**인 **성향**이 강하다. 그러나 학습 경험이나 훈련으로 계발될 수 있으므로, 다양한 학습 경험을 할 필요가 있다. 또한 적성은 청소년 전기 이후에는 큰 변화가 없으므로, 조기에 계발할 필요가 있다.

한편, 저자는 직업 적성을 분석하기 위해, 저자의 책 『사주로 MBTI 엿보기』에서 설명한 '**영향심성**'을 분석하는 방법을 채택하여 활용하고자 한다. 이 책에서 '영향심성'은 개인의 사상과 관념의 영향을 받는 심성으로, 외부로 드러나는 '습관심성'과 달리 외부로 잘 드러나지 않으며, 자신이 그 존재를 알아차리지 못하는 심성이라 설명하였다. 이와 유사한 관점에 근거하여, 사상과 관념의 영향을 받는 '영향심성'이 내면적이며 선천적인 심성이듯이, 타고난 능력이나 소질, 즉 유전적인 성향이 강한 직업 적성과 연결하는 것이 가능하다고 저자는 판단한다.

따라서 '영향십성'을 분석하는 방법과 같이, 사주의 일간을 포함한 모든 십성의 강도를 계산하여 결과치의 크기순으로 나열하고, 이를 직업 적성의 각 유형과 비교함으로써, 해당하는 직업 적성의 유형을 결정할 수 있다.

그러면 독자분들의 이해를 돕기 위해 예를 들어 설명하겠다.

예 1)

	일간		
癸1	丙1	甲1	癸1
巳	午	寅	酉
(丙庚)	(丁)	(甲丙)	(辛)
0.7, 0.3	1	0.7, 0.3	1

본 조의 각 간의 강도를 십간 순서대로 계산한 결과는 다음과 같다.

甲(0.7 당령) = 1.7 × (1 + 0.2 × 0.7) = 1.938
乙(0.7 당령) = 0 × (1 + 0.2 × 0.7) = 0
<u>丙(전 당령) = 2 × (1 + 0.2 × 1) = 2.4 - 1 = 1.4</u>
丁(전 당령) = 1 × (1 + 0.2 × 1) = 1.2
戊(0.3 당령) = 0 × (1 + 0.2 × 0.3) = 0
己(0.3 당령) = 0 × (1 + 0.2 × 0.3) = 0
庚(부 당령) = 0.3 × (1 + 0.2 × 0) = 0.3

辛(부 당령) = 1 × (1 + 0.2 × 0) = 1
壬(부 당령) = 0 × (1 + 0.2 × 0) = 0 + 1 = 1
癸(부 당령) = 2 × (1 + 0.2 × 0) = 2

 이상의 결과 중 우선 丙火 비견은 1을 빼야 하고, 壬水 편관(일간의 십성)은 1을 더해야 한다. 그렇게 해서 나온 결과를 십성 강도 순으로 배열하면 아래와 같다.

① 癸水 정관
② 甲木 편인
③ 丙火 비견
④ 丁火 겁재
⑤ 辛金 정재, 壬水 편관
⑥ 庚金 편재
⑦ 乙木 정인, 戊土 식신, 己土 상관

▶ 본 명조의 일간을 포함한 십성의 강도 순위 : **정관 > 편인 > 비견 > 겁재 > 정재/편관**

⇒ 본 명조의 **직업 적성 유형 : 수리-논리력 > 창의력 > 신체-운동 능력**

[예 2]			
	일간		
乙1	戊1	癸1	辛1
卯	戌	巳	亥
(乙)	(戊丁辛)	(丙庚)	(壬甲)
1	0.5, 0.2, 0.3	0.7, 0.3	0.7, 0.3

본 조의 각 간의 강도를 십간 순서대로 계산한 결과는 다음과 같다.

甲(부 당령) = 0.3 × (1 + 0.2 × 0) = 0.3
乙(부 당령) = (1 + 1) × (1 + 0.2 × 0) = 2
丙(0.7 당령) = 0.7 × (1 + 0.2 × 0.7) = 0.798 + 1 = 1.798
丁(0.7 당령) = 0.2 × (1 + 0.2 × 0.7) = 0.228
戊(0.7 당령) = (1 + 0.5) × (1 + 0.2 × 0.7) = 1.71 - 1 = 0.71
己(0.7 당령) = 0 × (1 + 0.2 × 0.7) = 0
庚(0.3 당령) = 0.3 × (1 + 0.2 × 0.3) = 0.318
辛(0.3 당령) = (1 + 0.3) × (1 + 0.2 × 0.3) = 1.378
壬(0.3 당령) = 0.7 × (1 + 0.2 × 0.3) = 0.742
癸(0.3 당령) = 1 × (1 + 0.2 × 0.3) = 1.06

이상의 결과 중 우선 戊土 비견은 1을 빼야 하고, 丙火 편관(일간의 십성)은 1을 더해야 한다. 그렇게 해서 나온 결과를 십성 강도 순으로 배열하면 아래와 같다.

① 乙木 정관
② 丙火 편인
③ 辛金 상관
④ 癸水 정재
⑤ 壬水 편재
⑥ 戊土 비견
⑦ 庚金 식신
⑧ 甲木 편관
⑨ 丁火 정인
⑩ 己土 겁재

▶ 본 명조의 일간을 포함한 십성의 강도 순위 : **정관 > 편인 > 상관 > 정재**

⇒ 본 명조의 **직업 적성 유형** : 수리-논리력 > 창의력 > 대인관계 능력/언어능력 > 예술시각능력

예 3]			
	일간		
丁1	丁1	庚1	辛1
未	丑	子	卯
(己乙丁)	(己辛癸)	(癸)	(乙)
0.5, 0.2, 0.3	0.5, 0.2, 0.3	1	1

본 조의 각 간의 강도를 십간 순서대로 계산한 결과는 다음과 같다.

甲(전 당령) = 0 × (1 + 0.2 × 1) = 0
乙(전 당령) = 1.2 × (1 + 0.2 × 1) = 1.44
丙(부 당령) = 0 × (1 + 0.2 × 0) = 0
<u>丁(부 당령) = 2.3 × (1 + 0.2 × 0) = 2.3 − 1 = 1.3</u>
戊(부 당령) = 0 × (1 + 0.2 × 0) = 0
己(부 당령) = 1 × (1 + 0.2 × 0) = 1
庚(부 당령) = 1 × (1 + 0.2 × 0) = 1
辛(부 당령) = 1.2 × (1 + 0.2 × 0) = 1.2
<u>壬(전 당령) = 0 × (1 + 0.2 × 1) = 0 + 1 = 1</u>
癸(전 당령) = 1.3 × (1 + 0.2 × 1) = 1.56

이상의 결과 중 우선 丁火 비견은 1을 빼야 하고, 壬水 편관(일간의 십성)은 1을 더해야 한다. 그렇게 해서 나온 결과를 십성 강도 순으로 배열하면 아래와 같다.

① 癸水 편관
② 乙木 편인
③ 丁火 비견
④ 辛金 편재
⑤ 己土 식신, 庚金 정재, 壬水 정관
⑥ 甲木 정인, 丙火 겁재, 戊土 상관

▶ 본 명조의 일간을 포함한 십성의 강도 순위 : **편관 > 편인 > 비견 > 편재**

⇒ 본 명조의 **직업 적성 유형 : 수리-논리력 > 창의력 > 공간지각력**

(4) 사주 희용신(喜用神)과 진로 찾기

대만의 명리학자 하건충 선생은, 일간의 희용신과 관련된 직업이 바로 팔자 본인에게 가장 적합한 직업을 의미한다(소위 적합하다는 뜻은 사람의 신체적, 정신적 균형에 도움이 되며, 흉을 피하고 길을 취한다는 의미이다)고 하였다.

저자가 판단하기에 제2장과 앞에서 설명한 바와 같이, 개인의 성격, 직업 흥미 및 직업 적성을 분석하면, 진로나 직업을 충분히 찾을 수 있다. 하지만 저자는 독자분들이 각자 사주의 희용신을 찾은 후, 희용신의 십성이나 오행에 해당하는 직업군과 이미 세 가지 요소의 분석을 통해 파악한 직업군과 대조함으로써, 소수의 가장 적합한 직업을 도출할 수 있을 것으로 판단한다.

그러나 희용신의 십성이나 오행으로 직업군을 찾아 대조하는 방법은, 세 가지 요소를 분석하여 직업군을 찾는 방법과 비교하여, 진로나 직업 찾을 때 중요도나 비중은 다소 떨어지므로, 참고로 알아두면 되겠다. 따라서 사주의 희용신을 찾아 직업을 찾는 방법도 충분히 시도해 볼 가치가 있으므로, 이러한 방법에 관심이나 흥미가 있는 독자분들을, 다음의 과정을 숙지하여 자신에 맞는 최적의 직업 찾기에 도전해 볼 것을 권한다.

1) 사주에서 희용신 찾는 법[12) 13)]

용신은 일간을 주체로 삼고 나머지를 객체로 삼아, 사주에서 꼭 필요한 성분, 즉 오행의 균형(均衡)을 유지하게 하거나 조후(調喉)를 충족하도록 하여, 사주를 중화(中和)하는 역할을 하는 성분을 말한다. 간단하게 말해서, 사주를 중화상태(中和狀態)에 이르게 함에 있어서, 가장 효과를 발휘할 수 있는 천간 또는 지지를 말한다. 중화란 곧 세 가지 측면, 즉 일간 기운(氣運)의 강약 면에서, 사주 전체의 음양 기운(氣運) 면에서, 그리고 사주 전체의 구조 면에서, 각각 평형(平衡)과 조화(調和)를 이루는 것을 의미한다.

여기에서는 자평명리학(子平命理學)에서 용신 찾는 방법의 근간이 되는 강약용신(强弱用神)을 취하는 방법에 대해, 대만 명리학자인 하건충 선생이 고안한 방법을 다음에 설명한다. 독자분들이 이 방법을 원활하게 이해하기 위해서는, 저자의 책 『사주로 MBTI 엿보기』를 숙독하는 것이 도움이 될 것으로 생각한다. 한편 특별한 경우에 조후를 대입하여 용신을 찾기도 하지만, 대부분 사주에서는 강약용신을 취하는 방법으로 용신을 찾을 수 있으므로, 명리학의 초심자는 이러한 방법으로 용신을 찾아도 크게 벗어나지 않을 것으로 생각한다.

① 일간의 강약 판별 방법

※ 하건충 선생이 임상 결과 정확도가 95%이라고 주장한다.

a. 사주의 각 천간 글자 옆에 1을 표기한 다음, 지지에는 지지에 저장된 천간의 강도 비율을 표기한다.

b. 각 천간의 당령(當令) 상황은 살필 필요가 없고, 단지 일간을 생조(生助)하는 십간들의 강도 값만을 모두 더하고, 더한 값을 'A'라 한다.

c. 일간 대 월령(月令, 月支)의 당령도(當令度, N)가 얼마인지 파악한다.

d. 일간 평형(平衡) 표준값, 즉 $(4.5 - 0.9 \times N)$ 식의 값을 구한다. 만약 A 값이 이 공식으로 계산한 값보다 크면 일간은 강(强)이 되고, 작으면 약(弱)이 된다(이 공식에서 N값은 일간의 당령도를 말한다).

② 강약용신을 취하는 방법

a. 일간이 강하면, 강약용신은 일간을 극(剋), 설(洩)하는 천간 또는 지지가 된다.

b. 일간이 약하면, 강약용신은 일간을 생조(生助)하는 천간이나 지지가 된다.

그러면 실제 몇 가지 예로써, 강약용신을 취하는 과정과 방법을 설명하고자 한다.

예 1)			
	일간		
癸1	丙1	甲1	癸1
巳	午	寅	酉
(丙庚)	(丁)	(甲丙)	(辛)
0.7, 0.3	1	0.7, 0.3	1

a. 일간의 왕도(旺度)는 甲木 + 乙木 + 丙火 + 丁火 = (1 + 0.7) + 0 + (1 + 0.7 + 0.3) + 1 = **4.7(A)**

b. 일간 丙火는 寅木에 완전 당령이므로 **N = 1**

c. $(4.5 - 0.9 \times N) = 4.5 - 0.9 \times 1 =$ **3.6**

따라서 A값이 3.6보다 크므로 일간은 **강**하다. 일간이 강하면 일간을 剋하거나 洩하는 천간이나 지지가 용신이 되는데, 본 명조에서는 시간의 癸水가 일간을 剋하는 천간으로서, 용신이 된다. 또한 희신은 용신을 도와주는 천간이나 지지가 되는데, 사주의 酉金이나 運에서 들어오는 金의 천간이나 지지가 된다.

예 2)			
	일간		
乙1	戊1	癸1	辛1
卯	戌	巳	亥
(乙)	(戊丁辛)	(丙庚)	(壬甲)
1	0.5, 0.2, 0.3	0.7, 0.3	0.7, 0.3

a. 일간의 왕도는 丙火 + 丁火 + 戊土 = 0.7 + 0.3 + (1 + 0.5) = **2.5(A)**

b. 일간 戊土는 巳火에 0.7 당령이므로 **N = 0.7**

c. $(4.5 - 0.9 \times N) = 4.5 - 0.9 \times 0.7 = $ **3.87**

따라서 A값이 3.87보다 작으므로 일간은 **약**하다. 일간이 약하면 일간을 生助하는 천간이나 지지가 용신이 되는데, 본 명조에서는 월지 巳火 중 丙火나 戌土 중 丁火가 일간을 生하는 성분으로서 용신이 된다. 또한 희신은 용신인 巳火를 도와주는, 運에서 지지로 들어오는 寅木 또는 卯木이 된다.

	일간		
丁1	丁1	庚1	辛1
未	丑	子	卯
(己乙丁)	(己辛癸)	(癸)	(乙)
0.5, 0.2, 0.3	0.5, 0.2, 0.3	1	1

[예3]

a. 일간의 왕도는 乙木 + 丁火 = (1 + 0.2) + (2 + 0.3) = **3.5(A)**

b. 일간 丁火는 月支 癸水에 부당령이므로 **N = 0**

c. $4.5 - 0.9 \times N = 4.5 - 0.9 \times 0 =$ **4.5**

따라서 A값이 4.5보다 작으므로 일간은 **약**하다. 일간이 약하면 일간을 生助하는 천간이나 지지가 용신이 되는데, 본 명조에서는 연지의 卯木이나 時支 未土 중 乙木이 용신이 된다. 또한 희신은 용신인 卯木을 도와주는 월지의 子水가 된다.

지금까지 대만의 명리학자인 하건충 선생의 비법을 인용하여, 사주에서 용신과 희신을 찾는 과정과 방법을 간략히 소개하였다. 명리학에서도 용신을 찾는 것이 쉬운 과정이 아니며, 특히 사주의 강약이 애매한 경우에는, 임상경험이 많은 명리학자도 용신을 찾는 것은 결코 쉬운 일이 아니다.

그러나 앞에서 설명한 강약용신 취하는 법을 알게 되면 다수의 사주에서 용신을 찾을 수 있으므로, 명리학에 초심자인 독자분들은 이 방법을 활용하여, 본인의 사주나 주변 사람들 사주의 용신 찾기에 도전해 볼 것을 권한다.

한편 사주의 강약 구분이 명확한 경우에는 용신을 정하는 데 큰 문제가 없으나, 계산값이 같거나 매우 유사하다면 초심자들이 고민스러운 지점이다. 일반적으로 세력이 비슷한 경우에는 사주가 약하지 않다고 보고, 즉 강한 사주로 봐서 용신을 정하면 된다. 또한 사주의 세력이 약하지 않으면서, 일간이 木이나 金인 사주는, 조후 용신(調喉用神)을 고려할 필요가 있다. 다시 말하지만, 조후 용신을 고려할 때는 사주의 세력이 약하지 않아야 한다. 다음에 몇 가지 간단한 예를 들어 보자.

▶ 겨울 木은 火를 우선 용신으로 삼는다.
▶ 여름 木은 水를 우선 용신으로 삼는다.
▶ 겨울 金은 火를 우선 용신으로 삼는다.
▶ 가을 木은 水를 반기지 않는다. 따라서 식상(食傷)이나 관성(官星)을 용신으로 삼는다 등이다.

한편 용신은 일의 성패(成敗)를 미리 헤아려 보고자 할 때 중요한 역할을 하므로, 용신을 찾은 후에는, 이러한 용신이 매년 돌아오는 해의 六十甲子(예, 2024년은 甲辰年)와 비교하여, 사주 본인에게 유리한 해인지 아니면 불리한 해인지를 미리 알아보는 것도 의미가 있을 것이다.

그런데 희용신을 찾아 그에 해당하는 십성으로 적합한 직업을 찾는 것은, 적용 범위 면에서 제한적이라고 저자는 판단한다. 왜냐하면 앞에서 설명한 방법으로 신강, 신약이 결정되면, 다수의 사주에서 신강일 경우에는 희용신이 식신, 상관과 재성으로 정해지고, 신약일 경우에는 인성, 관성으로 한정되기 때문이다. 독자분들도 이러한 점을 염두에 두고 적용해 보기를 권한다.

2) 사주의 희용신에 해당하는 오행으로 직업 찾기

앞에서 사주의 희용신을 찾는 방법을 소개하였는데, 일단 희용신이 찾아지면, 희용신에 해당하는 십성으로 직업을 찾을 수 있고, 또한 희용신에 해당하는 오행으로 직업을 찾을 수도 있다. 또한, 희용신에 해당하는 오행을 대입한 방법 외에도, 일간의 오행을 대입하거나 사주에서 세력이 강한 성분의 오행을 대입하는 방법도 생각해 볼 수 있다.

그러나 이러한 방법은, 개인의 성격, 직업 흥미 및 직업 적성 분석을 통해 진로나 직업을 찾는 방법과 비교하여, 비중이나 중요도 면에서 떨어진다. 따라서 이러한 방법은, 독자분들이 세 가지 요소로 찾은 직업군의 범위를 좁힌다거나, 선택한 직업이 기왕이면 향후 성공할 가능성을 높일 것이라는 희망을 품게 하는 역할로 충분할 것이다.

이미 앞에서, 각 십성에 적합한 직업군은 표로 정리하여 나타내었으므로, 여기에서는 각 오행에 적합한 직업군을 예시한 두 가지 사례를 소개하고자 한다. 저자는 진로 찾기에 있어, 오행은 단지 참고하는 용도로 활용할 것을 권하지만, 일반적으로 명리학에서는 오행과 직업의 상관관계를 매우 중요하게 다루기 때문에, 관심이 있는 독자분들은 아래의 비교적 상세히 나열한 예시를 참고하면 많은 도움이 될 것으로 생각한다.

① 오행과 직업과의 상관관계[12) 13)]

a. 木 오행에 속하는 직업군
▶ 문학, 문예, 문구점, 문화사업을 하는 문인, 작가, 글을 쓰는 일, 교원(教員), 교장, 교육용품, 교육계, 서점, 출판사, 공무원계통, 사법계통, 치안/경찰계통, 관료계통, 정치계, 정치참여계통, 새로이 창설되는 계통, 특수동식물계통학자, 식물재배시험계통
▶ 목재, 목기, 목제품, 가구, 실내장식품, 나무 성질로 이루어진 제품, 종이계통, 대나무계통, 식물재배계통, 화초계통, 식물묘목계통, 청과물상, 약초계통, 약품업계통(약방, 약제사), 의료업계통, 인재양성계통, 포목매매업계통, 신을 숭배하는 물품/종교응용물계통, 종교사업, 채식주의자를 위한 식품매매업

b. 火 오행에 속하는 직업군
▶ 열이 있는 성질, 화학폭발물 성질, 광선(光線) 성질, 가공기술업/

수리업, 자동생산기술업, 쉽게 연소하는 성질, 수공예 성질, 모든 인신(人身) 장식물 성질
▶ 방광(放光), 조광(照光), 조명, 광학, 고열(固熱), 액열(液熱), 쉽게 연소하는 물질, 유류계통, 열음식계통, 식품계통, 수공예품계통, 기계가공품, 공장, 제조창, 의류/모자제조업, 미용업, 화장품업, 제반(諸般) 인신장식물품(人身裝飾物品)
▶ 군인, 가무(歌舞)예술, 백화점, 인쇄업자, 조각사, 평론가, 심리학자, 연설가

c. 土 오행에 속하는 직업군
▶ 토산(土産)/지산(地産) 성질, 농작(農作) 성질, 목축 성질, 대자연의 원래 물질 성질, 중간인(中間人)의 성질, 土는 가장 낮고 가장 중앙에 있으므로, 지도자적인 성질, 인재(人材)사업, 방수(防水)사업
▶ 농부/토양연구자, 채소상, 농작물상(잡곡, 쌀, 보리 등), 목축업, 사료업, 제반 농축계통업, 자연물매매업(돌, 석회, 토지, 산, 연못 등)
▶ 건축업, 부동산 매매업, 土는 水를 극하는 물질이므로, 방수사업(즉 우의, 우산, 비를 막아 주는 돛, 물을 막는 제방 뚝, 물을 담는 그릇 등)
▶ 전당포, 골동품상, 감정사, 접착제제조/판매업, 제반 중개인업, 소개업, 법무사, 변호사, 법관, 대리인/관리인
▶ 대체(代替), 매매, 설계, 고문(顧問), 비서, 부속품, 부속인, 지도자적 위치에 관계되는 직종, 사람들이 싫어하는 사업(시체보관소,

장의사, 묘지 조성/관리업, 스님, 비구니, 시신을 장식하거나 염하는 업)
▶ 잡동사니를 정리하는 사업(즉 서기, 부기, 기록원, 회계사 등)

d. 金 오행에 속하는 직업군
▶ 고철/금속공구/금속재료 관련 사업, 강인함이 요구되는 사업, 결단력이 요구되는 사업, 남의 성질을 움직이게 하는 사업, 무술인, 광산개발업, 보석계통, 벌목사업, 기계판매업, 국민의 뜻을 대표하는 업, 감정사, 대법관, 철도/교통계통업, 금융계통업, 공정(工程)기술업, 과학계통업

e. 水 오행에 속하는 직업군
▶ 표류(漂流)하는 성질, 분주하게 돌아다니는 성질, 유동(流動/遊動) 음향(音響) 성질, 청결한 성질, 불연성(不燃性) 성질을 갖춘 냉온(冷溫)화학계, 바다에 의존하여 생활하는 자
▶ 항해계통(선원 포함), 냉온불연액체, 냉동계통, 어류계통, 수산계통, 수리(水利)계통, 얼음계통, 수산물계통, 냉장계통, 양수(揚水)계통, 세탁업, 청소업, 물 흐름과 연관된 계통, 부두(항만)계통, 수영장, 호수/연못, 목욕탕, 시장 내 냉동식품 판매(생선, 고기, 두부 등)
▶ 돌아다니는 업종, 특수한 재주나 기교(技巧)를 공연하는 업, 여행 가이드업, 완구업, 성악/음향업, 마술, 곡마단, 채방(採訪)기자, 정탐(偵探), 소화기, 어구(漁具), 여관

② 오행의 직업과 전공 분야

각 오행에 해당하는 직업과 전공 분야를 일목요연하게 정리한 예를 다음 표에 나타내었다.

오행별 직업과 전공 분야[14]

木	직업	가구, 교육, 기자, 농장, 디자인, 문구, 방송, 법, 사무직, 산림, 섬유, 승려, 약초, 원예, 음악, 의류, 의약, 인테리어, 임업, 작가, 조경, 지물(紙物), 청과, 출판, 침술, 통신, 피복, 행정공무원
	전공 분야	고고학과, 공군사관학교 등, 교육계열, 미학과, 언론정보학과, 육군사관학교 등, 의상학과, 의약계열, 인문·사회계열, 정신과, 한의학과
火	직업	교육, 극장, 기자, 디자인, 발명, 방송, 사진관, 설계, 섬유, 안경, 약사, 약품, 언론, 예능, 예술, 예식장, 운수, 의사, 이미용, 전자, 정보처리, 정치, 조명, 천문기상, 통신, 항공, 화공, 화장품, 화학
	전공 분야	공군사관학교 등, 방사선과, 법학, 섬유학과, 신경외과, 안과, 약학, 언론, 의상학과, 의학, 이공계열, 인문계열, 정신과
土	직업	건축, 고전품(古傳品), 골동품, 공원묘지, 교도관, 군인, 낙농, 농산물, 도공예(陶工藝), 독서실, 무속, 부동산, 사찰, 소개업, 스포츠, 예술, 운동선수, 원예, 유통, 임업, 정육점, 조경, 종교, 지압사, 철학, 축산, 토목
	전공 분야	내과, 소아과, 실업(實業)계, 외과, 육군사관학교 등, 이공계열, 자연계열, 작곡과, 종교계열, 지질학과, 피부과, 한의학과, 흉부외과
金	직업	경비, 경찰, 경호, 공무원, 군인, 과학, 광업, 금융, 금은보석, 기계, 도축, 모터사이클, 법관, 사채, 선박, 요리사, 운수, 의사, 자동차정비, 정치가, 중장비, 철도, 철물, 치과의사, 피부미용, 항공
	전공 분야	성형외과, 외과, 육군사관학교 등, 의약계열, 이공계열, 이비인후과, 자연계열, 재정계열, 정형외과, 치과, 피부과, 해군사관학교 등
水	직업	경제, 관광경영, 교육, 금융, 냉동업, 목욕탕, 무역, 법관, 보험, 수도사업, 수산물, 숙박, 식품, 약사, 양조장, 양어장, 요식업, 유통, 유흥업, 의사, 의약, 장의사, 접객, 정수기, 정치, 해운업, 호텔
	전공 분야	경상계열, 교육계열, 법학계열, 비뇨기과, 산부인과, 상업계, 식품영양학과, 의학계열, 임상병리과, 해군사관학교 등

이상에서 오행별 직업과 전공 분야에 대해 개략적으로 소개하였다. 이러한 내용은 독자분들이 자신의 직업 혹은 흥미의 방향을 찾을 수 있는 기본 자료를 제공할 뿐 아니라, 동시에 명리학에 관심이 있거나 종사하고 있는 분들에게도, 직업 혹은 흥미의 방향을 찾기 위한 길잡이가 될 것이다.

일반적인 명리학 서적에서는, 직업 혹은 흥미의 방향을 분류할 때, 대부분 십성과 오행을 주요 근거로 하며, 각 십성과 오행에 해당하는 직업군이나 전공(학과) 분야를 소개하고 있다. 그런데 관련 서적이나 자료에서 예시하는 직업군이나 학과는 주로 오래전 또는 20~30년 전에 통용되던 것으로, 현재, 나아가서 미래의 직업을 반영하는 데는 무리가 있다. 따라서 독자분들이 희용신에 해당하는 십성이나 오행에 해당하는 직업군을 찾을 때 더 유용하게 활용하기 위해서는, 최근의 직업군과 미래의 유망 직업군을 십성과 오행별로 분류하는 작업이 선행되어야 한다. 그러나 이러한 분류 작업은 쉽지 않은 일로, 이 책에서 모두 다루기보다는 흥미 있는 독자분들이 찾아서 스스로 시도해 보기를 권한다. 만약 독자분들이 적합한 직업군을 선택한 후 그 직업의 업무 환경이나 업무 내용을 파악하게 되면, 어떤 십성과 오행에 해당하는지는 지금까지 살펴본 내용을 중심으로 추정하는 것이 가능하리라 생각한다.

제3절 사주로 진로와 직업 찾기 사례

 지금까지 독자분들이 자신의 진로와 직업을 찾을 수 있는 기본 3요소, 즉 개인의 성격유형, 직업 흥미, 직업 적성에 대해, 사주로 분석할 수 있는 과정과 방법을 설명하였다. 이미 제2장에서 각 성격유형, 직업 흥미, 직업 적성 유형별 해당 직업군에 대해 상세히 나열한 바가 있으므로, 기본 3요소에 대한 분석이 완료되면, 해당하는 직업군과 대조하여 자신에게 적합한 직업군을 찾을 수 있을 것이다.
 여기에서는 지금까지 설명한 방법과 과정을 바탕으로, 독자분들이 스스로 본인의 사주를 분석하여 자신의 진로와 직업을 찾을 수 있도록, 3세부터 60대까지 다양한 연령대인 10명의 실제 사례를 소개하고자 한다.
 단 개인의 성격유형은, 저자의 책 『사주로 MBTI 엿보기』에서 이미 상세히 사례를 들어 설명한 바가 있으므로, 생소한 독자분들은 본 저서를 참고하기를 바라며, 여기에서는 같은 방법과 과정을 통해 도출된 결과만을 제시하고자 한다.

1. 사례 1

乙1	丁1	己1	辛1
巳	卯	亥	丑
(丙庚)	(乙)	(壬甲)	(己辛癸)
0.7, 0.3	1	0.7, 0.3	0.5, 0.2, 0.3

1) 사주로 풀어 낸 MBTI 성격유형 : INTP(성격유형에 적합한 직업군 참고)

2) 사주로 직업 흥미 유형 찾기(일간과 각 사주 십성 간의 정량적 친밀도 순위 : 계산과정 생략)

▶ 본 명조의 십성과 일간 간의 친밀도 순위 : **편인(1.70) > 정관(1.42) > 식신(1.00) > 편재(0.68)**

⇒ 본 명조의 **직업 흥미 유형 : 탐구형(I) > 사회형(S) > 관습형(C)**

3) 사주로 직업 적성 유형 찾기(일간을 포함한 모든 십성의 강도 순위)

본 조의 각 간의 강도를 십간 순서대로 계산한 결과는 다음과 같다.

甲(전 당령) = $0.3 \times (1 + 0.2 \times 1) = 0.36$

乙(전 당령) = 2 × (1 + 0.2 × 1) = 2.4

丙(0.3 당령) = 0.7 × (1 + 0.2 × 0.3) = 0.742

丁(0.3 당령) = 1 × (1 + 0.2 × 0.3) = 1.06 - 1(비견) = 0.06

己(부 당령) = 1.5

庚(부 당령) = 0.3

辛(부 당령) = 1.2

壬(0.7 당령) = 0.7 × (1 + 0.2 × 0.7) = 0.798 + 1(정관) = 1.798

癸(0.7 당령) = 0.3 × (1 + 0.2 × 0.7) = 0.342

▶ 본 명조의 일간을 포함한 십성의 강도 순위 : **편인** > **정관** > **식신** > **편재**

⇒ 본 명조의 **직업 적성 유형** : **창의력** > **수리-논리력** > **언어능력** > **공간지각력**

4) 희용신 찾기(일간의 왕도 분석을 통한 강약용신 취하기)

① 일간의 왕도 : 4

② N = 0.3(0.3 당령)

③ 4.5 - 0.9 × 0.3 = 4.23

▶ 일간의 왕도 4가 기준값 4.23보다 작으므로 본 명조는 **신약**임

※ 겨울(亥水)에 태어난 정화로 신약으로 보는 것이 타당함

▶ 본 명조의 용신은 일간을 도와주는 일지의 卯木이나 연간의 乙木이며, 희신은 용신을 도와주는 월지 亥水가 됨

⇒ **용신(주기능) : 편인(木), 희신(부기능) : 정관(水)**

※ 용신은 주기능, 희신은 부기능에 해당하므로, 이에 대응하는 MBTI 성격유형은 INTJ로, INTJ에 해당하는 직업군을 선택하였을 때 성공 가능성이 크다고 판단할 수 있다.

5) 직업 흥미 유형에 따른 추천 직업

간호마취사, 간호사, 개업간호사, 교육심리학자, 내과의사, 대학교수, 동물병원의사, 번역사, 보험계리사, 사회과학교수, 사회과학연구원, 사회과학자, 소아과의사, 식품검사원, 식품과학자, 심리치료사, 심리학자, 언어병리학자, 언어청각사, 언어치료사, 언어학자, 엔지니어, 영양사, 영양학자, 온라인연구가, 외과기술자, 운동생리학자, 위생학자, 음향전문가, 의료공학자, 의사, 인문과학연구원, 인문학교수, 임상심리학자, 전문치과의사, 전문한의사, 정보통신학원강사, 정신과의사, 지압전문가, 척추지압치료사, 청각교정기술자, 청각치료사, 치과위생사, 치과의사, 컴퓨터산업분석가, 투석기술자, 프로바둑기사, 피부과의사, 한의사, 항공기사, 핵의료기술자, 향수제조가, 혈액전문의사

6) 직업 적성 유형에 따른 추천 직업

※ 게임기획자, 디지털큐레이터, 스마트도시전문가, 스마트의류개발자 : **창의력, 수리-논리력**

▶ 구성작가, 극작가, 네이미스트, 드라마작가, 번역가, 소설가, 시인, 애니메이션작가, 영화시나리오작가, 작가, 카피라이터, 컴퓨터게임시나리오작가, 평론가 : **창의력, 언어능력**

※ 디지털포렌식수사관, 로봇공학자, 블록체인전문가, 빅데이터전문가, 사물인터넷전문가, 생체인식전문가, 우주항공공학자, 의료기기개발전문가, 인공지능전문가, 정보보호전문가, 지식재산전문가, 클라우드시스템엔지니어 : **수리-논리력, 창의력**

용신과 희신의 오행에 적합한 직업군은 독자분들이 본 저서의 관련 내용을 참고하여 대입해 보기를 권한다.

7) 시사점

① MBTI 성격유형인 INTP의 주기능은 Ti(편관), 부기능은 Ne(정인)이다. 그러나 십성의 강도로 계산한 직업 적성은 편인이 주(主)이고 정관이 부(副)인데, 이러한 성격유형의 조합은 INTJ가 된다. 이것은 사주로 MBTI 성격유형을 결정할 때, 사주에서는 정관이나 편관의 구분 없이 사고기능(T)으로 계산을 하므로, MBTI 성격유형의 주기능과 부기능의 개념과는 다르게 나타난다. 따라서 본 사주는 직

관기능과 사고기능의 우열을 가릴 수 없으므로 창의력과 수리-논리력의 비중을 같이 놓고, 이에 맞는 직업군을 고려할 필요가 있다. 즉 창의력과 수리-논리력이 같은 비중으로 중심을 이루는 전형적인 과학자 적성의 사주이다.

② 만약 하나의 MBTI 성격유형이 정해지면 주기능과 부기능이 함께 결정되며, 인식기능과 판단기능이 각각 한 기능씩 외향형과 내향형을 달리하여 정해지는데, 사주에서는 그러한 규칙이나 제한이 없이 다양하게 주와 부의 십성을 결정할 수 있는, 매우 큰 장점이 있다. 즉 사주에서는 주와 부 또는 제3의 십성을 결정할 때, 주와 부의 십성이 인식기능(정재, 편재, 정인, 편인) 또는 판단기능(정관, 편관, 상관, 식신)만으로 정할 수 있다. 그리고 주와 부가 인식기능과 판단기능으로 각각 정해지더라도, MBTI 성격유형에서와는 달리, 외향형끼리 또는 내향형끼리 정해질 수 있으므로, 훨씬 다양하게 직업 흥미 유형이나 직업 적성 유형을 결정할 수 있다.

③ MBTI 성격유형(INTP)은 16가지 성격유형 중 한 가지의 유형으로 정해지지만, 본 사주에서는 MBTI의 NT 기질과 함께 NF 기질도 엿볼 수 있어 훨씬 다양한 진로 찾기 임상에 활용할 수 있다. 즉 본 사주는 과학자의 적성이기도 하지만 예술가의 적성이기도 하다.

④ 사주로 직업 흥미 유형과 직업 적성 유형을 결정할 경우, 복수의

유형 간의 우선순위를 명확하게 설정할 수 있으므로, 나에게 맞는 진로를 찾을 때 매우 유용하다. 즉 제1위나 제2위뿐 아니라 제3, 제4위까지의 순위를 명확히 함으로써 주요 흥미나 적성은 물론, 다소 약하지만 숨어 있는 흥미나 적성을 알아볼 수 있는 장점이 있다.

2. 사례 2

甲1	乙1	己1	庚1
申	亥	卯	寅
(庚壬)	(壬甲)	(乙)	(甲丙)
0.7, 0.3	0.7, 0.3	1	0.7, 0.3

1) 사주로 풀어 낸 MBTI 성격유형 : ESTJ
※ J와 P의 강도가 비슷하지만, J 강도가 약간 우세함

2) 사주로 직업 흥미 유형 찾기

▶ 본 명조의 십성과 일간 간의 친밀도 순위 : **겁재(1.35) > 정관(1.02) > 정재(1.00) > 정인(0.81) > 편재(0.80)**

⇒ 본 명조의 **직업 흥미 유형 : 실제형(R) > 기업형(E)**

3) 사주로 직업 적성 유형 찾기

본 조의 각 간의 강도를 십간 순서대로 계산한 결과는 다음과 같다.

甲(전 당령) = 2 × (1 + 0.2 × 1) = 2.4
乙(전 당령) = 2 × (1 + 0.2 × 1) = 2.4 - 1(비견) = 1.4
丙(전 당령) = 0.3 × (1 + 0.2 × 1) = 0.36
戊(부 당령) = 0 + 1(정재) = 1
己(부 당령) = 1
庚(부 당령) = 1.7
壬(부 당령) = 1
癸(0.7 당령) = 0.3 × (1 + 0.2 × 0.7) = 0.342

▶ 본 명조의 일간을 포함한 십성의 강도 순위 : **겁재 > 정관 > 비견 > 정재/편재/정인**

⇒ 본 명조의 **직업 적성 유형 : 신체-운동능력 > 수리-논리력 > 공간지각력/창의력**

4) 희용신 찾기

① 일간의 왕도 : 5
② N = 1(전 당령)

③ 4.5 - 0.9 × 1 = 3.6

▶ 일간의 왕도 5가 기준값 3.6보다 크므로 본 명조는 매우 **신강**임
▶ 본 명조의 용신은 일간을 극하는 시지의 申金이나 연간의 庚金이며, 희신은 용신을 도와주는 土가 되지만, 명조에 土가 없어 운에서 천간이나 지지로 들어오는 土가 희신이 됨

⇒ **용신 : 정관(金), 희신 : 편재(土)**

※ 용신 주기능은 정관(Te), 희신 부기능은 편재(Si)로 MBTI 성격유형으로는 ESTJ에 해당하므로, ESTJ에 적합한 직업군을 선택하면 성공 가능성이 크다고 판단할 수 있다.

5) 직업 흥미 유형에 따른 추천 직업

  TV수신기사, 가구제작기사, 가스기사, 가축사육사, 간판제조원, 건설가, 건설기계조종사, 건설기사, 건설도급업자, 건설현장소장, 건축기사, 건축산업기사, 경찰관, 곡식작물재배자, 골프장관리자, 교도관, 교통기사, 교통산업기사, 군장교, 금속재료산업기사, 금형기사, 기계정비산업기사, 기관사, 기술영업종사자, 기술지도사, 내장처리원, 대기오염물질처리업관리자, 동물사육사, 두피모발전문가, 매장관리자, 배달원, 버스회사관리자, 분뇨수거처리관리자, 비밀정보요원, 비행기조종사, 산림산업기사, 석유제품유통관리자, 선박기관사, 섬유기사, 세탁업체관리자, 소독기술자, 소방공무원, 수렵관리자, 수질환경산업기사, 스키리조트관리자, 시설원예기능사, 시스템오퍼

레이터, 식품공장관리자, 아웃도어인스트럭터(야외활동지도사), 애견산업종사자, 어류사육사, 엔지니어, 영사산업기사, 오디오엔지니어, 원양어부, 유람선선장, 육군장교, 자동차경정비원, 전기기사, 전기산업기사, 전기회로설계사, 전문스포츠인, 정보통신기사, 조경산업기사, 조리사, 조림/영림/벌목원, 종묘배양업자, 주택시공업자, 중소기업사장, 지하철기관사, 직업군인, 차체모형제작원, 창문청소업체관리자, 채소/특용작물재배자, 철도화물관리자, 컴퓨터설치/수리원, 컴퓨터하드웨어제작기사, 토목기사, 토목산업기사, 특수무선기사, 판금산업기사, 폐기물처리업관리자, 포자배양업자, 포장산업기사, 프로운동선수, 항공기정비사, 해군장교, 해조류종묘생산업자, 화공기사, 화훼작물재배자, 환경부서관리자, 환경영향평가사, 환자운반원

6) 직업 적성 유형에 따른 추천 직업

▶ 건설기계운전원, 선장/항해사, 철도/지하철기관사 : **신체-운동능력, 공간지각력**
※ **해양레저전문가 : 신체-운동능력, 공간지각력**
▶ 건설견적원, 건설공사품질관리원, 방사성폐기물관리원, 산업안전관리원, 섬유제조원, 직조원, 측량사, 통신장비기사, 해양환경기사 : **수리-논리력, 공간지각력, 신체-운동능력**

용신과 희신의 오행에 적합한 직업군은 독자분들이 본 저서의 관

련 내용을 참고하여 대입해 보기를 권한다.

7) 시사점

직업 적성 유형이 신체-운동능력 유형과 수리-논리력 유형이 조합될 때, 미래/신직업을 포함하여 직업 선택이 제한적임을 알 수 있다. 따라서 직업 적성 유형 간에 연관성이 있는 조합일 때, 직업의 선택 범위가 다양하고 넓어진다.

3. 사례 3

丁1	戊1	辛1	戊1
巳	寅	酉	子
(丙庚)	(甲丙)	(辛)	(癸)
0.7, 0.3	0.7, 0.3	1	1

1) 사주로 풀어 낸 MBTI 성격유형 : ENFP

2) 사주로 직업 흥미 유형 찾기

▶ 본 명조의 십성과 일간 간의 친밀도 순위 : **편인(1.69) > 상관(1.40) > 정인(0.80) > 편관(0.63)**

⇒ 본 명조의 **직업 흥미 유형** : 예술형(A) > 탐구형(I)

3) 사주로 직업 적성 유형 찾기

본 조의 각 간의 강도를 십간 순서대로 계산한 결과는 다음과 같다.

甲(부 당령) = 0.7
丙(부 당령) = 1 + 1(편인) = 2
丁(부 당령) = 1
戊(부 당령) = 2 - 1(비견) = 1
庚(전 당령) = 0.3 × (1 + 0.2 × 1) = 0.36
辛(전 당령) = 2 × (1 + 0.2 × 1) = 2.4
癸(전 당령) = 1 × (1 + 0.2 × 1) = 1.2

▶ 본 명조의 일간을 포함한 십성의 강도 순위 : **상관** > **편인** > 정재 > 정인/비견

⇒ 본 명조의 **직업 적성 유형** : 대인관계능력/언어능력 > 창의력 > 손재능

4) 희용신 찾기

① 일간의 왕도 : 4

② N = 0(부 당령)
③ 4.5 - 0.9 × 0 = 4.5

▶ 일간의 왕도 4가 기준값 4.5보다 작으므로 본 명조는 **신약**임
▶ 본 명조의 용신은 일간을 도와주는 시간의 丁火나 시지의 巳火이며, 희신은 용신을 도와주는 寅木이 됨

⇒ 용신 : 정인(火), 희신 : 편관(木)

※ 용신 주기능은 정인(Ne), 희신 부기능은 편관(Ti)로 MBTI 성격유형으로는 ENTP에 해당하므로, ENTP에 적합한 직업군을 선택하면 성공 가능성이 크다고 판단할 수 있다.

5) 직업 흥미 유형에 따른 추천 직업

건축가, 건축디자이너, 건축설계사, 게임그래픽디자이너, 고고학자, 과학기술기고가, 네이미스트, 멀티미디어타이틀개발자, 메디컬일러스트레이터, 무대기술자, 방송작가, 번역가, 사운드디자이너, 삽화가(의학/과학/기술), 사회과학자, 성우, 셰프(요리사), 소설가, 스크립터, 시각디자이너, 신문기자, 어문학교수, 애니메이터, 에코제품디자이너, 영상디자이너, 영상제작물전문가, 영화세트디자이너, 예체능교수, 웹페이지디자이너, 음악/미술평론가, 인류학자, 인터넷홈페이지개발자, 작가, 재활용전문가, 조경건축가, 조경기술자, 출판물편집자, 컬러리스트, 컴퓨터디자이너, 폴리아티스트, 푸드스타일리스트, 폐지재활용가, 홈페이지제작자

6) 직업 적성 유형에 따른 추천 직업

▶ 리포터, 스포츠해설가, 아나운서 : **언어능력, 대인관계능력, 창의력**
▶ 구성작가, 극작가, 네이미스트, 드라마작가, 번역가, 소설가, 시인, 애니메이션작가, 영화시나리오작가, 작가, 카피라이터, 컴퓨터게임시나리오작가, 평론가 : **언어능력, 창의력**
※ **스포츠심리상담원, 헬스케어컨설턴트** : **언어능력, 대인관계능력**
▶ 국제회의전문가, 여행상품개발원, 행사기획자, 헤드헌터, 호텔지배인 : **대인관계능력, 언어능력, 창의력**
▶ 스포츠에이전트, 연예인매니저, 웨딩플래너, 커플매니저, 혼례종사원 : **대인관계능력, 언어능력**
※ **여행기획자** : **대인관계능력, 창의력**
※ **노년플래너, 사이버평판관리자, 크라우드펀딩전문가** : **대인관계능력, 언어능력**

용신과 희신의 오행에 적합한 직업군은 독자분들이 본 저서의 관련 내용을 참고하여 대입해 보기를 권한다.

7) 시사점

직업 흥미 유형이 탐구형과 예술형, 직업 적성 유형이 대인관계능력, 언어능력, 창의성 등으로 구성되는 경우, 진로, 특히 적합한 미래/신직업군이 매우 다양한데, 향후 어떤 성격유형과 사주 구성이

미래/신직업 트렌드에 적합한가에 대해 시사하는 바가 크다.

4. 사례 4

辛1	丙1	庚1	癸1
卯	子	申	未
(乙)	(癸)	(庚壬)	(己乙丁)
1	1	0.7, 0.3	0.5, 0.2, 0.3

1) 사주로 풀어 낸 MBTI 성격유형 : ESTJ

2) 사주로 직업 흥미 유형 찾기

▶ 본 명조의 십성과 일간 간의 친밀도 순위 : **정관(1.50) > 편재(1.22) > 편관(1.18) > 정재(0.90) > 정인(0.68)**

⇒ 본 명조의 **직업 흥미 유형 : 기업형(E) > 실제형(R)**

3) 사주로 직업 적성 유형 찾기

본 조의 각 간의 강도를 십간 순서대로 계산한 결과는 다음과 같다.

乙(0.3 당령) = 1.2 × (1 + 0.2 × 0.3) = 1.272

丙(부 당령) = 1 - 1(비견) = 0

丁(부 당령) = 0.3

己(부 당령) = 0.5

庚(0.7 당령) = 1.7 × (1 + 0.2 × 0.7) = 1.938

辛(0.7 당령) = 1 × (1 + 0.2 × 0.7) = 1.14

壬(전 당령) = 0.3 × (1 + 0.2 × 1) = 0.36 + 1(편관) = 1.36

癸(전 당령) = 2 × (1 + 0.2 × 1) = 2.4

▶ 본 명조의 일간을 포함한 십성의 강도 순위 : **정관 > 편재 > 편관 > 정인 > 정재**

⇒ 본 명조의 **직업 적성 유형 : 수리-논리력 > 공간지각력 > 창의력/언어능력 > 손재능**

4) 희용신 찾기

① 일간의 왕도 : 2.5
② N = 0(부 당령)
③ 4.5 - 0.9 × 0 = 4.5

▶ 일간의 왕도 2.5가 기준값 4.5보다 작으므로 본 명조는 매우 **신약**임

▶ 본 명조의 용신은 일간을 도와주는 시지의 卯木이며, 희신은 용신을 도와주는 子水가 됨

※ 金의 세력(財星)이 강해서 희신으로 운에서 들어오는 火를 고려해 볼 만함

⇒ 용신 : 정인(木), 희신 : 정관(水)

※ 용신 주기능은 정인(Ne), 희신 부기능은 정관(Te)로 MBTI 성격유형으로는 ENTP에 해당하므로, ENTP에 적합한 직업군을 선택하면 성공 가능성이 크다고 판단할 수 있다. 물론 ENTP의 부기능은 Ti(편관)이지만, 주기능을 위주로 하였다.

5) 직업 흥미 유형에 따른 추천 직업

IP비지니스맨, MD, TV/라디오판매광고원, 건설업관리자, 건설현장감독관, 경매인, 경호원, 곤충양식자, 공원관리/감독자, 공인주택관리사, 공장자동화컨설턴트, 공중위생관리인, 공항관리책임자, 광고대행업자, 교통안전감독관, 군장교, 기계기술판매원, 기업서비스판매원, 난방장치기술판매원, 농장관리사, 농장지배인, 도로감독관, 로봇공연기획자, 방역서비스업체관리자, 비밀정보요원, 비행관제전문가, 빌딩관리원, 산업용기계장비기술영업관리자, 상선사관, 생산관리자, 생산관리컨설턴트, 선장, 세탁점관리인, 손해사정인, 수산양식업자, 수상운송관리자, 수상화물영업사무원, 슈퍼마켓판매원, 실버로봇서비스기획자, 에어컨설치감독관, 엔지니어, 이벤트전문가, 이벤트플래너, 자동차기술판매원, 자동차딜러, 자동판매기관리원, 전산기술영업관리자, 전자공학필드엔지니어, 정부자산감독관, 제조공장관리인, 제조업대표, 제조업생산부관리자, 주방장, 주택재건축

도급관리자, 차량임대관리소장, 차량임대인, 카센터관리자, 컴퓨터기술판매원, 토건업자, 토지임대/개발관리자, 통신설치관리자, 통신장비기술판매원, 통신판매원, 폐수하수처리장관리자, 프로운동선수팀관리자, 항해사, 해무사, 화학장비판매관리인, 환경단체관리자, 환경서비스업관리자

6) 직업 적성 유형에 따른 추천 직업

▶ GIS전문가, 건축공학기술자, 건축사, 금속공학기술자, 기계공학기술자, 대체에너지개발연구원, 도시계획가, 로봇연구원, 메카트로닉공학기술자, 무선주파수(RF)엔지니어, 반도체공학기술자, 산업공학기술자, 상수도기술자, 석유화학기술자, 섬유공학기술자, 신경회로망연구원, 에너지공학기술자, 원자력연구원, 인공위성개발원, 자동차공학기술자, 재료공학기술자, 전기공학기술자, 전자공학기술자, 조선공학기술자, 컴퓨터공학기술자, 토목공학기술자, 통신공학기술자, 통신망설계운영기술자, 통신엔지니어, 항공우주공학기술자, 해양공학기술자, 해양수산기술자, 화학공학기술자 : **수리-논리력, 공간지각력**

※ **드론콘텐츠전문가, 스마트그리드엔지니어, 스마트재난관리관리자 : 수리-논리력, 공간지각력**

※ **디지털포렌식수사관, 로봇공학자, 블록체인전문가, 빅데이터전문가, 사물인터넷전문가, 생체인식전문가, 우주항공공학자, 의료기기개발전문가, 인공지능전문가, 정보보호전문가, 지식재산전문**

가. 클라우드시스템엔지니어 : 수리-논리력, 창의력

  용신과 희신의 오행에 적합한 직업군은 독자분들이 본 저서의 관련 내용을 참고하여 대입해 보기를 권한다.

7) 시사점

① 본 사례는 사례 2와 MBTI 성격유형이 ESTJ로 같지만, 직업 적성 유형들의 조합이 서로 달라 적합한 직업군에 많은 차이를 보인다. 본 사례의 직업 적성 유형이 사례 2의 직업 적성 유형과 비교하여, 유형 조합에 있어 미래/신직업을 포함하여 직업 선택의 폭이 다양하고 광범위하다. 같은 성격유형이지만, 직업 선택의 영역이 달라지는 좋은 예라 할 수 있다.

② 본 사례자는 의학 공부하는 의학도로, ESTJ 유형에 적합한 직업군에 내과 의사와 치과의사가 속하는데, 졸업 후 의료업에 종사하게 된다면, 여러 전공 분야 중에서도 일반 개업의를 권한다.

5. 사례 5

己1	甲1	癸1	辛1
巳	戌	巳	巳
(丙庚)	(戊丁辛)	(丙庚)	(丙庚)
0.7, 0.3	0.5, 0.2, 0.3	0.7, 0.3	0.7, 0.3

1) 사주로 풀어 낸 MBTI 성격유형 : ISFJ

2) 사주로 직업 흥미 유형 찾기

▶ 본 명조의 십성과 일간 간의 친밀도 순위 : **편재(1.45)** > **식신(1.12)** > **정재(0.9)** > **정관(0.87)** > **정인(0.8)**

⇒ 본 명조의 **직업 흥미 유형** : **관습형(C)** > **사회형(S)** > **기업형(E)**

3) 사주로 직업 적성 유형 찾기

　본 조의 각 간의 강도를 십간 순서대로 계산한 결과는 다음과 같다.

甲(부 당령) = 1 - 1(비견) = 0
丙(0.7 당령) = 2.1 × (1 + 0.2 × 0.7) = 2.394
丁(0.7 당령) = 0.2 × (1 + 0.2 × 0.7) = 0.228

戊(0.7 당령) = 0.5 × (1 + 0.2 × 0.7) = 0.57 + 1(편재) = 1.57
己(0.7 당령) = 1 × (1 + 0.2 × 0.7) = 1.14
庚(0.3 당령) = 0.9 × (1 + 0.2 × 0.3) = 0.954
辛(0.3 당령) = 1.3 × (1 + 0.2 × 0.3) = 1.378
癸(0.3 당령) = 1 × (1 + 0.2 × 0.3) = 1.06

▶ 본 명조의 일간을 포함한 십성의 강도 순위 : **식신** > **편재** > **정관** > **정재** > **정인**

⇒ 본 명조의 **직업 적성 유형** : 자기성찰능력/언어능력 > 공간지각력 > 수리-논리력

4) 희용신 찾기

① 일간의 왕도 : 2
② N = 0(부 당령)
③ 4.5 - 0.9 × 0 = 4.5

▶ 일간의 왕도 2가 기준값 4.5보다 작으므로 본 명조는 매우 **신약**임
▶ 본 명조의 용신은 일간을 도와주는 월간의 癸水이며, 희신은 용신을 도와주는 연간 辛金이 됨

⇒ 용신 : 정인(水), 희신 : 정관(金)

※ 용신 주기능은 정인(Ne), 희신 부기능은 정관(Te)로 MBTI 성격유형으로는 ENTP에 해당하므로, ENTP에 적합한 직업군을 선택하면 성공 가능성이 크다고 판단할 수 있다. 다만 ENTP의 부기능은 Ti(편관)이지만, 주기능을 위주로 하였다.

5) 직업 흥미 유형에 따른 추천 직업

감시시스템요원, 감정원, 개인비서, 경리사무원, 경리사원, 경영학교사, 계기검침수금원, 고객관리사무원, 고객서비스담당자, 공간계획원, 금융보안직원, 기록정리원, 대서사무원, 매체코디네이터, 문서정리원, 법률행정사무원, 법무사, 법무사무원, 법원서기, 변리사, 보건직공무원, 보안서기, 보험사무원, 보험업자, 부동산관리원, 비서, 사서, 소득신고사무원, 송장사무원, 숙박시설접수사무원, 승차권판매인, 시스템회계사, 신용거래사무원, 신용조사원, 신탁관리인, 안전관리사, 약품품질관리원, 우체국직원, 우편물접수원, 우편사서함사무원, 웹마스터, 은행사무원, 은행원, 은행출납사무원, 음성도서관사서, 의무기록사, 인사사무원, 일반공무원, 재정분석가, 전문비서, 전산(세무)회계사, 전산요원, 전표사무원, 전화번호안내원, 정보송수신원, 증권사무원, 출판물검사원, 컴퓨터조작기사, 컴퓨터(학원)강사, 컴퓨터오퍼레이터, 판사사무원, 표제심사가, 행정학원강사, 현금출납원, 회계사무원/경리, 회계학원강사, 회사내검사관

6) 직업 적성 유형에 따른 추천 직업

※ **약물남용행동장애상담사 : 자기성찰능력, 언어능력**
▶ 검사, 국회의원, 노무사, 법무사, 변리사, 변호사, 외교관, 판사, 행정부고위공무원 : **자기성찰능력, 언어능력, 수리-논리력, 대인관계능력**
▶ IT교육강사, 자연계중등학교교사, 직업능력개발훈련교사 : 자기성찰능력, 수리-논리력, 언어능력, 대인관계능력
※ **로봇윤리학자 : 자기성찰능력, 수리-논리력**
▶ 교장, 장학사, 인문계중등학교교사, 특수교사 : 언어능력, 수리-논리력, 대인관계능력, 창의력, 자기성찰능력

　용신과 희신의 오행에 적합한 직업군은 독자분들이 본 저서의 관련 내용을 참고하여 대입해 보기를 권한다.

7) 시사점

① 본 사례는 직업 적성 유형의 경우, 유사한 심리기능을 가지는 직업 적성 유형, 즉 자기성찰능력, 언어능력, 대인관계능력 외에 관련성에서 다소 동떨어진 유형(공간지각력)이 포함되어 있지만, 편재의 강도 못지않게 정관의 강도의 비중이 크므로, 다음 순위의 수리-논리력 유형을 적용하는 것이 합리적이다.

② 본 사례자의 사주는 식신(Fi)이 매우 강한 사주이다. 식신은 11가지 직업 적성 유형 중에 여섯 가지 유형들에 관여하는 감초 같은 십성으로, 당연히 적합한 직업군도 다양하고 광범위하다. 따라서 식신은 상관(Fe)과 함께 직업 적성에 영향력이 크고, 이들 십성에 해당하는 직업이 많아, 직업 선택이 비교적 쉽다.

③ 그러나 여기에서는 직업 적성 유형을 찾기 위해, 사주 십성의 강도를 계산하여 강도 값의 순위만을 나열한 것으로, 실제 사주 통변(通辯)을 통해 사주 구성의 여러 가지 장점이나 단점을 찾는 과정과는 별개라는 것을 이해할 필요가 있다.

6. 사례 6

辛1	甲1	乙1	乙1
未	寅	酉	亥
(己乙丁)	(甲丙)	(辛)	(壬甲)
0.5, 0.2, 0.3	0.7, 0.3	1	0.7, 0.3

1) 사주로 풀어 낸 MBTI 성격유형 : ESTJ
※ J와 P의 세력이 매우 비슷함

2) 사주로 직업 흥미 유형 찾기

▶ 본 명조의 십성과 일간 간의 친밀도 순위 : **정관(1.40) > 비견 (1.35) > 편재(1.00) > 겁재(0.92)**

⇒ 본 명조의 **직업 흥미 유형** : 기업형(E)

3) 사주로 직업 적성 유형 찾기

본 조의 각 간의 강도를 십간 순서대로 계산한 결과는 다음과 같다.

甲(부 당령) = 2 - 1(비견) = 1
乙(부 당령) = 2.2
丙(부 당령) = 0.3
丁(부 당령) = 0.3
戊(부 당령) = 0 + 1(편재) = 1
己(부 당령) = 0.5
辛(전 당령) = 2 × (1 + 0.2 × 1) = 2.4
壬(전 당령) = 0.7 × (1 + 0.2 × 1) = 0.84

▶ 본 명조의 일간을 포함한 십성의 강도 순위 : **정관 > 겁재 > 비견/편재 > 편인**

⇒ 본 명조의 **직업 적성 유형** : **수리-논리력** > **신체-운동능력** > **공간지각력** > **창의력**

4) 희용신 찾기

① 일간의 왕도 : 4.9
② N = 0(부 당령)
③ 4.5 - 0.9 × 0 = 4.5

▶ 일간의 왕도 4.9가 기준값 4.5보다 크므로 본 명조는 **신강**임
▶ 본 명조의 용신은 일간을 극하는 시간의 辛金이나 월지의 酉金이며, 희신은 용신을 도와주는 시지의 未土가 됨

⇒ **용신** : **정관(金), 희신 : 정재(土)**

※ 용신 주기능은 정관(Te), 희신 부기능은 정재(Se)로 MBTI 성격유형으로는 ESTJ에 해당하므로, ESTJ에 적합한 직업군을 선택하면 성공 가능성이 크다고 판단할 수 있다. 다만 ESTJ의 부기능은 Si(편재)이지만, 주기능을 위주로 하였다.

5) 직업 흥미 유형에 따른 추천 직업

6차산업컨설턴트, MD, TV아나운서, 개인브랜드매니저, 건축/엔지니어링매니저, 검사, 게임기획자/프로듀서, 경매업자, 공간(대여)코디네이터, 공장관리책임자, 공정무역전문가, 광고/프로모션매니저, 광고대행업자, 광고코디네이터, 광고프로듀서, 교육훈련/개발매

니저, 국제개발협력전문가, 국제회의/컨벤션기획자, 군장교, (기계)기술판매원, 기업인수합병전문가, 나노섬유의류전문가, 노무사, 도매업자, 딜러, 로봇컨설턴트, 로비스트, 매장관리자, 몰마스터, 물류전문가, 바이어, 방송콘텐츠마케팅디렉터, 방송프로듀서, 벤처투자가, 변호사, 보상금/베네핏매니저, 보험설계사, 부동산중개인, 산업생산매니저, 상공회의소직원, 상품광고원, 생명보험업자, 생산품감독자, 생활설계사, 선물거래중개사, 세일즈매니저, 세일즈엔지니어/전문가, 쇼호스트, 스마트시티전문가, 스포츠마케터, 스포츠에이전트/매니지먼트, 신문방송취재기자, 신재생에너지사업가, 에너지하베스팅전문가, 여행사직원, 영업소장/사원, 웹PD, 웹마케터, 웹툰기획자/프로듀서, 의료/보건서비스매니저, 이벤트전문가, 인사관리자/책임자, 자동차딜러, 재난안전관리자, 재무관리자, 저널리스트, 정치인, 중소기업경영자, 지방자치단체장, 최고경영자, 컴퓨터/IT매니저, 텔레마케터, 판매관리사, 판매대리인, 판사/행정법 판사, 펀드매니저, 항공교통관제사, 항공기승무원, 해외업무담당자, 헤드헌터, 호텔/레스토랑매니저, 홍보매니저/담당자, 환경컨설턴트

6) 직업 적성 유형에 따른 추천 직업

▶ 건설견적원, 건설공사품질관리원, 방사성폐기물관리원, 산업안전관리원, 섬유제조원, 직조원, 측량사, 통신장비기사, 해양환경기사 : **수리-논리력, 공간지각력, 신체-운동능력**
▶ GIS전문가, 건축공학기술자, 건축사, 금속공학기술자, 기계공학

기술자, 대체에너지개발연구원, 도시계획가, 로봇연구원, 메카트로닉공학기술자, 무선주파수(RF)엔지니어, 반도체공학기술자, 산업공학기술자, 상수도기술자, 석유화학기술자, 섬유공학기술자, 신경회로망연구원, 에너지공학기술자, 원자력연구원, 인공위성개발원, 자동차공학기술자, 재료공학기술자, 전기공학기술자, 전자공학기술자, 조선공학기술자, 컴퓨터공학기술자, 토목공학기술자, 통신공학기술자, 통신망설계운영기술자, 통신엔지니어, 항공우주공학기술자, 해양공학기술자, 해양수산기술자, 화학공학기술자 : **수리-논리력, 공간지각력**

※ **드론콘텐츠전문가, 스마트그리드엔지니어, 스마트재난관리관리자 : 수리-논리력, 공간지각력**

용신과 희신의 십성과 오행에 적합한 직업군은 독자분들이 본 저서의 관련 내용을 참고하여 대입해 보기를 권한다.

7) 시사점

① 본 사례의 직업 흥미 유형을 정함에 있어, 정관과 편재의 친밀도가 높고 비견과 겁재가 매우 강해 기업형을 우선으로 하였다. 또한 외향형에 J가 우선한다는 점과 편재와 정관이 우세한 점에서 기업형 유형이 타당하다.

② 직업 적성 유형 중 신체-운동능력은 정재가 핵심적으로 관여하

는 유형으로, 사주에서 정재의 강도는 크지 않으나 비견과 겁재가 강해 명리학적 측면에서 신체-운동능력을 추가하였다. 그러나 직업 적성 유형 중 수리-논리력과 신체-운동능력은 연관 짓기 어려운 조합으로, 비견과 겁재를 단순히 비겁통기(比劫通氣)의 기능만으로 보고, 공간지각력을 수리-논리력의 차순위로 볼 수 있다.

※ 비겁통기 : 사주에서 일간과 인접한 비견과 겁재에 별개의 속성을 부여하지 않고, 단순히 인접한 십성을 연결하는 매개 역할을 통해, 인접 십성이 일간과 기를 통할 수 있도록 길을 터 주는 것을 말함

③ 본 사례와 사례 2는 성격유형이 같고 사주에 비겁이 많아 신강 사주인 점 등 유사한 부분이 있다. 또한 직업 적성 유형에서 두 사례 모두 비겁의 영향으로 신체-운동능력이 주요한 유형이 되지만, 두 가지 점에서 차이가 있다.

▶ 사례 2는 일간이 乙木이라 정재의 성분으로 작용하므로 乙木과 비겁의 조합으로 신체-운동능력이 최우선 유형으로 작용한다. 그러나 본 사례는 일간이 甲木으로 편재의 성분으로 작용하므로 사례 2와는 다르다.
▶ 사례 2는 일간과 시간의 겁재만 인접하지만, 본 사례는 일간이 일지, 월간, 시간의 비겁과 인접한 상황으로, 이들 비겁이 비겁통기의 기능을 발휘할 것이라 해석할 수 있다. 또한 정재와 무관하게 비겁의 강도만으로도 명리학적으로 신체-운동능력이 있는 것으로 볼 수 있다.

④ 본 사례자의 경우는, 식신이 일지의 지장간에 약하게 있지만, 식신과 상관의 역할이 너무 미약하므로, 전형적으로 사고기능만을 사용하는 예가 된다. 따라서 본 사례자가 직업을 선택할 때, 교사, 간호사, 사회복지사 등 감정기능(F)을 주기능이나 부기능으로 사용하는 유형의 직업보다 사무, 관리, 기술 등 사고기능(T)을 주기능이나 부기능으로 사용하는 유형의 직업이 유리하다.

7. 사례 7

甲1	乙1	乙1	庚1
申	未	酉	午
(庚壬)	(己乙丁)	(辛)	(丁)
0.7, 0.3	0.5, 0.2, 0.3	1	1

1) 사주로 풀어 낸 MBTI 성격유형 : ESTJ
※ E와 I의 세력이 매우 비슷함

2) 사주로 직업 흥미 유형 찾기

▶ 본 명조의 십성과 일간 간의 친밀도 순위 : **정관(1.02) > 정재(1.00) > 비견(0.98) > 겁재(0.80) > 식신(0.67)**

⇒ 본 명조의 **직업 흥미 유형 : 실제형(R) > 기업형(E)**

3) 사주로 직업 적성 유형 찾기

본 조의 각 간의 강도를 십간 순서대로 계산한 결과는 다음과 같다.

甲(부 당령) = 1
乙(부 당령) = 2.2 - 1(비견) = 1.2
丁(부 당령) = 1.3
戊(부 당령) = 0 + 1(정재) = 1
己(부 당령) = 0.5
庚(전 당령) = 1.7 × (1 + 0.2 × 1) = 2.04
辛(전 당령) = 1 × (1 + 0.2 × 1) = 1.2
壬(전 당령) = 0.3 × (1 + 0.2 × 1) = 0.36

▶ 본 명조의 일간을 포함한 십성의 강도 순위 : **정관 > 식신 > 비견/ 편관 > 겁재/정재**

⇒ 본 명조의 **직업 적성 유형** : **수리-논리력 > 언어능력/자기성찰력/ 대인관계능력 > 손재능**

4) 희용신 찾기

① 일간의 왕도 : 3.5
② N = 0(부 당령)

③ 4.5 - 0.9 × 0 = 4.5

▶ 일간의 왕도 3.5가 기준값 4.5보다 작으므로 본 명조는 신약임
▶ 본 명조의 용신은 일간을 도와주는 시지의 申金 중 임수이며, 희신은 시간 甲木이나 월간 乙木이지만 희신의 역할은 미미하다.

⇒ 용신 : 정인(水), 희신 : 비견/겁재(木)

5) 직업 흥미 유형에 따른 추천 직업

  TV수신기사, 가구제작기사, 가스기사, 가축사육사, 간판제조원, 건설가, 건설기계조종사, 건설기사, 건설도급업자, 건설현장소장, 건축기사, 건축산업기사, 경찰관, 곡식작물재배자, 골프장관리자, 교도관, 교통기사, 교통산업기사, 군장교, 금속재료산업기사, 금형기사, 기계정비산업기사, 기관사, 기술영업종사자, 기술지도사, 내장처리원, 대기오염물질처리업관리자, 동물사육사, 두피모발전문가, 매장관리자, 배달원, 버스회사관리자, 분뇨수거처리관리자, 비밀정보요원, 비행기조종사, 산림산업기사, 석유제품유통관리자, 선박기관사, 섬유기사, 세탁업체관리자, 소독기술자, 소방공무원, 수렵관리자, 수질환경산업기사, 스키리조트관리자, 시설원예기능사, 시스템오퍼레이터, 식품공장관리자, 아웃도어인스트럭터(야외활동지도사), 애견산업종사자, 어류사육사, 엔지니어, 영사산업기사, 오디오엔지니어, 원양어부, 유람선선장, 육군장교, 자동차경정비원, 전기기사, 전

기산업기사, 전기회로설계사, 전문스포츠인, 정보통신기사, 조경산업기사, 조리사, 조림/영림/벌목원, 종묘배양업자, 주택시공업자, 중소기업사장, 지하철기관사, 직업군인, 차체모형제작원, 창문청소업체관리자, 채소/특용작물재배자, 철도화물관리자, 컴퓨터설치/수리원, 컴퓨터하드웨어제작기사, 토목기사, 토목산업기사, 특수무선기사, 판금산업기사, 폐기물처리업관리자, 포자배양업자, 포장산업기사, 프로운동선수, 항공기정비사, 해군장교, 해조류종묘생산업자, 화공기사, 화훼작물재배자, 환경부서관리자, 환경영향평가사, 환자운반원

6) 직업 적성 유형에 따른 추천 직업

▶ 이공학계열교수 : **수리-논리력, 언어능력**
▶ IT교육강사, 자연계중등학교교사, 직업능력개발훈련교사 : **수리-논리력, 언어능력, 대인관계능력, 자기성찰능력**
▶ 경영컨설턴트, 국제무역사무원, 금융자산운용가(펀드매니저), 마케팅전문가, 물류관리사, 바이어, 보험계리인, 선물중개인, 시장과 여론조사 전문가, 신용조사원, 외환딜러, 은행출납사무원, 증권분석가, 증권중개인, 투자분석가(애널리스트) : **수리-논리력, 언어능력, 대인관계능력**
▶ 검사, 국회의원, 노무사, 법무사, 변리사, 변호사, 외교관, 판사, 행정부고위공무원 : **수리-논리력, 언어능력, 대인관계능력, 자기성찰능력**

▶ 감정평가사, 관세사, 세무사, 손해사정사, 회계사, 회계사무원 : **수리-논리력, 언어능력, 대인관계능력**

▶ 방사선사, 수의사, 약사/한약사, 임상병리사, 일반의사, 전문의사, 치과의사, 한의사 : **수리-논리력, 손재능, 언어능력, 대인관계능력, 자기성찰능력**

용신과 희신의 오행에 적합한 직업군은 독자분들이 본 저서의 관련 내용을 참고하여 대입해 보기를 권한다.

7) 시사점

① 상기 사주의 일간 乙木이 일지에 저장된 丁火 식신의 영향을 받고, 연지에 식신이 있어 직업 흥미 유형 중 사회형으로 볼 수 있으나 약해 보인다. 한편 일간 정재와 일지에 저장된 己土 편재가 정관이나 편관과 연관을 맺고 있어, 직업 흥미 유형 중 유형 중 실제형과 기업형의 세력이 만만치 않다.

② 직업 흥미 유형과 달리, 사주의 식신 강도가 강해 직업 적성 유형인 언어능력, 자기성찰능력, 대인관계능력을 고려해야 하지만, 이에 못지않게 편관과 정재의 강도도 강하므로, 위에 추가로 나타낸 추천 직업과 같이, 유형 중 손재능을 반영할 필요가 있어 보인다.

③ 본 사례는 성격유형이 ESTJ로 이 유형에 적합한 직업군은 관리

자, 기술자, 경영자 등이지만, 본인의 의지로 의학 계열의 직업을 선택하고자 한다면, 일반의사, 전문의사, 치과의사, 한의사 등도 가능하다.

8. 사례 8

己1	壬1	甲1	戊1
酉	子	子	辰
(辛)	(癸)	(癸)	(戊癸乙)
1	1	1	0.5, 0.2, 0.3

1) 사주로 풀어 낸 MBTI 성격유형 : ENTP

2) 사주로 직업 흥미 유형 찾기

▶ 본 명조의 십성과 일간 간의 친밀도 순위 : **식신(1.80) > 겁재 (1.58) > 정관/편관(0.80) > 정인(0.6)**

⇒ 본 명조의 **직업 흥미 유형** : **사회형(S) > 탐구형(I)**

3) 사주로 직업 적성 유형 찾기

본 조의 각 간의 강도를 십간 순서대로 계산한 결과는 다음과 같다.

甲(전 당령) = 1 × (1 + 0.2 × 1) = 1.2 + 1(식신) = 2.2
乙(전 당령) = 0.3 × (1 + 0.2 × 1) = 0.36
戊(부 당령) = 1.5
己(부 당령) = 1
辛(부 당령) = 1
壬(전 당령) = 1.2 - 1(비견) = 0.2
癸(전 당령) = 2.2 × (1 + 0.2 × 1) = 2.64

▶ 본 명조의 일간을 포함한 십성의 강도 순위 : **겁재 > 식신 > 편관 > 정관/정인**

⇒ 본 명조의 **직업 적성 유형** : 언어능력/자기성찰능력 > 수리-논리력 > 창의력/언어능력

4) 희용신 찾기

① 일간의 왕도 : 4.2
② N = 1(전 당령)
③ 4.5 - 0.9 × 1 = 3.6

▶ 일간의 왕도 4.2가 기준값 3.6보다 크므로 본 명조는 신강임
▶ 본 명조의 용신은 일간을 설하는 월간의 甲木이며, 희신은 火이지만 명조에 火가 없어 운에서 들어오는 火가 희신이 됨

⇒ 용신 : 식신(木), 희신 : 정재 또는 편재(火)

※ 용신 주기능은 식신(Fi), 희신 부기능은 정재(Se)나 편재(Si)로 MBTI 성격유형으로는 ISFP에 해당하므로, ISFP에 적합한 직업군을 선택하면 성공 가능성이 크다고 판단할 수 있다.

5) 직업 흥미 유형에 따른 추천 직업

MD, 간호사, 간호학교수, 교육학자, 교정보호연구원, 교통안전연구원, 놀이치료사, 다문화가정상담사, 다이어트플래너, 미술치료사, 발전문치료사, 보건간호사, 보건학자, 보험클레임조사원, 사회복지사, 산업심리학자, 상담심리학자, 손해배상대리인, 손해보험관리자, 쇼핑호스트, 시각장애인치료사, 심리학자, 심장탐지기술자, 알콜중독치료전문가, 양호교사, 언어치료사, 영양사, 요구검사원(보험), 원격통신가, 의무행정가, 음악치료사, 응급구조사, 의료방사선기사, 인터넷게임중독치료전문가, 임상병리사, 임상심리사, 임상영양학자, 임상운동사, 자연요법사, 작업치료사, 장기이식코디네이터, 장애인직업능력평가원, 재활치료사, 전문상담교사, 정부조사관, 정신보건기술공, 조산사, 족병전문가, 중등학교교사, 지압치료사, 직업재활상담사, 청능사, 청소년상담사, 체육학교수, 초등교사, 텔레커뮤니케이터, 학교영양사, 호흡기치료사

6) 직업 적성 유형에 따른 추천 직업

▶ 경제학연구원, 교육학연구원, 사회학연구원, 심리학연구원, 언어학연구원, 역사학연구원, 인문사회계열교수, 정치학연구원, 철학

연구원, 행정학연구원 : **언어능력, 수리-논리력, 창의력**
▶ 교장, 인문계중등학교교사, 장학사, 특수교사 : **언어능력, 수리-논리력, 대인관계능력, 창의력, 자기성찰능력**
▶ 검사, 국회의원, 노무사, 법무사, 변리사, 변호사, 외교관, 판사, 행정부고위공무원 : **언어능력, 수리-논리력, 대인관계능력, 자기성찰능력**
▶ IT교육강사, 자연계중등학교교사, 직업능력개발훈련교사 : **자기성찰능력, 수리-논리력, 언어능력, 대인관계능력**

용신과 희신의 오행에 적합한 직업군은 독자분들이 본 저서의 관련 내용을 참고하여 대입해 보기를 권한다.

7) 시사점

① 성격유형과 직업 적성 유형에서 알 수 있는 바와 같이, 외향형이면서 자신의 표현력이 우수하고 창의성, 논리성, 합리성 등을 갖춘 사람의 직업 선택 폭은 매우 다양하고 광범위함을 알 수 있다.

② 본 사례의 성격유형은 ENTP로, 이 유형에 적합한 직업군은 과학자, 기술자, 발명가 등이지만, 변호사나 법률상담가 등도 해당하는 직업군이다. 본 사례자의 경우, 직업 적성 유형에서 대인관계능력이나 언어능력이 우수하므로 변호사, 법률상담가도 적합한 유형이라 할 수 있다.

9. 사례 9

癸1	乙1	辛1	癸1
未	丑	酉	亥
(己乙丁)	(己辛癸)	(辛)	(壬甲)
0.5, 0.2, 0.3	0.5, 0.2, 0.3	1	0.7, 0.3

1) 사주로 풀어 낸 MBTI 성격유형 : INTJ

※ 감각기능인 S의 세력도 매우 큼

2) 사주로 직업 흥미 유형 찾기

▶ 본 명조의 십성과 일간 간의 친밀도 순위 : **편인(1.67) > 편관(1.58) > 정재(1.00) > 편재(0.75)**

⇒ 본 명조의 **직업 흥미 유형 : 탐구형(I) > 실제형(R) > 관습형(C)**

3) 사주로 직업 적성 유형 찾기

　본 조의 각 간의 강도를 십간 순서대로 계산한 결과는 다음과 같다.

甲(부 당령) = 0.3
乙(부 당령) = 1.2 - 1(비견) = 0.2

丁(부 당령) = 0.3
戊(부 당령) = 0 + 1(정재) = 1
己(부 당령) = 1
辛(전 당령) = 2.2 × (1 + 0.2 × 1) = 2.64
壬(전 당령) = 0.7 × (1 + 0.2 × 1) = 0.84
癸(전 당령) = 2.3 × (1 + 0.2 × 1) = 2.76

▶ 본 명조의 일간을 포함한 십성의 강도 순위 : **편인 > 편관 > 정재/ 편재 > 정인**

⇒ 본 명조의 **직업 적성 유형** : **창의력/수리-논리력 > 공간지각력/ 손재능**

4) 희용신 찾기

① 일간의 왕도 : 4.5
② N = 0
③ 4.5 - 0.9 × 0 = 4.5

▶ 일간의 왕도 4.5와 기준값 4.5가 같으므로 본 명조의 강약을 계산 값만으로 결정하기가 어려운 사례임

※ 이처럼 같은 값일 경우에는 약하지 않은 것으로, 즉 강한 것으로 간주함
※ 약하지 않을 때는 조후를 살피게 되는데, 金旺節(가을)의 乙木은 물이 필요하지 않아 水를 용신

으로 삼지 않는다고도 할 수 있음

▶ 본 명조의 용신은 일간을 극하는 월간의 辛金이나 월지의 酉金이며, 희신은 용신을 도와주는 일지의 丑土가 됨

⇒ 용신 : 편관(金), 희신 : 편재(土)

※ 용신 주기능은 편관(Ti), 희신 부기능은 편재(Si)로 MBTI 성격유형으로는 ISTP에 해당하므로, ISTP에 적합한 직업군을 선택하면 성공 가능성이 크다고 판단할 수 있다. 다만 이 유형의 부기능은 Se(정재)지만, 주기능에 중점을 두었다.

5) 직업 흥미 유형에 따른 추천 직업

3D애니메이션오퍼레이터, CAD제도사, 가축인공수정사, 건설공학기술자, 건축공학교수, 게임프로그래머, 고고학교수, 공인시스템엔지니어, 공학자, 금형공학기술자, 기술자, 농경제학자, 뇌측정분석가, 대학강사, 데이터베이스관리자, 데이터베이스컨설턴트, 도구프로그래머, 디지털미디어개발관리자, 로봇연구원, 물리학연구원, 반도체공학자, 병리학자, 산부인과의사, 생리학자, 생명공학연구원, 생명공학자, 생물통계학자, 생물학자, 생의학공학자, 생화학자, 석유화학기술자, 소프트웨어기술자, 수산자원기술자, 수의사, 수의학교수, 수중식물관리자, 수질환경기술자, 시력측정/검안사, 시스템엔지니어, 애니메이션프로그래머, 약학자, 역사학연구원, 연구실기술자, 오염부지정화연구원, 우주공학자, 운동처방사, 유리기술자, 외과의사, 의사, 의학연구가, 인공어초연구개발자, 인공지능연구원, 인터넷응

용프로그래머, 인터넷전문가, 인터넷/인터라넷관리자, 자동차디자인 세부처리자, 자연과학연구원, 전기공학자, 전자공학교수, 전자기술자, 전자문서관리자, 정보처리기사, 정보처리산업기사, 정보체계프로그래머, 제품개발원, 조명기술자, 주문형반도체설계원, 조선공학기술자, 지리정보시스템(GIS)전문가, 치과의사, 캐드/캠기술자, 캐드원, 컴퓨터시스템관리자, 컴퓨터시스템설계사, 컴퓨터하드웨어기술자, 타이어개발자, 통신공학기술자, 프로그래머, 해부병리기사, 핵공학자, 화공학자, 화학시험사, 화학연구원, 환경공학교수/기술자

6) 직업 적성 유형에 따른 추천 직업

※ 게임기획자, 디지털큐레이터, 스마트도시전문가, 스마트의류개발자 : 창의력, 수리-논리력

※ 3D프린팅전문가, 가상현실전문가 : 창의력, 공간지각력

▶ GIS전문가, 건축공학기술자, 건축사, 금속공학기술자, 기계공학기술자, 대체에너지개발연구원, 도시계획가, 로봇연구원, 메카트로닉공학기술자, 무선주파수(RF)엔지니어, 반도체공학기술자, 산업공학기술자, 상수도기술자, 석유화학기술자, 섬유공학기술자, 신경회로망연구원, 에너지공학기술자, 원자력연구원, 인공위성개발원, 자동차공학기술자, 재료공학기술자, 전기공학기술자, 전자공학기술자, 조선공학기술자, 컴퓨터공학기술자, 토목공학기술자, 통신공학기술자, 통신망설계운영기술자, 통신엔지니어, 항공우주공학기술자, 해양공학기술자, 해양수산기술자, 화학공학기술

자 : **수리-논리력, 공간지각력**
▶ 생물공학연구원, 생물학연구원, 신약개발연구원, 유전공학연구원, 해부학연구원, 화학연구원 : **수리-논리력, 손재능**
※ **드론콘텐츠전문가, 스마트그리드엔지니어, 스마트재난관리관리자 : 수리-논리력, 공간지각력**
※ **디지털포렌식수사관, 블록체인전문가, 빅데이터전문가, 로봇공학자, 사물인터넷전문가, 생체인식전문가, 우주항공공학자, 의료기기개발전문가, 인공지능전문가, 정보보호전문가, 지식재산전문가, 클라우드시스템엔지니어 : 수리-논리력, 창의력**

　용신과 희신의 오행에 적합한 직업군은 독자분들이 본 저서의 관련 내용을 참고하여 대입해 보기를 권한다.

7) 시사점

① 인식기능에서 감각기능(S)의 세력도 매우 강해, 직업 흥미 유형 중 실제형에 영향을 미쳤다. 실제로 본인이 실시한 MBTI 검사 결과 ISTJ라고 한다. 직업 흥미 유형 적용에서 실제형과 관습형을 두고 다소 혼선이 있을 수 있으나, 일간 정재와 편관의 세력이 워낙 강하고, 일지의 편재도 관성의 성향을 띠고 있어 실제형에 더 비중을 두었다.
현재 본인은 국가공무원으로 법률 관련 전문 사무직을 수행하고 있는데, 자신의 업무에 대체로 만족하는 것과 무관하지 않다고 생각한

다. 또한 법과대학을 졸업하고 변호사 자격을 취득하였는데, INTJ나 ISTJ 모두 TJ를 사용하는 유형으로 변호사 등 법조인의 직업에 맞지만, INTJ의 주기능인 Ni(편인)의 통찰력을 충분히 활용하는 업무는 아니라, 다소 아쉬운 점이 있다.

② 사주의 십성 강도 계산 결과와 연계하여 직업 적성 유형을 보면, 창의성과 수리-논리력의 값이 비슷하면서 타 적성과 비교하여 월등히 높다. 따라서 직업 적성에 맞는 직업을 선택할 때는, 창의성과 수리-논리력을 중심에 두고, 다른 해당 유형들을 고려할 필요가 있다. 사주에서 편관의 위치가 중심에 있고 강도가 강하므로, 편관의 수리-논리력, 편관의 공간개념과 공간추론 능력에 편재의 공간지각력을 함께 고려할 필요가 있다. 또한 다소 약하기는 하지만 정재와 편관을 고려한 손재능도 고려할 수 있다.

③ 본인은 취미 생활로 미술학원에 다닌 적도 있는데 그림을 곧잘 그린다. 또한 어릴 때부터 글을 잘 써 일간 신문에 실린 적도 있다. 손재주도 있어 보인다. 결론적으로 본 저자는 본인이 진로 찾기를 준비해야 하는 학생이라면, 위에 나열한 직업군의 예와 같이, 사고기능보다 직관기능을 적극적으로 활용할 수 있는 진로를 찾아 더 창조적인 일을 할 수 있도록 안내하고 싶다.

10. 사례 10

丙1	甲1	戊1	己1
子	申	辰	亥
(癸)	(庚壬)	(戊癸乙)	(壬甲)
1	0.7, 0.3	0.5, 0.2, 0.3	0.7, 0.3

1) 사주로 풀어 낸 MBTI 성격유형 : ISFJ

2) 사주로 직업 흥미 유형 찾기

▶ 본 명조의 십성과 일간 간의 친밀도 순위 : **편재(2.10) > 식신 (0.8) > 편관(0.63) > 정재/정인(0.60)**

⇒ 본 명조의 **직업 흥미 유형 : 관습형(C) > 사회형(S) > 실제형 (R)/탐구형(I)**

3) 사주로 직업 적성 유형 찾기

　본 조의 각 간의 강도를 십간 순서대로 계산한 결과는 다음과 같다.

甲(0.5 당령) = 1.3 × (1 + 0.2 × 0.5) = 1.43 - 1(비견) = 0.43
乙(0.5 당령) = 0.3 × (1 + 0.2 × 0.5) = 0.33

丙(0.3 당령) = 1 × (1 + 0.2 × 0.3) = 1.06
戊(0.5 당령) = 1.5 × (1 + 0.2 × 0.5) = 1.65 + 1(편재) = 2.65
己(0.5 당령) = 1 × (1 + 0.2 × 0.5) = 1.1
庚(0.5 당령) = 0.7 × (1 + 0.2 × 0.5) = 0.77
壬(0.2 당령) = 1 × (1 + 0.2 × 0.2) = 1.04
癸(0.2 당령) = 1.2 × (1 + 0.2 × 0.2) = 1.248

▶ 본 명조의 일간을 포함한 십성의 강도 순위 : **편재 > 정인 > 정재 > 식신 > 편인**

⇒ 본 명조의 **직업 적성 유형 : 공간지각력 > 창의력/언어능력 > 손재능/예술시각능력**

4) 희용신 찾기

① 일간의 왕도 : 3.8
② N = 0.5(0.5 당령)
③ 4.5 - 0.9 × 0.5 = 4.05

▶ 일간의 왕도 3.8이 기준값 4.05보다 작으므로 본 명조는 **신약**임
▶ 본 명조의 용신은 일간을 도와주는 시지의 子水나 연지의 亥水이며, 희신은 용신을 도와주는 일지의 申金이 됨

⇒ 용신 : 정인(水), 희신 : 편관(金)

※ 용신 주기능은 정인(Ne), 희신 부기능은 편관(Ti)으로 MBTI 성격유형으로는 ENTP에 해당하므로, ENTP에 적합한 직업군을 선택하면 성공 가능성이 크다고 판단할 수 있다.

5) 직업 흥미 유형에 따른 추천 직업

감시시스템요원, 감정원, 개인비서, 경리사무원, 경리사원, 경영학교사, 계기검침수금원, 고객관리사무원, 고객서비스담당자, 공간계획원, 금융보안직원, 기록정리원, 대서사무원, 매체코디네이터, 문서정리원, 법률행정사무원, 법무사, 법무사무원, 법원서기, 변리사, 보건직공무원, 보안서기, 보험사무원, 보험업자, 부동산관리원, 비서, 사서, 소득신고사무원, 송장사무원, 숙박시설접수사무원, 승차권판매인, 시스템회계사, 신용거래사무원, 신용조사원, 신탁관리인, 안전관리사, 약품품질관리원, 우체국직원, 우편물접수원, 우편사서함사무원, 웹마스터, 은행사무원, 은행원, 은행출납사무원, 음성도서관사서, 의무기록사, 인사사무원, 일반공무원, 재정분석가, 전문비서, 전산(세무)회계사, 전산요원, 전표사무원, 전화번호안내원, 정보송수신원, 증권사무원, 출판물검사원, 컴퓨터조작기사, 컴퓨터(학원)강사, 컴퓨터오퍼레이터, 판사사무원, 표제심사가, 행정학원강사, 현금출납원, 회계사무원/경리, 회계학원강사, 회사내검사관

6) 직업 적성 유형에 따른 추천 직업

※ **도시재생전문가 : 공간지각력, 창의력**
▶ 프로게이머, 프로바둑기사 : **공간지각력, 손재능**
※ **무인항공촬영감독 : 공간지각력, 예술시각능력**
▶ 만화가, 애니메이터, 웹디자이너, 일러스트레이터 : **창의력, 예술시각능력, 손재능**
▶ 공예가, 도자기제조원, 서예가, 조각가, 화가 : **창의력, 예술시각능력, 손재능**
▶ 귀금속과 보석세공원, 보석감정사, 이미지컨설턴트, 조향사, 푸드스타일리스트, 플로리스트 : **창의력, 예술시각능력, 손재능**
▶ 광고디자이너, 보석디자이너, 북디자이너, 시각디자이너, 인테리어디자이너, 제품디자이너, 컬러리스트, 컴퓨터그래픽디자이너, 특수효과기술자, 패션디자이너, 패션코디네이터 : **창의력, 예술시각능력, 손재능**
▶ 구성작가, 극작가, 네이미스트, 드라마작가, 번역가, 소설가, 시인, 애니메이션작가, 영화시나리오작가, 작가, 카피라이터, 컴퓨터게임시나리오작가, 평론가 : **창의력, 언어능력**
▶ 광고기획자, 무대감독, 연극연출가, 영화감독, 영화기획자 : **창의력, 예술시각능력**, 대인관계능력, **공간지각력**
▶ 광고와 홍보 전문가, 방송연출가, 파티플래너, 학예사(큐레이터) : **창의력, 예술시각능력**, 대인관계능력, **언어능력**
▶ 비디오저널리스트(VJ), 출판물기획전문가, 캐스팅디렉터 : **창의**

력, 예술시각능력, 대인관계능력

예술기획 관련직에는 게임, 광고, 영화, 방송, 음반 등 다양한 콘텐츠로 이루어진 상품을 기획하고 개발하는 직업들이 속한다. 이 직업군에 속하는 직업들은 **창의력** 외에도 **공간지각력**과 대인관계능력이 필요하다.

또한 디자인 관련직에는 패션디자이너, 보석디자이너, 인테리어디자이너, 북디자이너 등의 직업들을 포함한다. 이 직업들은 예술적인 **창의성**이 요구되며, 이것을 실제로 표현해 낼 수 있는 **손재능**과 **공간지각력**이 중요하다. 웹/게임/애니메이션 관련직, 미술과 공예 관련직, 기타 특수 예술직은 **창의력**이 필요한 동시에 자신이 상상한 것을 보다 효과적으로 표현할 수 있는 **공간지각력, 손재능** 역시 매우 중요하다.

용신과 희신의 오행에 적합한 직업군은 독자분들이 본 저서의 관련 내용을 참고하여 대입해 보기를 권한다.

7) 시사점

① 본 사례는 저자의 사주로, 친밀도에서 편재가 월등히 강해 직업흥미 유형 중 관습형이 단연 제1위를 차지한다. 저자는 기업의 경영자로 근무할 때, 결재서류나 보고서를 검토하면서 한글은 물론 영어 철자가 틀린 것, 숫자가 틀린 것, 계산 결과가 틀린 것을 귀신같이

잡아낸다는 평을 들었다. 이것 또한 관습형의 전형이며 편재가 세부 사항에 대한 주의와 집중력이 강하다는 것과 무관하지 않다.

한편 사주의 구성을 보면 일주에 해당하는 장년과 시주에 해당하는 노년에 탐구형과 예술형의 직업 흥미 적성이 강해 느지막하게 공부하고 책을 쓰고 있는 것이 아닌가 생각해 본다. 문득 젊은 시절 한 명리학자가 노년에 노인대학 교수는 하겠다고 저자에게 한 말이 기억난다.

② 사주의 구성에서도 알 수 있듯이 편재가 워낙 강도가 강해, 직업 적성 유형 중 다른 유형들과 비교하여 공간지각력이 매우 뛰어나다고 할 수 있다. 그러나 일반적으로 공간지각력은 다른 유형들과 달리 유형 단독으로 적합한 직업군을 찾기가 쉽지 않은데, 공간지각력은 주로 다른 유형들에서 꼭 필요한 구성 유형으로 작용한다. 특히 공간지각력은 창의력을 요구하는 예술 분야나 과학 분야에 필수적인 능력으로 작용한다. 따라서 본 사주의 직업 적성 유형들에 맞는 직업군도, 앞에서 나열한 바와 같이, 공간지각력이 주로 창의성을 중심으로 한 직업군에 하나의 구성 능력으로 포함되어 있다.

공간지각력을 논하면서 문득 드는 저자의 기억은, 과거 중고등학교 시절에 유난히 기하(幾何)에 흥미가 많았고 성적도 우수했지만, 대수(代數)에는 약했다는 점이다. 따라서 저자는 공간지각력이 기하와 많은 연관이 있는 것으로 판단한다.

③ 저자는 정부출연연구소에서 연구원으로 10년 이상을 근무했다. 저자가 연구소를 퇴직한 이후에는, 줄곧 중소기업의 상무이사를 시작으로 대표이사, CEO, 부사장 등 경영자의 지위에서 25년을 근무했다.

일반적으로 사업체나 단체의 조직을 관리하고 경영하는 유형으로는 TJ를 들 수 있는데, CEO들 사이에는 ENT가 높은 비중을 차지하며, ESTJ와 ISTJ는 중간관리자의 비중이 높다. 따라서 저자의 관점은, 객체를 관리하기 위해서는 외향형에 세밀한 관리를 위한 Si(편재)와 Te(정관)이 필요하다는 것이다.

그러나 저자는 ISFJ로, 돌이켜 보면 관리자와 경영자로서 역할과 성과에 대해 만족한다고 생각한 적이 없다. 대외적으로 사람들을 만나 활발하게 교류하는 것을 어려워한 점이나, 자주 감정이 앞선 성급한 결정을 내리거나, 특히 소속원을 대할 때, 합리적이며 객관적이지 못하고 사사로운 감정에 치우쳐 공사가 분명하지 못했던 점 등이 떠오른다. 이러한 점은 저자의 부족한 점도 있지만, 내향형이면서 감정기능이 우세한 성격유형이 큰 몫을 했다고 생각한다. 저자는 기업에 근무하는 동안에, 관리나 경영에 쏟은 열정보다는 개발 또는 연구부서의 장으로, 제품을 개발하고, 홍보하고, 영업활동을 위해 해외 출장을 다니는 등에 더 큰 열정과 성과와 보람이 컸다고 기억한다. 한편 저자가 25년간 중소기업체에서, 끊임없이 조직하고 관리하고 결정을 내려야 하는 경영자의 역할에, 만족하지는 않지만 수행할 수 있었던 것은, 그나마 Si와 J의 영향으로 사고기능(T)을 어느 정도

대신할 수 있었기 때문으로 생각한다.

④ 저자는 기업에 근무하는 동안에 주변 자녀의 이름을 짓고 기업의 상호를 정하는 네이밍은 물론, 여러 다양한 제품의 홍보용 브로슈어를 직접 디자인하고, 촬영에 직접 참여하고, 카피 문구를 만드는 등에 적성을 보였으며, 외부로부터 좋은 평가를 받았다. 이러한 일들을 저자가 기술고문으로서 몇 개의 중소기업을 돕고 있는 지금까지도 계속되고 있다.

⑤ 참고로 저자의 태어난 시가 자시(子時)(23:30~01:30)로 다음 날로 넘어가는 시점이다. 저자의 경험으로는, 子時에 태어난 사람은 당일(當日)과 다음 날의 영향을 모두 받는다고 판단한다. 저자의 경우 다음 날로 보면 정재의 영향이 매우 강해, 직업 흥미 유형은 실제형이 우세하고 직업 적성 유형은 손재능, 자연친화력, 예술시각능력 등이 우세한데, 실제로 집에 사용하는 모든 물품은 손수 조립하거나 설치하고 고장 난 기기나 장치를 직접 수리한다. 예술시각능력도 뛰어나다고 자부한다. 따라서 子시에 태어난 분들은 이 점을 유의하여 적용할 필요가 있다.

  저자는 이 책을 마무리하면서 문득 옛날로 돌아갈 수 있다면, 디자이너, 네이미스트, 카피라이터 또는 홍보전문가가 되고 싶다는 생각을 해 봤다. 저자가 지금 책을 쓰고 있는 것도(NFP) 지나간 세월에 대한 약간의 후회와 보상을 받고 싶은 것은 아닌지….

 이상의 10가지 사례를 중심으로, 자신의 진로 찾기의 과정과 방법에 대해 간략히 설명하였다. 더 많은 사례를 독자분들에게 소개할 필요도 느꼈지만, 현명한 독자분들이 이러한 과정과 방법에 대해 충분히 미루어 헤아릴 수 있다는 믿음을 가지고 끝맺음을 하고자 한다.

 저자가 생각하기에는, 이 책에서 충분한 배경 설명과 더불어, 개인의 성격유형, 직업 흥미 유형, 직업 적성 유형별로 적합한 많은 직업군을 열거하였으므로, 독자분들이 서로 대조하면서 선천적인 진로 찾기에 도전한다면 좋은 성과를 얻을 것으로 확신한다.

끝내며

지금까지 3장에 걸쳐, 진로를 찾기 위한 핵심적인 검사 도구(성격, 직업 흥미, 직업 적성)들을 적용하여, 이들에 대응하는 MBTI의 여덟 가지 심리기능 및 성격유형과 사주 십성을 분류, 정의하였다. 또한 각각의 유형들에 적합한 직업군에 대해 비교적 상세하게 설명하고 나열하였다.

저자가 의문을 품고 이 책을 쓰게 된 동기와 독자분들이 궁금해할 내용에 대해 문답식으로 정리하면서 이 책을 마무리하고자 한다.

1. MBTI 여덟 가지 심리기능의 외향성, 내향성과 사주 십성의 正과 偏의 개념에 차이가 있는데, 그 차이는 무엇인가요?

MBTI에서 외향성과 내향성 기능들의 차이점은, 외향성 기능들은 심리적 에너지가 객체(외부, 즉 사람, 사물, 환경 등)로 향하고, 내향성 기능들은 심리적 에너지가 주체(내부, 즉 개념, 생각, 사상, 아이디어 등)로 향한다고 정의한다. 또는 외향성 기능들은 "표현한다", 내향성 기능들은 "표현하지 않는다"라고 정의한다.

사주 일간과 다른 십성 간의 관계에서 正과 偏의 차이점은, 正은 서로 끌어당긴다는 의미인데, 끌어당긴다는 것은 친밀감, 집착 등의 뜻이며 私的인 관계로 본다. 반면에 음은 서로 밀쳐 낸다는 의미인데, 밀쳐 낸다는 것은 소원함, 친밀하지 않음 등의 뜻이며 公的인 관계로 본다.

⇒ 이러한 양자의 개념 차이로 인해, 외향성과 내향성 기능들 또는 이에 대응하는 십성에 대한 쓰임새는 물론 사주의 외향형과 내향형도 사람에 따라 달리 적용된다. 심지어는 일간이나 사주 구성에 木火가 많으면 외향형 사주로, 金水가 많으면 내향형 사주로 주장하는 분들도 있다. 아마도 발산과 수렴의 의미로 그렇게 구분한 것이라 판단된다. 따라서 외향성과 내향성의 정의는 MBTI에서 정의하는 개념을 채택하는 것이 합리적이며, 그래야만 여덟 가지 심리기능들과 이에 대응하는 여덟 가지 십성의 의미를 명확하게 이해할 수 있고, 또한 이들에 적합한 직업군을 연계할 수 있다.

2. MBTI에서는 창의성의 심리기능을 Ne(정인)로 보고, 사주 십성에서는 식신을 과학, 기술 분야의 연구, 발명 등의 창의성으로 보는데, 개념에서 너무 큰 차이가 있는것 같아요. 창의성에 대한 개념을 어떻게 정립하는 것이 좋을까요?

일반적으로 과학은 순수과학이든 공학이나 건축학과 같은 응용과학이든 창의성을 요구하는데, Ne(정인)와 Ni(편인)가 주기능 또는 부기능을 담당한다(주로 주기능). 그리고 순수과학자의 성향으로는 직관기능 외에 내향성이 필수적이다(IN). 한편 응용 과학자는 직관기능(N)과 결과물을 만들어 내는 데 탁월한 판단기능(J)을 즐겨 쓴다(NJ). 아니면 실용성이나 응용성을 대표하는 감각기능 S(재성)와 사고기능 T(관성)가 결합한 ST를 응용과학으로 보는 것이 합리적이다. 예를 들어 순수과학자 중에서도 순수 물리학자(기초물리학자, 이론물리학자), 순수 수학자의 경우에는 추론을 담당하는 Ti(편관)가 주기능인 INTP에 더 가깝고, INTJ는 Ni(편인)가 주기능이고 Te(정관)가 부기능인 응용물리학자(또는 실험물리학자)에 더 가까운 유형이라 판단한다.

일반적으로 순수예술이든 응용예술이든 모두 창의성을 요구하는데, 단지 과학 분야와 다른 부분은 창의성을 음악, 미술, 시 등으로 표현한다는 점이다. 물론 내향형이 예술가의 대세를 이룬다(IN).

※ N(정인 또는 편인) → 나(일간) → F(상관 또는 식신)

즉 "나의 창의력 또는 통찰력(영감)을 통해 내가 어떤 수단으로든 표현하고 발산하고 발휘한다"라고 하는 것으로, 예술가는 NF에 해당한다. 물론 순수예술 분야에 NT들의 진출도 매우 활발하지만, 이들은 다른 분야에 관심이 더 큰 사람들이다.

간략히 요점만 정리하면, 창의성과 통찰력에 방점(N이 주기능)을 두면(주기능) 과학자 적성이고, 반면 표현하고, 발산하고, 발휘하는 데 방점(F가 주기능)을 두면 순수 예술가 적성이라고 저자는 판단한다.

⇒ 결국 F(상관 또는 식신)는 N(정인 또는 편인)과 한 몸이 되어, F가 주기능인가 부기능인가에 따라 순수예술 또는 과학자의 심리

기능으로 작동한다. 다시 말해 식신은 창의성이라기보다 상상력이나 영감을 외부로 표현하는 수단으로 작용한다. 물론 NJ에 F가 결합하였을 때 F가 T의 성향을 보인다는 연구 결과가 있지만, 이러한 성향 변화는 F에 의한 것이 아니라 직관(N)의 영향을 받았기 때문이다. 또한 INFP의 직업 적성에 과학이 포함되는데, 이는 감정이 불러일으키는 열정(Fi:식신)이 현상의 진실을 찾으려는 직관에 박차를 가했을 것이고, 점진적으로 사고에 의한 분석을 하는 것이라 설명한다. 즉 Fe(상관)나 Fi(식신)의 영향이 아니라 순전히 직관의 영향으로 사고의 성향을 띠는 것이다.

3. 직업 적성 유형 중 언어능력에 해당하는 심리기능과 그것에 대응하는 십성은, Fi(식신)인가요? 아니면 Ne(정인)인가요?

결론적으로 말하자면, 저자는 둘 다 해당한다고 판단한다. 일반적으로 명리학에서는 자신을 외부로 표현하는 성분을 상관과 식신으로 보고, 상관은 말로 표현하고 식신을 글로 표현하는 것으로 본다. MBTI의 심리기능에서도 감정기능인 Fe(상관)와 Fi(식신)를 표현하는 기능으로 보는데, 명리학과 마찬가지로 두 기능의 표현 수단에 대한 구분은 같으며, 저자도 동의한다. 그러나 MBTI와 관련한 연구자 중에는 언어능력에 해당하는 심리기능으로 Ne(정인)를 드는 사람들도 있다. 저자도 글의 영역에 해당하는 언어능력의 기능으로 Fi(식신)와 Ne(정인)를 같은 비중으로 본다.

특히 시의 경우에는, 떠오르는 생각을 간결하고 함축적인 언어로 표현한 것으로, Ne(정인)를 Fi(식신)로 그려 내는 전형적인 장르라고 생각한다. 한강 작가의 경우에 시인으로 등단한 것이라 알고 있으며, 노벨상 위원회에서 노벨 문학상 수상자로 한강 작가를 선정하면서, 한강 작가를 시로 산문을 쓰는 혁신적인 작가라 평한 바가 있다. 또한 노벨상 수상차 스웨덴을 방문하여 행한 강연에서 한강 작가는 글을 쓸 때 신체와 모든 감각을 사용하고 그 감각들을 전류처럼 문장들에 불어넣으려 한다며 '언어는 우리를 잇는 실'이라 말했다. 저자가 판단하기에 작가는 작가의 열등기능인 내부 신체 감각, 즉 신체가 내부에서 느끼고 경험하는 것을 인식하는 기능(Si)을 사용하는데, 이것은 생각이나 외부 자극과는 별개로 인간의 가장 기본적인 '존재' 감각에 접근할 수 있게 한 것으로 생각한다. 나아가 한강 작가는 그 감각들을 전류처럼 문장들에 불어넣는다는 뜻은, 그러한 감각들을 통합하여 영감으로 승화되는 순간을 전류로 표현한 것이라 저자는 이해했다. 아무튼 저자가 판단하기에는, 영감과 영감을 글로 풀어 내는 과정은 실과 바늘처럼 한 몸이다.

4. 『사주로 MBTI 엿보기』에서 제시한 방법에 따라, 사주로 정한 MBTI 성격유형에서의 심리기능 구성과 사주의 십성 구성 간에 차이가 있을 수 있는데, 진로 찾기에서 어느 것을 우선해야 하나요?

하나의 사주를 예로 들어 설명해 보자.

乙1	丁1	己1	辛1
巳	卯	亥	丑
(丙庚)	(乙)	(壬甲)	(己辛癸)
0.7, 0.3	1	0.7, 0.3	0.5, 0.2, 0.3

위 사주를 계산하여 결정한 MBTI 성격유형은 INTP로, 주기능은 Ti(편관)이고 부기능은 Ne(정인)이다. 그러나 사주의 십성 강도를 계산하면 제1순위가 편인(Ni)이고 제2순위가 정관(Te)인데, 실제로 사주에는 정관이 있고 편관은 없다. 즉 주기능이 편인이고 부기능이 정관이 되는데, 이러한 조합에 해당하는 MBTI 성격유형은 INTJ가 된다. 이처럼 차이가 나는 것은, 사주로 MBTI 성격유형을 정하는 과정에서 T(사고기능)를 계산할 때, 정관(Te)과 편관(Ti)의 구분 없이 모두 T 값에 합산되기 때문이다. 이러한 차이가 있을 수 있으므로, 사주로 결정한 성격유형으로 주기능과 부기능을 예측하여 적용하지 않는 것이 필요하다. 따라서 독자분들이 진로를 찾기 위해 직업 흥미 유형과 직업 적성 유형을 결정할 때는 반드시 사주의 구성 십성을 근거로 할 필요가 있다.

5. 진로를 찾는 데 있어 MBTI와 비교하여 사주의 장점은 무엇인가요?

MBTI의 심리기능에는 없지만, 사주 십성에 있는 비견과 겁재는 진로를 찾는 과정에서 풍부한 다양성을 제공할 수 있다. 이 책에서는 비견과 겁재가 직업 적성 유형 중 신체-운동능력 유형에 관여하는 것만 설명하였지만, 많은 명리학자분은 비견과 겁재를 독립된 기능으로 보아, 비견과 겁재에 적합한 학과나 직업을 추천한 바가 있다. 이 책에서도 이에 대해 정리한 표를 인용하였으니 관심 있는 독자분들은 참고 바란다. 또한 실제로 사주 구성에서 다른 십성 가까이 있는 비견과 겁재가 그 십성의 역량을 강화한다는 점도 간과할 수 없다. 또한 앞의 실제 사례에서도 설명하였듯이, 비겁통기의 역할도 고려할 필요가 있다.

MBTI 성격유형은 유형별로 주기능, 부기능, 3차기능, 열등기능이 결정되어 있어, 직업 흥미 유형이나 직업 적성 유형을 결정할 때 적용이 제한적이다. 그러나 사주의 구성 십성은 이러한 규칙에 무관하게 여덟 가지 십성의 수많은 조합이 가능하므로, 매우 다양한 유형들을 끌어낼 수 있다. 즉 MBTI 성격유형에서 주기능과 부기능은 인식기능과 판단기능이 서로 외향성과 내향성을 달리하여 정해지지만, 사주 십성은 주기능과 부기능에 해당하는 십성이 인식기능들만으로 또는 판단기능들만으로 조합될 수 있다. 또한 기능의 종류에 무관하게 외향성끼리 또는 내향성끼리 조합도 가능하므로, 매우 다양한 흥미 유형이나 적성 유형을 끌어낼 수 있다.

덧붙이자면, 일반적으로 사주 중 年柱는 초년기, 月柱는 청년기, 日柱는 장년기, 時柱는 노년기로 보는데, 각 柱의 십성을 분석하여 연령대별로 직업이든 취향이든 흥미의 방향을 가늠할 수 있다는 점도 빼놓을 수 없다.

6. MBTI의 심리기능과 사주의 십성 간에 1:1로 대응하지 않고 서로 다른 개념들도 있나요?

'창의성'에 있어 양자 간의 개념 차이는 앞의 2항에서 설명하였다.

직업 적성 유형 중 **공간지각능력**은 '지각'이라는 단어로 인해, 단순히 감각기능으로 보는 경향이 있다. 이것이 틀린 것은 아니지만, 단지 3차원으로 사물을 볼 수 있다는 보편적인 인간의 능력만으로 '공간지각력'을 정의하는 것은 너무 제한적이다. 이 책의 내용 중에도 설명하였지만, 더 폭넓은 정의의 '공간개념' 또는 '공간추론'의 정의를 적용하는 것이 합리적이라고 생각한다. 즉 일반적으로 MBTI와 명리학에서 모두 '공간지각능력'을 Si(편재)로 보는데, 저자가 판단하기로는 더 넓고 깊은 의미인 '공간개념'이나 '공간추론'으로 정의하여 사고기능인 Ti(편관)로 보는 것도 합리적이다.

사업체나 단체를 **"관리한다"**라는 뜻에 부합하는 사주 십성은 일반적으로 "내가 대상을 극한다"라는 의미의 편재(Si)를 사용한다. 그러나 MBTI에서 외향성과 내향성의 정의에 따르면 대상, 즉 객체를 상대로 관리하는 것이므로, 성격유형에서 외향형(E)이라야 한다는 단서가 필요하다고 생각한다. 물론 과거 경험을 기초로 현재 상황의 해석과 분석을 통해 안정성과 예측 가능성을 높이고 세부 사항에 대해서도 주의를 기울이는 세심함이 요구된다(편재). 그러나 '관리한다'라는 의미에는 당연히 '객관적으로, 합리적으로, 논리적으로'라는 의미가 내포되어 있다. 특히 정관은 상황을 객관적으로 분석하고, 구체적인 목표를 세운 다음 그 목표를 달성하기 위해 사람, 시간, 공간 등의 자원을 조직적으로 활용한다는 점에서 관리자에게는 꼭 필요한 성분이다. 따라서 '관리한다'에 적합한 유형은 ESTJ, 즉 Te(정관)가 주기능이고 Si(편재)가 부기능이다. 물론 ISTJ가 관리할 수 없다는 뜻은 아니다.

여러 명리학 서적에서 사람들이 살아가는 데 가장 중요한 덕목인 '**인내심**'에 해당하는 사주 십성을 정인으로 보고 있는데, 정인을 수용성이 강한 성분으로 보아 소극적인 인내심으로 본 것이라 저자는 추정한다. 그러나 인내심은 오롯이 내향성에 해당하는 덕목으로, 정인을 인내심으로 보는 견해에는 동의하기 어렵다.

저자는 인내심에 해당하는 심리기능으로는, 우선 주어진 사안에 집중하는 재능을 지닌 내향형(I)과 자기를 통제하고 목표가 분명하며 엄격한 판단형(J)이 해당한다고 생각한다. 따라서 저자가 주장해 온 바와 같이 사주 십성으로는 편재(Si)와 편관(Ti)에 해당한다고 판단한다. 우선 편재는 세부 사항에 대한 집중력을 계속해서 유지하는 (당면한 작업에 더 오랜 시간 집중하는) 인내력을 발휘하며, 고통을 포함한 내부 신체 감각에 민감한 성분으로 요가나 명상에 적합하다는 것으로 유추하여 볼 때, 편재는 육체적인 인내심에 더 가깝다고 생각한다. 한편 Ti(편관)는 추론을 통해 이론을 구성하는 철학자나 순수과학이론가와 연관되는 성분으로, 비판적이고 면밀하고 철저하게 조사하는 천성을 가지고 있다. 또한 Ti(편관)는 독립적이고 자기 주도적(自己主導的)이며 자기지시적(自己指示的)인 성향의 성분이다. 철학자 니체는 "작은 곳에서부터 자제심이 무너지기 시작하면, 곧 가장 중요한 순간에 자제심이 무너지고 만다. 적어도 한 번쯤 일상에서 사소한 인내마저도 허락하지 않는다면 그날은 결국 실패로 기록될 것이며, 다음 날까지 어제의 실패를 떠안고 살아가야 한다. 만일 자신의 지배자가 오직 자신뿐이라는 이 기쁨을 지속시키고 싶다면, 서서히 거리를 좁히는 고뇌의 몸부림을 피할 수 없는 숙명임을 인정해야 한다"라고 말했다. 철학자 쇼펜하우어는 "성공은 재능보다 인내에서 나온다"라고 했으며, 칸트나 베이컨도 인내의 덕목을 높이 평가한 바가 있다. 이렇듯 유난히 철학자들이 인내를 강조하는 것도 역시 Ti(편관)와 연관이 있어 보인다(INTP). 따라서 저자는 편재를 육체적 고통에 대한 인내심이라면, 상대적으로 편관은 정신적 인내심이라고 구분하고 싶다.

7. 진로를 찾기 위해 3요소인 성격, 직업 흥미, 직업 적성 이외에 가치관 검사를 하는 예도 있는데, 가치관과 사주 십성의 관계는 어떻게 되나요?

가치관도 검사를 통해 얻은 결과를 진로 찾기의 한 가지 수단으로 활용할 수 있는데, 가치관의 유형을 한 예로 들면 다음 표와 같다. 일반적으로 명리학에서는 사주의 월지를 본인의 가치관, 사회적 역할과 환경 등을 대표한다고 알려져 있다. 따라서 다음 표에 나열된 가치관 유형들을 사주 월지 십성과 연계하면 사주 본인의 가치관을 파악할 수 있을 것이다. 한편 독자분들도 가치관 유형별 관련 특징과 관련 직업군을 살펴보면 사주 십성과의 관계를 유추할 수 있는데, 즉 이론형은 주로 편관(Ti), 경제형은 주로 편재(Si), 심미형은 주로 상관(Fe), 사회사업형은 주로 식신(Fi), 정치형은 주로 정관(Te), 종교형은 주로 편인(Ni)이 된다. 나아가 일지에서 정인을 포함한 관련 십성이 쌍을 이루면 더 명확한 가치관 유형을 결정할 수 있을 것이다.

가치관의 유형과 관련 직업(Spranger, 독일)

가치관 유형	특징	관련 직업
이론형	사물의 진리를 탐구하고 연구하며, 가르치는 일에 보람과 긍지를 느낌	교사, 교수, 연구원, 학자, 과학자, 소설가, 평론가, 수학자, 교육자 등 연구 활동에 종사하는 직업
경제형	가치 기준을 자본 형성 즉 돈을 벌어 부자가 되어야 한다는 경제적 활동에 큰 비중을 두고 종사함	상인, 유통업 종사자, 중소기업인, 대기업인, 무역인, 사장, 회장 등 경제 활동에 종사하는 직업
심미형	미에 대한 가치를 추구하는 것은 다른 어떤 분야보다 가치가 있다고 인정함	음악인, 체육인, 평론가, 화가, 소설가, 스포츠해설가 등 예체능 분야
사회사업형	자신보다 남을 위해 봉사하고 돕는 사람으로 타인을 사랑하고 사회 진보와 복지를 위해 헌신하는 것을 최고의 가치로 여김	사회사업가, 서비스업 종사자, 상담교사, 재활상담원, 간호사 등 봉사 관련직
정치형	권력을 잡고 남을 지배하며 권력 취득을 최고의 가치로 삼음	정당인, 정치가, 의원, 장관, 행정관료, 기관장 등의 직종
종교형	종교적 신념에 의하여 행동하고, 성스러운 것을 추구하며, 생활의 정신적인 의의 및 최고가치의 신비와 초자연적인 것을 숭배함	종교인, 목사, 전도사, 신부, 수녀, 승려 등의 직종

8. 일반적으로 명리학에서 법 계통 직업군에 적합한 중심적 십성을 편관으로 보는데, 어떤 이유이며 달리 볼 여지는 없는지요?

  명리학에서는 법이란 무조건으로 지켜야만 하는 것이라 편관을 법과 연계한다고 설명한다. 그러한 설명도 가능하겠으나, 저자가 생각하기에는 법도 추론이 필요한 영역이라 생각한다. 추론은 논리적 과정을 통해 생각하고 이해하고 판단하는 것을 뜻하는데, 오랫동안 철학의 학습법이나 훈련법과 연관되어 왔다. 법학은 법 자체를 철학적으로 연구하는 학문이다. 즉 법의 본질, 기원, 목적에 대해 분석하고 이해하려 한다. 따라서 저자의 견해로는, 법과 관련된 직업군을 더 세분하여 봤을 때, 법학자나 법 이론가에 해당하는 중심적 십성은 편관이고, 법조인, 즉 판사, 검사, 변호사 등은 오히려 법을 활용하여 집행하는 직업군이므로, 정관을 더 중심적 십성으로 보는 것이 더 타당하다고 생각한다. 여기에 식신, 상관과 같은 글 또는 말로써 표현하는 능력이나 사람들을 상대하는 대인관계 능력이 필요하다고 생각한다.

9. 일반적으로 명리학에서 사업가에 적합한 십성의 조합이 일간과 인접한 식신+재성 또는 상관+재성으로 보는데, MBTI의 심리기능과 1:1로 대응시켜도 되는지요?

  명리학에서 사업가에 적합한 십성을 논할 때, 식신과 재성의 조합을 식신생재(食神生財)라 하여 제조업을 경영하기에 적합하다고 보고, 상관과 재성의 조합을 상관생재(傷官生財)라 하여 유통업이나 무역업을 경영하는 데 적합하다고 본다. 식신은 궁리하고 연구하는 성분이라 하여 기술을 우선하는 제조업과 연관시키고, 상관은 대인관계와 사교성 측면을 고려하여 유통업과 관련지었다.

그러나 저자의 관점에서 사업가로서 필요한 자질이나 적성의 측면을 고려하면 첫째, 기업경영은 과거 경험을 기초로 현재 상황의 해석과 분석을 통해 안정성과 예측 가능성을 높이는 것이 필요하고, 세부 사항에 대해서도 주의를 기울이는 세심함이 요구된다. 이러한 자질은 Si, 즉 편재에 해당한다. 둘째, 기업경영은 주어진 상황을 객관적으로 분석하고 구체적인 목표를 세운 다음 그 목표를 달성하기 위해 사람, 시간, 공간 등의 자원을 조직적으로 활용하는 것이 핵심이다. 이러한 자질은 Te, 즉 정관에 해당한다. 셋째, 기업경영은 미래의 가능성을 예측하고 추세를 읽어 기회를 포착하는 능력이 요구되는데, 이러한 자질은 Ne, 즉 정인에 해당하며, 차별화된 독창적인 아이디어나 독특한 관점, 새로운 통찰력이 필요한데, 이러한 자질은 Ni, 즉 편인에 해당한다. 넷째, 기업가는 사람을 비롯한 객체와 끊임없이 접촉하고 교류한다는 점에서 외향성 성향이 적합하다.

결론적으로 이들을 종합하면, 중소기업의 경영은 편재와 정관이 필요한 ESTJ가 적합하며, 대기업의 경영은 통찰력의 편인과 정관이 필요한 ENTJ, 창업기업의 경영은 미래 가능성의 포착과 관련된 정인이 주체가 된 NP가 적합하다고 생각한다. 저자의 이러한 관점은 명리학의 관점과 많은 차이가 있는데, 독자분들의 의견이 궁금하다.

끝내며

이상과 같은 질문과 답변을 통해, 명리학의 꽃이라 일컫는 십성의 기존 개념과 이에 대응하는 MBTI 심리기능의 개념에 상당한 차이가 있다는 점을 확인하는 계기가 되었다. 저자는 『사주로 MBTI 엿보기』에서 명리학의 팔격과 MBTI의 여덟 가지 심리기능이 1:1로 철저히 대응하는 근거를 밝힌 바가 있다. 따라서 독자분들이 이 책을 통해 사주 십성과 MBTI 심리기능의 개념을 통합함으로써, 개인의 성격, 직업 흥미, 직업 적성 유형 결정을 통한 진로 찾기에 더 합리적이고 과학적으로 다가가는 계기가 마련되기를 기대한다.

감사의 글

　가장 먼저, 저자의 첫 번째 졸저인 『사주로 MBTI 엿보기』에 대해 많은 독자분이 서평에서 또는 후기에서 너무나 좋은 말씀을 남겨 주시고 격려해 주신 데 대해, 가슴 깊이 감사의 말씀을 드립니다. 그러나 상당수 독자분이 너무 난해하여 끝까지 읽는 데 지루함과 어려움을 느낀 점에 대해서는, 사과와 함께 그럴 수밖에 없었던 점에 대해 양해를 부탁드립니다. 특히 낭월 스님께서, 물론 격려의 말씀이지만, "오행 공부를 많이 하셨군요"라고 주신 말씀이나, 존경하는 선배님이 "걸작이야"라고 주신 말씀에 2권을 쓰는 데 큰 용기를 얻는 계기가 되었습니다.

　1권에서와 마찬가지로 낭월 스님의 저서들과 명리학자이며 진로와 관련하여 많은 연구와 업적을 이룬 김배성 교수님의 저서들이 이 책을 쓰는 데 많은 참고가 되었다는 점에서 감사 말씀을 드립니다. 또한 이 책을 쓰기 위해 구상 중일 때, 때맞춰 출간된 번역 도서 『나에게 꼭 맞는 직업을 찾는 책』도 많은 참고가 되었습니다. 물론 구글 검색을 통해 얻은 많은 정보도, 이 책의 내용을 더 풍성하게 하는 데 큰 도움이 되었다는 말씀도 함께 드립니다.

　그리고 MBTI에 대한 다양한 연구와 저서를 통해 많은 가르침을 주시는 김정택, 심혜숙 교수님과 MBTI 관련 교육의 장과 각종 관련

자료를 제공하고 있는 한국 MBTI 연구소와 어세스타, STRONG 직업 흥미검사와 관련한 교육과 풍부한 자료를 제공하고 있는 한국 심리검사연구소에도 감사를 드립니다. 아울러 이 책의 내용 중 직업 적성과 직업 적성 유형별 적합한 직업군에 대한 다양한 정보를 수록할 기회를 준 교육부, 한국직업능력개발원, 커리어넷에도 특별히 감사를 드립니다. 또한 사주 십성의 개념에 대한 새로운 이해와 개념 정립에 영감을 주신, A. J. Drenth 박사님께도 존경과 감사의 말씀을 드립니다.

또한 새내기 저자에게 『사주로 MBTI 엿보기』를 출간할 기회를 주고, 1권의 출판사 수익과 무관하게 2권의 출간을 허락하신 지식과감성#의 대표님, 그리고 멋있는 표지를 만들어 준 디자인팀 직원분과 꼼꼼한 교정 작업으로 저자의 허술함을 메꿔 준 직원분에게도 특별히 감사를 드립니다.

마지막으로 저자에게 진로에 대해 써 보라고 힌트를 준 딸에게 고마움을 느끼며, 두 차례에 걸쳐 본인의 사주를 책에 실을 수 있도록 허락한 딸과 손주 지오에게도 미안함과 함께 애정과 고마움을 전하고 싶습니다. 사랑한다!

참고자료

1. Dr. A. J. Drenth, https://personalityjunkie.com

2. Charles Martin(심혜숙 외 옮김), 『성격유형과 진로탐색』

3. Isabel Briggs Myers & Peter B. Myers(김정택 & 심혜숙 공역), 『서로 다른 천부적 재능들』

4. Ball State University, https://www.bsu.edu

5. Paul D. Tieger & Babara Barron & Kelly Tieger(이민철 & 백영미 옮김), 『나에게 꼭 맞는 직업을 찾는 책』

6. Molly Owens, https://www.truity.com

7. 한국고용정보원 사이버진로교육센터, http://cyber-edu.keis.or.kr

8. 교육부, 한국직업능력개발원, 『2018 중학생 직업적성검사 활용안내서』, 커리어넷, https://www.career.go.kr

9. 교육부, 한국직업능력개발원, 『제4차산업혁명시대 미래직업가이드북』, 2018, 커리어넷, https://www.career.go.kr

10. 낭월 박주현, 『子平命理學(개정판)』

11. 김배성, 『사주심리와 인간경영』

12. 하건충(何建忠), 『팔자심리추명학(八子心理推命學)』

13. 오산 팔자 심리학연구소, 『최신팔자명리학비결』

14. 김배성, 『사주심리치료학』

부록

교육부와 한국직업능력개발원에서 2018년에 출간한 『제4차산업혁명시대 미래직업가이드북』에 수록된 50개의 미래직업에 대해, 독자분들이 관심이 있는 직업을 찾아서 참고할 수 있도록, 직업별로 직업 흥미와 직업 적성 유형을 MBTI 심리기능 및 성격유형과 사주 십성의 우선순위로 분석하여 본 부록에 실었다.

1. 로봇 분야

(1) 로봇공학자

모든 분야에서 사람을 위해 일을 해 주는 로봇을 제작함

구분	직업 흥미	직업 적성
커리어넷 유형 분석	· I유형(탐구형) > E유형(기업형)	· 창의력 > 수리-논리력
해당 심리기능	· **Ne/Ti** ∥ **Ni/Te** > Te/Si/Ni/Fe > **Ti**/Se/**Ne**/Fi	· Ne > Ni > Ti/Te
해당 사주 십성	· **정인/편관** ∥ **편인/정관** > 정관/편재/**편인**/상관 > **편관**/정재/**정인**/식신	· 정인 > 편인 > 편관/정관
해당 MBTI 성격유형	· INTJ/INTP > ESTJ/ENTJ	· ENTP/ENFP > **INTP**/INFP > ISTP/**INTP** ∥ ISTJ/INTJ

(2) 인공지능전문가

스스로 사고하고 추론하는 능력이 있는 컴퓨터시스템을 개발함

구분	직업 흥미	직업 적성
커리어넷 유형 분석	• I유형(탐구형) > E유형(기업형)	• 창의력 > 수리-논리력
해당 심리기능	• **Ne/Ti** ∥ **Ni/Te** > **Te**/Si/Ni/Fe > **Ti**/Se/**Ne**/Fi	• Ne > Ni > Ti/Te
해당 사주 십성	• **정인/편관** ∥ **편인/정관** > **정관**/편재/**편인**/상관 > **편관**/정재/**정인**/식신	• 정인 > 편인 > 편관/정관
해당 MBTI 성격유형	• INTJ/INTP > ESTJ/ENTJ	• ENTP/ENFP > **INTP**/INFP > ISTP/**INTP** ∥ **ISTJ/INTJ**

(3) 무인자동차엔지니어

운전자의 조작 없이도 스스로 도로 상황을 파악해 목적지에 도착할 수 있음

구분	직업 흥미	직업 적성
커리어넷 유형 분석	• I유형(탐구형) > E유형(기업형)	• 공간지각력 > 수리-논리력
해당 심리기능	• **Ne/Ti** ∥ **Ni/Te** > **Te**/Si/Ni/Fe > **Ti**/Se/**Ne**/Fi	• Si ∥ Ti > Ne > Ti/Te
해당 사주 십성	• **정인/편관** ∥ **편인/정관** > **정관**/편재/**편인**/상관 > **편관**/정재/**정인**/식신	• 편재 ∥ **편관** > 정인 > **편관**/정관
해당 MBTI 성격유형	• INTJ/INTP > ESTJ/ENTJ	• **ISTJ**/ISFJ ∥ **ISTP**/**INTP** > ISTP/**INTP** ∥ **ISTJ**/INTJ

(4) 드론전문가

드론을 원격 조종하여 촬영뿐만 아니라 운송까지 가능함

구분	직업 흥미	직업 적성
커리어넷 유형 분석	• I유형(탐구형) > E유형(기업형)	• 공간지각력 > 수리-논리력
해당 심리기능	• **Ne/Ti** ∥ **Ni/Te** > Te/Si/Ni/Fe > Ti/Se/Ne/Fi	• Si ∥ Ti > Ne > Ti/Te
해당 사주 십성	• 정인/**편관** ∥ 편인/**정관** > 정관/편재/**편인**/상관 > **편관**/정재/**정인**/식신	• 편재 ∥ **편관** > 정인 > 편관/정관
해당 MBTI 성격유형	• INTJ/INTP > ESTJ/ENTJ	• ISTJ/ISFJ ∥ ISTP/INTP > ISTP/INTP ∥ ISTJ/INTJ

(5) 로봇윤리학자

인간을 위해 로봇들이 지켜야 하는 행동 규범을 만듦

구분	직업 흥미	직업 적성
커리어넷 유형 분석	• I유형(탐구형) > R유형(실재형)	• 자기성찰능력 > 수리-논리력
해당 심리기능	• **Ne/Ti** ∥ **Ni/Te** > Se/Ti > Si/Ti	• Fi > Ti > Ti/Te
해당 사주 십성	• 정인/**편관** ∥ 편인/**정관** > 정재/**편관** > 편재/**정관**	• 식신 > **편관** > **편관**/정관
해당 MBTI 성격유형	• INTJ/INTP > ESTP/ISTP > ESTJ/ISTJ	• ISFP/INFP > ISTP/INTP > ISTP/INTP ∥ ISTJ/INTJ

2. 바이오 분야

(1) 생명공학자

생물체의 현상과 원리를 연구하여, 인간 생명에 도움이 되는 일을 함

구분	직업 흥미	직업 적성
커리어넷 유형 분석	• I유형(탐구형) > R유형(실재형)	• 자연친화력 > 수리-논리력
해당 심리기능	• Ne/**Ti** ∥ Ni/**Te** > Se/**Ti** > Si/**Te**	• Se ∥ Fi > Ne > Ti/Te
해당 사주 십성	• 정인/**편관** ∥ 편인/**정관** > 정재/**편관** > 편재/**정관**	• 정재 ∥ 식신 > 정인 > 편관/정관
해당 MBTI 성격유형	• INTJ/INTP > ESTP/ISTP > ESTJ/ISTJ	• ESFP ∥ ISFP > INFP > ENFP > ISTP/INTP ∥ ISTJ/INTJ

(2) 생물정보분석가

인간은 물론 동식물의 유전자 속 정보를 수집하고 분석함

구분	직업 흥미	직업 적성
커리어넷 유형 분석	• I유형(탐구형) > R유형(실재형)	• 자연친화력 > 수리-논리력
해당 심리기능	• Ne/**Ti** ∥ Ni/**Te** > Se/**Ti** > Si/**Te**	• Se ∥ Fi > Ne > Ti/Te
해당 사주 십성	• 정인/**편관** ∥ 편인/**정관** > 정재/**편관** > 편재/**정관**	• 정재 ∥ 식신 > 정인 > 편관/정관
해당 MBTI 성격유형	• INTJ/INTP > ESTP/ISTP > ESTJ/ISTJ	• ESFP ∥ ISFP > INFP > ENFP > ISTP/INTP ∥ ISTJ/INTJ

(3) 생체인식전문가

사람 몸의 특정 부분을 이용해 비밀번호 장치를 만듦

구분	직업 흥미	직업 적성
커리어넷 유형 분석	• I유형(탐구형) > R유형(실재형)	• 창의력 > 수리-논리력
해당 심리기능	• Ne/**Ti** ∥ Ni/**Te** > Se/**Ti** > Si/**Te**	• Ne > Ni > Ti/Te
해당 사주 십성	• 정인/**편관** ∥ 편인/**정관** > 정재/**편관** > 편재/**정관**	• 정인 > 편인 > 편관/정관
해당 MBTI 성격유형	• INTJ/INTP > ESTP/ISTP > ESTJ/ISTJ	• ENTP/ENFP > **INTP**/INFP > ISTP/**INTP** ∥ ISTJ/INTJ

(4) 바이오의약품개발전문가

인간의 생명 연장과 건강한 삶을 위해 끊임없이 개발하고 실험함

구분	직업 흥미	직업 적성
커리어넷 유형 분석	• I유형(탐구형) > R유형(실제형)	• 창의력 > 수리-논리력
해당 심리기능	• Ne/**Ti** ∥ Ni/**Te** > Se/**Ti** > Si/**Te**	• Ne > Ni > Ti/Te
해당 사주 십성	• 정인/**편관** ∥ 편인/**정관** > 정재/**편관** > 편재/**정관**	• 정인 > 편인 > 편관/정관
해당 MBTI 성격유형	• INTJ/INTP > ESTP/ISTP > ESTJ/ISTJ	• ENTP/ENFP > **INTP**/INFP > ISTP/**INTP** ∥ ISTJ/INTJ

3. 연결 분야

(1) 사물인터넷(IoT)전문가

사물과 사물, 사물과 사람을 인터넷으로 연결하여 새로운 가치나 서비스를 창출함

구분	직업 흥미	직업 적성
커리어넷 유형 분석	• I유형(탐구형) > E유형(기업형)	• 창의력 > 수리-논리력
해당 심리기능	• **Ne/Ti** ∥ **Ni/Te** > Te/Si/Ni/Fe > Ti/Se/Ne/Fi	• Ne > Ni > Ti/Te
해당 사주 십성	• 정인/편관 ∥ 편인/정관 > 정관/편재/**편인**/상관 > **편관**/정재/정인/식신	• 정인 > 편인 > 편관/정관
해당 MBTI 성격유형	• INTJ/INTP > ESTJ/ENTJ	• ENTP/ENFP > **INTP**/INFP > ISTP/**INTP** ∥ ISTJ/INTJ

(2) 사이버평판관리자

온라인 세계에서 좋은 이미지를 구축하고 문제를 해결함

구분	직업 흥미	직업 적성
커리어넷 유형 분석	• I유형(탐구형) > E유형(기업형)	• 언어능력 > 대인관계능력
해당 심리기능	• **Ne/Ti** ∥ **Ni/Te** > Te/Si/Ni/Fe > Ti/Se/Ne/Fi	• **Fe/Fi** ∥ Ne > Fe > Fi
해당 사주 십성	• 정인/편관 ∥ 편인/정관 > 정관/편재/**편인**/상관 > **편관**/정재/정인/식신	• **상관/식신** ∥ 정인 > **상관** > 식신
해당 MBTI 성격유형	• INTJ/INTP > ESTJ/ENTJ	• INFP/**ENFJ** ∥ **ENFP**/INFJ > ESFJ/**ENFJ** > ESFP/**ENFP**

(3) 크라우드펀딩전문가

소셜미디어나 인터넷을 활용해 자금을 모으는 크라우드펀딩을 함

구분	직업 흥미	직업 적성
커리어넷 유형 분석	• I유형(탐구형) > S유형(사회형)	• 언어능력 > 대인관계능력
해당 심리기능	• Ne/Ti ‖ Ni/Te > Fe	• **Fe/Fi** ‖ Ne > **Fe** > **Fi**
해당 사주 십성	• 정인/편관 ‖ 편인/정관 > 상관	• **상관/식신** ‖ 정인 > **상관** > 식신
해당 MBTI 성격유형	• INTJ/INTP > ESFJ/ENFJ	• INFP/**ENFJ** ‖ **ENFP**/INFJ > ESFJ/**ENFJ** > ESFP/**ENFP**

(4) 빅데이터전문가

빅데이터를 분석하여 새로운 것들을 발견하고 미래를 예측함

구분	직업 흥미	직업 적성
커리어넷 유형 분석	• I유형(탐구형) > E유형(기업형)	• 창의력 > 수리-논리력
해당 심리기능	• **Ne/Ti** ‖ **Ni/Te** > Te/Si/Ni/Fe > Ti/Se/Ne/Fi	• Ne > Ni > Ti/Te
해당 사주 십성	• **정인/편관** ‖ **편인/정관** > **정관**/편재/**편인**/상관 > **편관**/정재/**정인**/식신	• 정인 > 편인 > 편관/정관
해당 MBTI 성격유형	• INTJ/INTP > ESTJ/ENTJ	• ENTP/ENFP > **INTP**/INFP > ISTP/**INTP** ‖ ISTJ/INTJ

(5) 클라우드시스템엔지니어

언제 어디서나 필요할 때 다양한 기기를 편리하게 사용할 수 있게 함

구분	직업 흥미	직업 적성
커리어넷 유형 분석	• I유형(탐구형) > S유형(사회형)	• 언어능력 > 수리-논리력
해당 심리기능	• Ne/Ti ‖ Ni/Te > Fe	• Fe/Fi ‖ Ne > Ti/Te
해당 사주 십성	• 정인/편관 ‖ 편인/정관 > 상관	• 상관/식신 ‖ 정인 > 편관/정관
해당 MBTI 성격유형	• INTJ/INTP > ESFJ/ENFJ	• INFP > ENFJ ‖ ENFP/INFJ > ISTP/INTP ‖ ISTJ/INTJ

(6) 항공우주공학자

하늘을 무대로 항공기, 우주선, 로켓, 인공위성을 연구하고 개발함

구분	직업 흥미	직업 적성
커리어넷 유형 분석	• I유형(탐구형) > R유형(실제형)	• 창의력 > 수리-논리력
해당 심리기능	• Ne/**Ti** ‖ Ni/Te > Se/**Ti** > Si/Te	• Ne > Ni > Ti/Te
해당 사주 십성	• **정인/편관** ‖ **편인/정관** > 정재/**편관** > 편재/**정관**	• 정인 > 편인 > 편관/정관
해당 MBTI 성격유형	• INTP/INTJ > ESTP/ISTP > ISTJ/ESTJ	• ENTP/ENFP > **INTP**/INFP > ISTP/**INTP** ‖ ISTJ/INTJ

4. 안전 분야

(1) 정보보호전문가

정보 보호 수준을 진단하고, 중요한 정보를 보호하기 위한 해결 방안을 제시함

구분	직업 흥미	직업 적성
커리어넷 유형 분석	• I유형(탐구형) > E유형(기업형)	• 창의력 > 수리-논리력
해당 심리기능	• **Ne/Ti** ∥ **Ni/Te** >Te/Si/Ni/Fe > **Ti**/Se/**Ne**/Fi	• Ne > Ni > Ti/Te
해당 사주 십성	• **정인/편관** ∥ **편인/정관** > 정관/편재/**편인**/상관 > **편관**/정재/**정인**/식신	• 정인 > 편인 > 편관/정관
해당 MBTI 성격유형	• INTJ/INTP > ESTJ/ENTJ	• ENTP/ENFP > **INTP**/INFP > ISTP/**INTP** ∥ ISTJ/INTJ

(2) 디지털포렌식수사관

휴대폰, PC, 서버 등에서 데이터를 수집, 분석하여 범죄 수사에 활용함

구분	직업 흥미	직업 적성
커리어넷 유형 분석	• I유형(탐구형) > S유형(사회형)	• 창의력 > 수리-논리력
해당 심리기능	• Ne/Ti ∥ Ni/Te > Fe	• Ne > Ni > Ti/Te
해당 사주 십성	• 정인/편관 ∥ 편인/정관 > 상관	• 정인 > 편인 > 편관/정관
해당 MBTI 성격유형	• INTJ/INTP > ESFJ/ENFJ	• ENTP/ENFP > **INTP**/INFP > ISTP/**INTP** ∥ ISTJ/INTJ

(3) 블록체인전문가

누구도 정보를 조작할 수 없도록 하는 블록체인 기술을 개발함

구분	직업 흥미	직업 적성
커리어넷 유형 분석	• I유형(탐구형) > E유형(기업형)	• 창의력 > 수리-논리력
해당 심리기능	• **Ne/Ti** ∥ **Ni/Te** > Te/Si/Ni/Fe > **Ti**/Se/**Ne**/Fi	• Ne > Ni > Ti/Te
해당 사주 십성	• **정인/편관** ∥ **편인/정관** > **정관**/편재/**편인**/상관 > **편관**/정재/**정인**/식신	• 정인 > 편인 > 편관/정관
해당 MBTI 성격유형	• INTP/INTJ > ENTJ/ESTJ	• ENTP/ENFP > **INTP**/INFP > ISTP/**INTP** ∥ ISTJ/INTJ

(4) 스마트재난관리전문가

스마트 기기를 활용해서 재난에 효과적으로 대응함

구분	직업 흥미	직업 적성
커리어넷 유형 분석	• S유형(사회형) > C유형(관습형)	• 공간지각력 > 수리-논리력
해당 심리기능	• Fe > Fi > Si > Se	• Si ∥ Ti > Ne > Ti/Te
해당 사주 십성	• 상관 > 식신 > 편재 > 정재	• 편재 ∥ **편관** > 정인 > **편관**/정관
해당 MBTI 성격유형	• **ENFJ**/ESFJ > INFJ/**ENFJ** > ESTJ/ISTJ > ESTP/ISTP	• **ISTJ**/ISFJ ∥ **ISTP**/INTP > ISTP/**INTP** ∥ ISTJ/INTJ

(5) 지식재산전문가

특허, 브랜드, 디자인 등 지적 활동으로 발생하는 지식 재산을 보호해 줌

구분	직업 흥미	직업 적성
커리어넷 유형 분석	• I유형(탐구형) > C유형(관습형)	• 창의력 > 수리-논리력
해당 심리기능	• Ne/Ti ‖ Ni/Te > Si > Se	• Ne > Ni > Ti/Te
해당 사주 십성	• 정인/편관 ‖ 편인/정관 > 편재 > 정재	• 정인 > 편인 > 편관/정관
해당 MBTI 성격유형	• INTP/INTJ > ESTJ/ISTJ > ESTP/ISTP	• ENTP/ENFP > **INTP**/INFP > ISTP/**INTP** ‖ ISTJ/INTJ

5. 에너지 분야

(1) 신재생에너지전문가

연료전지, 수소에너지 등과 같은 신에너지와 태양광, 태양열, 풍력, 바이오, 수력 등과 같은 재생이 가능한 에너지 관련 전문가임

구분	직업 흥미	직업 적성
커리어넷 유형 분석	• I유형(탐구형) > R유형(실제형)	• 자연친화력 > 수리-논리력
해당 심리기능	• Ne/**Ti** ‖ Ni/Te > Se/**Ti** > Si/**Te**	• Se ‖ Fi > Ne > Ti/Te
해당 사주 십성	• 정인/**편관** ‖ 편인/**정관** > 정재/**편관** > 편재/**정관**	• 정재 ‖ 식신 > 정인 > 편관/정관
해당 MBTI 성격유형	• INTJ/INTP > ESTP/ISTP > ESTJ/ISTJ	• ESFP ‖ ISFP > INFP > ENFP > ISTP/INTP ‖ ISTJ/INTJ

(2) 기후변화대응전문가

기후변화를 예측하고 대응하기 위한 대책을 제시함

구분	직업 흥미	직업 적성
커리어넷 유형 분석	• I유형(탐구형) > R유형(실제형)	• 자연친화력 > 수리-논리력
해당 심리기능	• Ne/**Ti** ‖ Ni/**Te** > Se/**Ti** > Si/**Te**	• Se ‖ Fi > Ne > Ti/Te
해당 사주 십성	• 정인/**편관** ‖ 편인/**정관** > 정재/**편관** > 편재/**정관**	• 정재 ‖ 식신 > 정인 > 편관/정관
해당 MBTI 성격유형	• INTP/INTJ > ESTP/ISTP > ISTJ/ESTJ	• **ESFP ‖ ISFP** > INFP > ENFP > ISTP/INTP ‖ ISTJ/INTJ

(3) 스마트그리드엔지니어

기존의 전력망에 정보통신기술을 적용하여, 값비싼 전기를 효율적으로 생산하고 소비하는 일을 책임짐

구분	직업 흥미	직업 적성
커리어넷 유형 분석	• I유형(탐구형) > R유형(실제형)	• 공간지각력 > 수리-논리력
해당 심리기능	• Ne/**Ti** ‖ Ni/**Te** > Se/**Ti** > Si/**Te**	• Si ‖ **Ti** > Ne > Ti/Te
해당 사주 십성	• 정인/**편관** ‖ 편인/**정관** > 정재/**편관** > 편재/**정관**	• 편재 ‖ **편관** > 정인 > **편관**/정관
해당 MBTI 성격유형	• INTJ/INTP > ESTP/ISTP > ESTJ/ISTJ	• **ISTJ**/ISFJ ‖ **ISTP/INTP** > **ISTP/INTP** ‖ **ISTJ/INTJ**

(4) 해양에너지기술자

파랑(파도), 밀물과 썰물, 조류, 바다의 온도 차이 등 바닷물을 이용해서 얻을 수 있는 해양에너지(전기)를 연구하고 설비를 개발함

구분	직업 흥미	직업 적성
커리어넷 유형 분석	• I유형(탐구형) > R유형(실제형)	• 자연친화력 > 수리-논리력
해당 심리기능	• Ne/Ti ‖ Ni/Te > Se/Ti > Si/Te	• Se ‖ Fi > Ne > Ti/Te
해당 사주 십성	• 정인/**편관** ‖ 편인/**정관** > 정재/**편관** > 편재/**정관**	• 정재 ‖ 식신 > 정인 > 편관/정관
해당 MBTI 성격유형	• INTJ/INTP > ESTP/ISTP > ESTJ/ISTJ	• ESFP ‖ ISFP > INFP > ENFP > ISTP/INTP ‖ ISTJ/INTJ

6. 놀이 분야

(1) 게임기획자

누구나 쉽게 즐길 수 있는 게임을 만듦

구분	직업 흥미	직업 적성
커리어넷 유형 분석	• I유형(탐구형) > A유형(예술형)	• 창의력 > 수리-논리력
해당 심리기능	• Ne/Ti ‖ Ni/Te > Ne/Fi > Ni/Fe	• Ne > Ni > Ti/Te
해당 사주 십성	• **정인**/편관 ‖ **편인**/정관 > **정인**/식신 > **편인**/상관	• 정인 > 편인 > 편관/정관
해당 MBTI 성격유형	• INTJ/INTP > ENFP/INFP	• ENTP/ENFP > **INTP**/INFP > ISTP/**INTP** ‖ ISTJ/INTJ

(2) 문화콘텐츠전문가

문화를 다양한 콘텐츠로 만듦

구분	직업 흥미	직업 적성
커리어넷 유형 분석	• I유형(탐구형) > A유형(예술형)	• 창의력 > 예술시각능력
해당 심리기능	• **Ne/Ti** ∥ **Ni/Te** > **Ne/Fi** > Ni/Fe	• **Ne** > **Ni** > Se > Fe/Fi > Ne/Ni
해당 사주 십성	• **정인**/편관 ∥ **편인**/정관 > **정인**/식신 > **편인**/상관	• **정인** > **편인** > 정재 > 상관/식신 > **정인**/**편인**
해당 MBTI 성격유형	• INTJ/INTP > ENFP/INFP	• **ENTP/ENFP** > INTP/INFP > ESFP > ISFP > INFP > **ENFP**

(3) 드론콘텐츠전문가

드론으로 다양한 콘텐츠를 만듦

구분	직업 흥미	직업 적성
커리어넷 유형 분석	• I유형(탐구형) > A유형(예술형)	• 공간지각력 > 수리-논리력
해당 심리기능	• **Ne/Ti** ∥ **Ni/Te** > **Ne/Fi** > Ni/Fe	• Si ∥ Ti > Ne > Ti/Te
해당 사주 십성	• **정인**/편관 ∥ **편인**/정관 > **정인**/식신 > **편인**/상관	• 편재 ∥ **편관** > 정인 > **편관**/정관
해당 MBTI 성격유형	• INTJ/INTP > ENFP/INFP	• **ISTJ**/ISFJ ∥ **ISTP/INTP** > ISTP/INTP ∥ **ISTJ**/INTJ

(4) 개인미디어콘텐츠제작자(크리에이터)

내가 표현하고 싶은 것들을 영상 콘텐츠로 만듦

구분	직업 흥미	직업 적성
커리어넷 유형 분석	• E유형(기업형) > A유형(예술형)	• 창의력 > 예술시각능력
해당 심리기능	• Te/Si/**Ni** > Ti/Se/**Ne** > Ne/Fi > **Ni**/Fe	• **Ne** > **Ni** > Se > Fe/Fi > **Ne/Ni**
해당 사주 십성	• 정관/편재/**편인** > 편관/정재/**정인** > **정인**/식신 > **편인**/상관	• **정인** > **편인** > 정재 > 상관/식신 > **정인/편인**
해당 MBTI 성격유형	• ESTJ/ENTJ > ENFP/INFP	• ENTP/**ENFP** > INTP/INFP > ESFP > ISFP > INFP > **ENFP**

(5) 게임방송프로듀서

게임 방송 프로그램을 만드는 일을 함

구분	직업 흥미	직업 적성
커리어넷 유형 분석	• E유형(기업형) > A유형(예술형)	• 창의력 > 예술시각능력
해당 심리기능	• Te/Si/**Ni** > Ti/Se/**Ne** > Ne/Fi > **Ni**/Fe	• **Ne** > **Ni** > Se > Fe/Fi > **Ne/Ni**
해당 사주 십성	• 정관/편재/**편인** > 편관/정재/**정인** > **정인**/식신 > **편인**/상관	• **정인** > **편인** > 정재 > 상관/식신 > **정인/편인**
해당 MBTI 성격유형	• ESTJ/ENTJ > ENFP/INFP	• ENTP/**ENFP** > INTP/INFP > ESFP > ISFP > INFP > **ENFP**

(6) 디지털큐레이터

인터넷에서 내가 원하는 정보를 찾아 주는 일을 함

구분	직업 흥미	직업 적성
커리어넷 유형 분석	• S유형(사회형) > A유형(예술형)	• 창의력 > 수리-논리력
해당 심리기능	• **Fe** > **Fi** > Ne/**Fi** > Ni/**Fe**	• Ne > Ni > Ti/Te
해당 사주 십성	• **상관** > **식신** > 정인/**식신** > 편인/**상관**	• 정인 > 편인 > 편관/정관
해당 MBTI 성격유형	• ESFJ/ENFJ > ENFP/INFP	• ENTP/ENFP > **INTP**/INFP > ISTP/**INTP** ∥ ISTJ/INTJ

(7) 반려동물훈련/상담사

반려동물의 문제 행동을 바로잡을 수 있도록 도와줌

구분	직업 흥미	직업 적성
커리어넷 유형 분석	• S유형(사회형) > I유형(탐구형)	• 대인관계능력 > 자연친화력
해당 심리기능	• **Fe** > **Fi** > Ne/Ti ∥ Ni/Te	• **Fe** > **Fi** > Se ∥ **Fi** > Ne
해당 사주 십성	• **상관** > **식신** > 정인/편관 ∥ 편인/정관	• **상관** > **식신** > 정재 ∥ **식신** > 정인
해당 MBTI 성격유형	• ESFJ/ENFJ > INTJ/INTP	• ESFJ/ENFJ > ESFP/**ENFP** > ESFP ∥ ISFP > INFP > **ENFP**

(8) 해양레저전문가

해양에서 할 수 있는 레저 활동을 만듦

구분	직업 흥미	직업 적성
커리어넷 유형 분석	• E유형(기업형) > I유형(탐구형)	• 신체운동능력 > 공간지각력
해당 심리기능	• Te/Si/Ni/Fe > Ti/Se/Ne/Fi > Ne/Ti ∥ Ni/Te	• Se > Ti > Si ∥ Ti > Ne
해당 사주 십성	• **정관**/편재/**편인**/상관 > **편관**/정재/**정인**/식신 > 정인/**편관** ∥ 편인/정관	• 정재 > **편관** > 비견 > 겁재 > 편재 ∥ **편관** > 정인
해당 MBTI 성격유형	• ESTJ/ENTJ > INTJ/INTP	• ESTP/ESFP > **ISTP** > ISFP > ISTJ/ISFJ ∥ **ISTP**/INTP

(9) 여행기획자

새로운 여행지를 찾아내고 여행 상품을 개발함

구분	직업 흥미	직업 적성
커리어넷 유형 분석	• E유형(기업형) > S유형(사회형)	• 대인관계능력 > 창의력
해당 심리기능	• Te/Si/Ni/**Fe** > Ti/Se/Ne/Fi > **Fe** > Fi	• **Fe** > Fi > Ne > Ni
해당 사주 십성	• 정관/편재/편인/**상관** > 편관/정재/정인/**식신** > **상관** > **식신**	• 상관 > 식신 > 정인 > 편인
해당 MBTI 성격유형	• ESTJ/ENTJ > ESFJ/ENFJ	• ESFJ/ENFJ > ESFP/**ENFP** > ENTP > **ENFP** > INTP/INFP

(10) 스포츠심리상담원

운동선수들의 마음 건강을 보살핌

구분	직업 흥미	직업 적성
커리어넷 유형 분석	• S유형(사회형) > I유형(탐구형)	• 언어능력 > 대인관계능력
해당 심리기능	• Fe > Fi > Ne/Ti ∥ Ni/Te	• **Fe/Fi** ∥ Ne > **Fe** > **Fi**
해당 사주 십성	• 상관 > 식신 > 정인/편관 ∥ 편인/정관	• **상관/식신** ∥ 정인 > **상관** > **식신**
해당 MBTI 성격유형	• ESFJ/**ENFJ** > INTJ/INTP	• INFP/**ENFJ** ∥ **ENFP**/INFJ > ESFJ/**ENFJ** > ESFP/**ENFP**

7. 건강 분야

(1) 의료기기개발전문가

환자의 건강증진을 위해 의료기기를 설계하고 개발함

구분	직업 흥미	직업 적성
커리어넷 유형 분석	• I유형(탐구형) > R유형(실제형)	• 창의력 > 수리-논리력
해당 심리기능	• Ne/**Ti** ∥ Ni/**Te** > Se/**Ti** > Si/**Te**	• Ne > Ni > Ti/Te
해당 사주 십성	• 정인/**편관** ∥ 편인/**정관** > 정재/**편관** > 편재/**정관**	• 정인 > 편인 > 편관/정관
해당 MBTI 성격유형	• INTJ/INTP > ESTP/ISTP > ESTJ/ISTJ	• ENTP/ENFP > **INTP**/INFP > ISTP/**INTP** ∥ ISTJ/INTJ

(2) 노인전문간호사

노인들의 건강 관리를 책임짐

구분	직업 흥미	직업 적성
커리어넷 유형 분석	• S유형(사회형) > R유형(실제형)	• 자기성찰능력 > 대인관계능력
해당 심리기능	• Fe > Se/Ti > Si/Te	• **Fi** > Ti > Fe > **Fi**
해당 사주 십성	• 상관 > 정재/편관 > 편재/정관	• **식신** > 편관 > 상관 > **식신**
해당 MBTI 성격유형	• **ESFJ/ENFJ** > INTJ/INTP	• ISFP/INFP > ISTP/INTP > ESFJ/ENFJ > ESFP/ENFP

(3) 헬스케어컨설턴트

건강 관리를 체계적으로 할 수 있도록 도와줌

구분	직업 흥미	직업 적성
커리어넷 유형 분석	• E유형(기업형) > C유형(관습형)	• 언어능력 > 대인관계능력
해당 심리기능	• Te/**Si**/Ni/Fe > Ti/**Se**/Ne/Fi > **Si** > **Se**	• **Fe/Fi** ‖ Ne > Fe > Fi
해당 사주 십성	• 정관/**편재**/편인/상관 > 편관/**정재**/정인/식신 > **편재** > **정재**	• **상관/식신** ‖ 정인 > **상관** > 식신
해당 MBTI 성격유형	• **ESTJ**/ENTJ > **ESTJ**/ISTJ	• INFP/**ENFJ** ‖ **ENFP**/INFJ > ESFJ/**ENFJ** > ESFP/**ENFP**

(4) 노년플래너

노후를 건강하고 행복하게 보낼 수 있도록 설계해 줌

구분	직업 흥미	직업 적성
커리어넷 유형 분석	• S유형(사회형) > C유형(관습형)	• 언어능력 > 대인 관계 능력
해당 심리기능	• Fe > Fi > Si > Se	• **Fe/Fi** ∥ Ne > **Fe** > **Fi**
해당 사주 십성	• 상관 > 식신 > 편재 > 정재	• **상관/식신** ∥ 정인 > **상관** > **식신**
해당 MBTI 성격유형	• ESFJ/ENFJ > ESTJ/ISTJ	• INFP/**ENFJ** ∥ **ENFP**/INFJ > ESFJ/**ENFJ** > ESFP/**ENFP**

(5) 원격진료코디네이터

정보통신기술을 이용해서 멀리 떨어진 환자와 의사를 연결해 줌

구분	직업 흥미	직업 적성
커리어넷 유형 분석	• S유형(사회형) > I유형(탐구형)	• 수리-논리력 > 대인관계 능력
해당 심리기능	• Fe > Fi > Ne/Ti ∥ Ni/Te	• Ti/Te > Fe > Fi
해당 사주 십성	• 상관 > 식신 > 정인/편관 ∥ 편인/정관	• 편관/정관 > 상관 > 식신
해당 MBTI 성격유형	• ESFJ/ENFJ > INTJ/INTP	• ISTP/INTP ∥ ISTJ/INTJ > ESFJ/ENFJ > ESFP/ENFP

8. 의식주 분야

(1) 스마트의류개발자

여러 가지 IT 장치를 옷에 부착해서, 사람의 체온, 호흡 등 몸 상태를 지속적으로 점검할 수 있는 의류를 개발함

구분	직업 흥미	직업 적성
커리어넷 유형 분석	• I유형(탐구형) > E유형(기업형)	• 창의력 > 수리-논리력
해당 심리기능	• **Ne/Ti** ∥ **Ni/Te** > **Te**/Si/Ni/Fe > **Ti**/Se/Ne/Fi	• Ne > Ni > Ti/Te
해당 사주 십성	• 정인/편관 ∥ 편인/정관 > 정관/편재/**편인**/상관 > **편관**/정재/**정인**/식신	• 정인 > 편인 > 편관/정관
해당 MBTI 성격유형	• INTJ/INTP > ESTJ/ENTJ	• ENTP/ENFP > **INTP**/INFP > ISTP/**INTP** ∥ ISTJ/INTJ

(2) 스마트팜구축가

기존 농장 또는 새로운 농장을 만들 때, 정보통신기술을 적용하여 작물과 가축을 효과적으로 키울 수 있도록 장비와 시설을 적용한 새로운 농장을 구축함

구분	직업 흥미	직업 적성
커리어넷 유형 분석	• I유형(탐구형) > R유형(실제형)	• 자연친화력 > 수리-논리력
해당 심리기능	• Ne/**Ti** ∥ Ni/**Te** > Se/**Ti** > Si/**Te**	• Se ∥ Fi > Ne > Ti/Te
해당 사주 십성	• 정인/**편관** ∥ 편인/**정관** > 정재/**편관** > 편재/정관	• 정재 ∥ 식신 > 정인 > 편관/정관
해당 MBTI 성격유형	• INTJ/INTP > ESTP/ISTP > ESTJ/ISTJ	• ESFP ∥ ISFP > INFP > ENFP > ISTP/INTP ∥ ISTJ/INTJ

(3) 정밀농업기술자

비료와 농약의 사용량을 줄여 환경을 보호하면서도, 효과적으로 작물을 키우는 기술을 개발함

구분	직업 흥미	직업 적성
커리어넷 유형 분석	• S유형(사회형) > C유형(관습형)	• 자연친화력 > 수리-논리력
해당 심리기능	• Fe > Fi > Si > Se	• Se ∥ Fi > Ne > Ti/Te
해당 사주 십성	• 상관 > 식신 > 편재 > 정재	• 정재 ∥ 식신 > 정인 > 편관/정관
해당 MBTI 성격유형	• ESFJ/ENFJ > ESTJ/ISTJ	• ESFP ∥ ISFP > INFP > ENFP > ISTP/INTP ∥ ISTJ/INTJ

(4) 곤충 음식 개발자/조리사

귀뚜라미, 굼벵이, 메뚜기 등과 같이, 먹을 수 있는 곤충을 재료로 만든 음식을 개발하거나 조리함

구분	직업 흥미	직업 적성
커리어넷 유형 분석	• A유형(예술형) > R유형(실제형)	• 자연친화력 > 창의력
해당 심리기능	• Ne/Fi > Ni/Fe > Se/Ti > Si/Te	• Se ∥ Fi > **Ne** > **Ne** > Ni
해당 사주 십성	• 정인/식신 > 편인/상관 > 정재/편관 > 편재/정관	• 정재 ∥ 식신 > **정인** > **정인** > 편인
해당 MBTI 성격유형	• ENFP/INFP > ESTP/ISTP > ESTJ/ISTJ	• ESFP ∥ ISFP > **INFP** > **ENFP** > ENTP/**ENFP** > INTP > **INFP**

(5) 스마트도시전문가

사물인터넷을 비롯한 정보통신기술을 적용하여 첨단기술을 자유롭게 이용하고, 도시를 효율적으로 관리함

구분	직업 흥미	직업 적성
커리어넷 유형 분석	• I유형(탐구형) > E유형(기업형)	• 수리-논리력 > 창의력
해당 심리기능	• **Ne/Ti** ∥ **Ni/Te** > **Te**/Si/Ni/Fe > **Ti**/Se/**Ne**/Fi	• Ti/Te > Ne > Ni
해당 사주 십성	• **정인/편관** ∥ **편인/정관** > **정관**/편재/**편인**/상관 > **편관**/정재/**정인**/식신	• 편관/정관 > 정인 > 편인
해당 MBTI 성격유형	• INTJ/INTP > ESTJ/ENTJ	• ISTP/**INTP** ∥ ISTJ/INTJ > ENTP/ENFP > **INTP** > INFP

(6) 도시재생전문가

인구의 감소, 산업구조의 변화, 도시의 무분별한 확장, 주거 환경의 노후화 등으로, 쇠퇴하는 도시를 새롭게 활성화함

구분	직업 흥미	직업 적성
커리어넷 유형 분석	• I유형(탐구형) > C유형(관습형)	• 공간지각력 > 창의력
해당 심리기능	• Ne/Ti ∥ Ni/Te > Si > Se	• Si ∥ Ti > **Ne** > **Ne** > Ni
해당 사주 십성	• 정인/편관 ∥ 편인/정관 > 편재 > 정재	• 편재 ∥ 편관 > **정인** > **정인** > 편인
해당 MBTI 성격유형	• INTJ/INTP > ESTJ/ISTJ	• ISTJ/ISFJ ∥ ISTP/**INTP** > ENTP/ENFP > **INTP**/INFP

9. 디자인 분야

(1) 캐릭터디자이너

애니메이션, 만화, 게임, 상품 등의 주인공을 디자인함

구분	직업 흥미	직업 적성
커리어넷 유형 분석	• S유형(사회형) > A유형(예술형)	• 창의력 > 예술시각능력
해당 심리기능	• **Fe** > **Fi** > Ne/**Fi** > Ni/**Fe**	• **Ne** > Ni > Se > Fe/Fi > Ne/Ni
해당 사주 십성	• **상관** > **식신** > 정인/**식신** > 편인/**상관**	• **정인** > **편인** > 정재 > 상관/식신 > **정인**/**편인**
해당 MBTI 성격유형	• ESFJ/ENFJ > ENFP/INFP	• ENTP/**ENFP** > INTP/INFP > ESFP > ISFP > INFP > **ENFP**

(2) UX디자인컨설턴트

웹이나 애플리케이션 사용자들의 편리한 경험을 디자인함

구분	직업 흥미	직업 적성
커리어넷 유형 분석	• S유형(사회형) > A유형(예술형)	• 공간지각력 > 예술시각능력
해당 심리기능	• **Fe** > **Fi** > Ne/Fi > Ni/Fe	• Si ‖ Ti > **Ne** > Se > Fe/Fi > Ne/Ni
해당 사주 십성	• **상관** > **식신** > 정인/식신 > 편인/**상관**	• 편재 ‖ 편관 > **정인** > 정재 > 상관/식신 > **정인**/편인
해당 MBTI 성격유형	• ESFJ/ENFJ > ENFP/INFP	• ISTJ/ISFJ ‖ ISTP/INTP > ESFP > ISFP > INFP > ENFP

(3) 가상현실전문가

IT 기술과 디자인으로 상상의 세계를 현실로 구현함

구분	직업 흥미	직업 적성
커리어넷 유형 분석	• R유형(실제형) > A유형(예술형)	• 공간지각력 > 창의력
해당 심리기능	• Se/Ti > Si/Te > Ne/Fi > Ni/Fe	• Si ‖ Ti > **Ne** > **Ne** > Ni
해당 사주 십성	• 정재/편관 > 편재/정관 > 정인/식신 > 편인/상관	• 편재 ‖ 편관 > **정인** > **정인** > 편인
해당 MBTI 성격유형	• ESTP/ISTP > ESTJ/ISTJ > ENFP/INFP	• ISTJ/ISFJ ‖ ISTP/**INTP** > ENTP/ENFP > **INTP**/INFP

(4) 홀로그램전문가

빛을 이용하여 마술 같은 3차원의 영상을 제작함

구분	직업 흥미	직업 적성
커리어넷 유형 분석	• R유형(실제형) > A유형(예술형)	• 창의력 > 예술시각능력
해당 심리기능	• Se/Ti > Si/Te > Ne/Fi > Ni/Fe	• **Ne** > **Ni** > Se > Fe/Fi > Ne/Ni
해당 사주 십성	• 정재/편관 > 편재/정관 > 정인 > 식신 > 편인/상관	• **정인** > **편인** > 정재 > 상관/식신 > **정인/편인**
해당 MBTI 성격유형	• ESTP/ISTP > ESTJ/ISTJ > ENFP/INFP	• ENTP/**ENFP** > INTP/**INFP** > ESFP > ISFP > **INFP** > **ENFP**

(5) 3D프린팅전문가

제조 분야의 혁명이라 일컫는 3D 프린팅 공법으로, 고객이 원하는 단 하나의 제품을 맞춤 제작함

구분	직업 흥미	직업 적성
커리어넷 유형 분석	• I유형(탐구형) > E유형(기업형)	• 공간지각력 > 창의력
해당 심리기능	• **Ne/Ti** ∥ **Ni/Te** > Te/Si/Ni/Fe > **Ti**/Se/**Ne/Fi**	• Si ∥ Ti > **Ne** > **Ne** > Ni
해당 사주 십성	• **정인/편관** ∥ **편인/정관** > **정관**/편재/**편인**/상관 > **편관**/정재/**정인** > 식신	• 편재 ∥ 편관 > **정인** > **정인** > 편인
해당 MBTI 성격유형	• INTJ/INTP > ESTJ/ENTJ	• ISTJ/ISFJ ∥ ISTP/**INTP** > ENTP/ENFP > **INTP**/INFP

진로

<주기>

1. 적성 유형별로 복수의 심리기능, 사주 십성 및 MBTI 성격유형의 경우, 크기 부호인 '>'를 사용하여 우선순위를 나타내었다. 우선순위는 각 적성 유형에서, 저자가 중요도나 기여도를 고려하여 결정하였다. 또한 '||' 부호는 적성 유형별 해당 심리기능들의 우선순위가 동등함을 나타낸다.
2. 적성 유형별로 복수의 심리기능과 사주 십성의 경우, 해당하는 MBTI 성격유형은 주기능으로 순위를 결정하였다.